知识产权犯罪案件办理指南

北京市海淀区人民检察院 编著

ZHISHI CHANQUAN
FANZUI ANJIAN BANLI ZHINAN

中国检察出版社

编委会

主　　编：刘　惠
副主编：王云光
编　　委：白云山　陈　晨　李　慧
　　　　　张志婧　杨岱君　何东轲
　　　　　张曼缇　朱　圳　于丰源

序 一

北京市海淀区人民检察院（以下简称海淀检察院）组织编写了《知识产权犯罪案件办理指南》，让我写个序。我非常高兴，欣然领命。

与检察工作结缘，是在大学毕业之后。1990年7月本科毕业，我分回老家检察院，"一不小心"就干了5年的检察工作。从这个起始的因缘来看，我也算是一名检察队伍中的"老兵"。后来，读硕士、博士，从事博士后研究，就直接进入了学术界和教育界。其后的研修和教育，虽以民商法学为主，但也兼及法治的基本问题，对检察业务的发展也有一份特别的关切。2006年至2010年期间，我曾任职华中科技大学法学院，与湖北省人民检察院合作，办了一个高级检察官（双证）硕士班，试图开拓一个法学的新学科（专业）"检察学"。现任北京市人民检察院检察长的敬大力同志彼时是湖北省人民检察院的检察长，他为此做了不少的努力。按照当时的说法，我们一起办的那个高级检察官班，是湖北省检察官的"黄埔军校"，某一年级的学员，往往被戏称为"黄埔××期"。听说，那个班现在还在办，只是规模缩小了不少。

2011年调入北京大学工作不久，我接手了一个跨学科的中心即北京大学国际知识产权研究中心。这几年，"知识产权问题"层出不穷，知识产权事业也蓬勃发展。这既有来自国际上的压力，也是我国社会经济发展到了一个阶段之后的内生需求：环境资源的压力、创新驱动发展战略及创新型国家的建设目标，都需要高质量的知识产权及其强有力的保护体系。国家领导人反复强调，也一再向国际社会表态：中国对知识产权实行严格保护！法院系统因势而为，探索知识产权审判机制改革，成立北京、上海、广州三家知识产权试点法院，意在组建独立而健全的全国知识产权审判组织体系和审判机制。

与法院工作不同，这几年检察工作面临诸多挑战。比如，检察院原来的反贪污贿赂和渎职犯罪侦查工作被剥离出去，纳入了监察委，并衍生出后续如何与之衔接的问题。又如，哪些公益诉讼检察院可以介入，相应的业务又如何规范化的问题。2018年的宪法修改，对检察院来说是一个节点；下一步，积极探索新时代检察业务的发展，是一个重大的命题。

从这一时代背景衡量，毫无疑问，海淀检察院是富有远见卓识的。海淀检察院在2005年就成立了知识产权专业办案组，探索出"打击"与"服务"并重的知识产权案件办理机制。2011年，海淀检察院又成立了独立建制的知识产权检察处，提出了"两并重"（打击与服务并重）、"三合一"（批捕、起诉、预防合一）、"四提高"（质量、效率、效果、能力共同提高）的办案原则。2016年，海淀检察院为适应机构改革与发展的需要，在原知识产权检察处的基础上重新组建知识产权案件检察部，实行"审查逮捕、审查起诉、法律监督、犯罪预防"四项职能的整合。总体上讲，在知识产权检察业务方面，海淀检察院几乎是5年上个台阶，在探索新时代知识产权检察业务方面，已经走到了北京市乃至全国检察系统的前列。

这一次，海淀检察院又组织一线办案人员，编写了这本《知识产权犯罪案件办理指南》，针对性和操作性很强，是一项务实的工作，也结出了实务的果实。借此机会，我想针对知识产权刑事案件，谈几点自己的看法。

第一，掌握知识产权案件的特点，区别罪与非罪，对知识产权犯罪行为予以精准打击。侵犯他人知识产权的行为到底是一般的民事侵权行为，还是刑法意义上的犯罪行为，需要从知识产权权利特点着手加以掌握。专利、注册商标等类型的知识产权，属于工业产权的范畴，一般需要行政机关授权，才取得相应的专利权、商标权等。但是，初始获得的这种权利，具有一定程度的不确定性，即这一权利可能囿于审查标准或者检索范围等，潜存着专利无效、商标无效等风险，有导致权利被无效的可能性。从这个意义上讲，权利的有效性判断及行为人的主观故意认定，就是侵犯知识产权犯罪之"罪"或者"非罪"的重要衡量因素。

另一方面，我们应该意识到，我国《刑法》将"知识产权犯罪"规定在第三章"破坏社会主义市场经济秩序罪"，而非第五章"侵犯财产罪"。诚然，假冒他人注册商标、假冒他人专利、侵犯他人商业秘密及著作权等行为，客观上都侵犯了社会主义市场经济秩序，但这些行为的逻辑起点，都是对他人知识财产（知识产权）的侵害。从这个意义上讲，侵害知识产权的违法行为所侵犯的客体具有双重性质；而从法律文本和规范目的来看，只有基于营利目的市场参与、损及市场秩序的犯罪分子，才是刑法所要打击的重点对象。

第二，把握宽严相济的刑事政策，在知识产权案件中适用谦抑原则，服务创新经济的健康发展。侵犯知识产权的犯罪行为是现代社会出现的新型犯罪形态，它是伴随着智力创造活动被确认为一种私权，而这种私权又被广泛运用于现代商业活动，乃至各种商业模式之后，才产生的一种犯罪行为。刑事司法的政策衡量，必须综合考虑"警察—检察—审判—矫正"四个环节，以及每一环节与社会交往的系统性和功能性。因此，检察机关一方面需要处理犯罪和社会失序行为，另一方面需要重视社会控制的系统性和功能性，这样才能做到预防犯罪、控制犯罪和维护正义。

事实上，对侵犯知识产权行为的制裁，应当与社会发展水平相协调，只有在充分运用民事、行政制裁手段之后，才运用刑事制裁的方法予以刑事处罚。缘此，英美法对损害知识产权行为的民事判赔额度非常高，动辄适用惩罚性赔偿，而与之相关的行政处罚中，天价罚单也并不少见。但是，各国对侵犯知识产权犯罪行为的量刑标准，都明显要低于普通的盗窃犯罪。日本、泰国等著作权犯罪之刑度仅为一般财产盗窃罪的1/3。美国对著作权犯罪的最高量刑也仅为5年监禁。我国及我国台湾地区，目前著作权犯罪最高量刑可达7年有期徒刑。诚然，这也表明了我国意在加大知识产权保护的决心。

第三，探索新时代知识产权检察业务的发展模式，整合各种知识产权资源，让知识产权检察业务成为新时代检察事业的亮点。海淀区既是全国科技创新中心的核心区，也是全国文化中心的网络文创产业核心区。海淀检察院在知识产权案件中树立了"打击"与"服务"并重的指导思想，完全可以探索出新时代知识产权检察业务发展的新路径和新模式。知识产权类型复杂，所涉行政管理与执法部门繁多。但是，在与知识产权、工商、文化、海关、公安等部门的衔接中，检察院应该积极发挥法律监督职能，起到引领和规范执法的指导性作用。同时，在检察业务一体化过程中，知识产权检察业务完全可以延伸至反垄断、反不正当竞争等领域——这也是法院知识产权审判庭的业务管辖范围——并适时建立起一整套规范的知识产权刑事和解制度。

新时代的检察事业如何发展，需要更多务实的人去努力、去探索。海淀检察院在知识产权检察业务方面走出了务实的一步。作为一名与检察工作结缘近30年的老兵，我相信知识产权检察业务会成为未来检察事业中的亮点,而海淀检察院会成为其中的一颗耀眼的明珠。

老兵不会死!老兵会充满了关注,也满怀着期待!

是为序。

易继明

北京大学法学院教授

北京大学国际知识产权研究中心主任

序 二

北京市海淀区是全国科技创新中心的核心区，有 1 万余家高新技术企业、144 家科研机构、33 所高等院校。知识产权保护战略已成为国家战略，国家高度重视知识产权保护工作，不断加强知识产权保护力度。海淀检察院立足于区域特色，充分发挥检察职能，始终将知识产权案件的办理工作和服务企业创新发展工作放在检察工作的中心地位，切实做到打击保护和服务保护并重。早在 2011 年就已率先成立了知识产权专业化检察部门，探索和推进检察专业化办案发展道路，在"专业平台、专业工具、专业素质"三位一体专业化发展的指导思想下，真正做到扬检察职能利剑、护自主创新成果。7 年来，成功办理了一批新型、疑难、复杂且在全国全市范围内有影响力的案件，精准打击犯罪，有效保护知识产权人的合法权益，取得了良好的法律效果和社会效果。

我们从办案的实践中积累经验，也希望将经验服务于司法办案，于是撰写了《知识产权犯罪案件办理指南》一书。本书立足实践办案经验，对知识产权犯罪案件中的重点、疑点和难点问题进行梳理，直面证明犯罪过程中遇到的疑难问题。从证据审查和法律适用两个层面对知识产权犯罪涉及的各罪名进行梳理，逐一对各罪名的证明对象、证明标准和证据审查常见问题以及各罪名在法律适用中存在的疑难问题进行了深入分析。同时，注重发挥典型案例的指引和示范作用，甄选了我院及部分其他院办理的典型案例，对典型案例中的法律适用问题进行解析,并将典型案例作为单独的一节,增加了真实性、可读性和新颖性。

参与本书编写的拟稿人都是案件的承办人,他们都是案件办理的亲历者,对知识产权案件办理工作有着切身的体会。本书在某种意义上是他们办案经验的积累,也是理论素养的升华,更是理论与实践紧密结合的典范。需要特别说明的是,书中案件办理思路和方法的形成不仅凝结了检察人员的智力,更是在多年办案过程中,与侦查人员、审判人员、技术专家和权利公司共同研究归纳得出的经验,在这里特向从事知识产权保护工作的同仁表示深深的感谢!本书既是对以往我们办理知识产权犯罪案件经验做法的一次总结,也是继续探索知识产权刑事司法保护路径的新起点。希望本书能够为一线侦查人员明晰证据标准、找准取证方向提供切实参考,也能为企业探索知识产权保护路径提供指导和帮助。当然,我们也深知囿于自身的水平和角色定位,本书的撰写难免存在一定的局限性,加上知识产权犯罪的形式、方法和手段都在不断发展变化,有些内容也需要不停的修订和增补,不妥之处,敬请读者提出宝贵意见。

扬帆启航,正当其时。保护知识产权、服务科技创新任重而道远,惟愿此书能够成为检察实践的灯塔,照亮知识产权保护的未来。

刘 惠

北京市海淀区人民检察院副检察长

目 录

第一章 侵犯知识产权犯罪概述

第一节 侵犯知识产权犯罪概况 …………………………………… 003

  一、侵犯知识产权犯罪现状 ………………………………… 003

  二、侵犯知识产权犯罪的特点 ……………………………… 005

  三、侵犯知识产权犯罪的成因 ……………………………… 007

  四、知识产权保护比较法研究 ……………………………… 014

  五、海淀区检察院近年来办理侵犯知识产权案件具体

     情况分析 ………………………………………………… 018

  六、侵犯知识产权犯罪的惩治对策 ………………………… 020

第二节 侵犯知识产权犯罪案件办理中的疑难点分析 ……… 023

  一、侵犯知识产权犯罪案件证据审查中的疑难点、成因

     和对策 …………………………………………………… 023

  二、侵犯知识产权犯罪案件法律适用中的疑难点、成因

     和对策 …………………………………………………… 027

第二章 侵犯商标权犯罪案件办理实务

第一节 侵犯商标权犯罪案件的证据审查 …………………… 033

  一、侵犯商标权犯罪的证明对象与证明标准 ……………… 033

二、侵犯商标权犯罪案件证据审查常见问题 ·············· 059

第二节　侵犯商标权犯罪案件的法律适用 ················· 065

一、假冒注册商标罪的法律适用 ······················· 065

二、销售假冒注册商标的商品罪的法律适用 ············ 077

三、非法制造、销售非法制造的注册商标标识罪的法律适用 ······ 091

第三节　典型案例评析 ·· 095

一、秦某销售假冒注册商标的商品案

　　——对于鉴定意见的证据审查 ····················· 095

二、樊某销售假冒注册商标的商品案

　　——商标权利人及其委托人出具的假冒注册商标鉴别的证据
　　　能力问题 ··· 099

三、田某、杨某某销售假冒注册商标的商品案

　　——如何运用在案证据证明主观"明知" ············ 104

四、张某销售假冒注册商标的商品案

　　——被告人存在贴标行为，但商标与商品均来自同一卖家的
　　　情形如何适用罪名 ································· 107

五、杨某、胡某非法制造注册商标标识案

　　——非法制造注册商标标识罪与假冒注册商标罪的界分 ······ 114

第三章　侵犯著作权犯罪案件办理实务

第一节　侵犯著作权犯罪案件的证据审查 ················· 121

一、侵犯著作权犯罪的证明对象与证明标准 ············ 121

二、侵犯著作权犯罪案件证据审查常见问题 ············ 129

第二节　侵犯著作权犯罪案件的法律适用 …… 142

一、侵犯著作权罪的定罪量刑标准…… 142

二、侵犯著作权罪的犯罪构成及疑难问题解析 …… 144

第三节　典型案例评析 …… 152

一、郑某甲等小说搜索引擎网站侵权案

——利用网络侵犯著作权的共犯认定问题 …… 152

二、赵某网络文学作品侵权案

——司法鉴定是否必须由司法机关委托或聘请 …… 157

三、上海某电子商务咨询有限公司侵犯著作权案

——"标准"的作品性质认定 …… 161

四、张某视频网站侵权案

——以营利为目的认定 …… 166

五、黎某销售广联达加密锁程序案

——销售加密锁程序的定性问题 …… 170

六、王某、何某漫画网站侵权案

——刑法意义上作品数量的认定 …… 173

七、何某甲、厉某侵犯著作权案

——私自架设网络游戏服务器行为的认定 …… 175

八、杨某、唐某销售微软光盘案

——销售计算机软件的定性及同一性司法鉴定问题 …… 180

九、王某小说网站侵权案

——网络文字作品同一性司法鉴定问题 …… 185

第四章　假冒专利罪案件办理实务

第一节　假冒专利罪的证据审查 …… 191

一、假冒专利罪的证明对象与证明标准 …… 191

二、假冒专利罪证据审查常见问题 …… 196

第二节　假冒专利罪的法律适用 …… 202

一、假冒专利罪的定罪量刑标准 …… 202

二、假冒专利罪的犯罪构成及疑难问题解析 …… 202

第三节　典型案例评析 …… 210

一、周某某等假冒专利案

——假冒专利罪的构成要件之认定 …… 210

二、仇某某等假冒注册商标案

——关于罪数之认定 …… 213

第五章　侵犯商业秘密罪案件办理实务

第一节　侵犯商业秘密罪案件的证据审查 …… 221

一、侵犯商业秘密罪的证明对象与证明标准 …… 221

二、侵犯商业秘密罪证据审查常见问题 …… 229

第二节　侵犯商业秘密罪案件的法律适用 …… 236

一、侵犯商业秘密罪的定罪量刑标准 …… 236

二、侵犯商业秘密罪的犯罪构成及疑难问题解析 …… 237

第三节 典型案例评析 …………………………… 248

一、伍某等侵犯商业秘密、侵犯著作权案

——盗窃软件及源代码后使用的行为如何定性 …………… 248

二、王某甲等侵犯商业秘密案

——商业秘密案件中鉴定意见的采信问题 ……………… 252

三、任某某、王某等侵犯商业秘密案

——销售渠道、销售价格是否属于商业秘密 ……………… 257

第六章 与侵犯知识产权犯罪相关的罪名辨析

第一节 非法经营罪 …………………………… 263

一、非法经营罪的定罪量刑标准 ……………………… 263

二、侵犯知识产权犯罪与非法经营罪辨析 ………………… 272

第二节 生产、销售伪劣商品罪 ……………………… 277

一、常见罪名的定罪量刑标准 ………………………… 277

二、侵犯知识产权犯罪与生产、销售伪劣商品罪辨析 ………… 292

第三节 诈骗罪 …………………………… 294

一、诈骗罪的定罪量刑标准 ………………………… 294

二、侵犯知识产权犯罪与诈骗罪辨析 ………………… 297

第一章　侵犯知识产权犯罪概述

第一节　侵犯知识产权犯罪概况

一、侵犯知识产权犯罪现状

"知识产权"也称为"知识所属权",是指权利人对其智力劳动所创作的成果享有的财产权利,一般只在有限时间期内有效。各种智力创造,比如发明、文学和艺术作品,以及在商业中使用的标志、名称、图像以及外观设计,都可被认为是某一个人或组织所拥有的知识产权。

知识产权作为一项个人和组织的重要财产权利对经济社会的影响力越来越重要,针对知识产权的违法犯罪行为也开始出现。在我国,侵犯知识产权犯罪一般是指违反相关知识产权保护法规,未经知识产权所有人许可,非法利用其知识产权,侵犯国家对知识产权的管理秩序和知识产权所有人的合法权益,违法所得数额较大或者情节严重的行为。由于侵犯知识产权犯罪的经济成本较低,且侵犯知识产权的犯罪行为难以界定,因而相当一部分侵犯知识产权的犯罪行为很难有效地打击。同时,由于知识产权的法律常识普及范围和力度不足,以及社会传统观念对于犯罪社会危害性的狭隘认识,使得在许多侵犯知识产权犯罪案件中,不仅侵权者对其侵权行为的违法性质缺乏必要的认识,而且权利人的自我保护意识也相对淡漠,甚至普通社会公众对于这些行为也很难产生在道德上的谴责。这些问题的存在,不仅容易诱发危害行为,而且一旦发生侵害,也难以进行有效的查处。① 近几年来,知识产权问题和知识产权犯罪在我国呈现多发态势,对社会的市场秩序、知识产权人的权利以及广大消费者的生命、财产权益乃至我国的国际形象造成了巨大的损害。

新中国成立以后,由于在立法初期,更多考虑的是对社会公权的保护,因而作为智力成果私权的知识产权,并没有在立法上得到很好的保护。总的来说,对知识产权的刑法保护可以大致分为以下几个阶段:

1949—1979年是第一个阶段。这一时期,我国推行计划经济体制,经济基础公有,意识形态"大公无私",没有知识产权的概念可言。如1963年《发明奖励条例》第23条这样规定:"所有的发明都是国家的财产,任何人、组织都不能申请将其垄断。全国范围内的所有组织包括集体组织都可以使用它们。"这种规定既否定了人力资本的天然私有性,又否定了知识产权的私有性质(《与贸易有关的知识产权协议》序言就明确规定"承认知识产权是私有权"),国家为此付出了惨重的代价,那就是科技创新能力严重衰退,经济增长乏力。②

1979—1997年是第二阶段。1979年刑法中规定了一条惩治假冒商标罪,这是确立知识产权刑法保护并取得重大成就的阶段。随着改革开放的不断推进,在市场经济取向的内生动力和对外开放的压力双重推动下,我国市场经济蓬勃发展,国家社会经济生活各方面发生深刻变化,商标、版权、专利、商业秘密等国内知识产权大量涌现,知识产权的巨大价值很快为国家、企事业单位和社会成员所

---

① 赵秉志、张远煌:《我国侵犯知识产权违法犯罪的现状、原因及对策思考》,载吴汉东主编:《我国知识产权蓝皮书》,北京大学出版社2007年版,第282页。
② 储国樑、叶青主编:《知识产权犯罪立案定罪量刑问题研究》,上海社会科学院出版社2014年版,第98页。

认识。与此同时，针对知识产权的犯罪也从无到有，并开始泛滥。为加强知识产权保护，及时严厉打击侵犯知识产权的各类犯罪，我国先后颁布了 1993 年的《关于惩治假冒注册商标犯罪的补充规定》、1994 年的《关于惩治侵犯著作权的犯罪的决定》和 1984 年的《专利法》第 63 条等刑事法律规范，形成惩治侵犯知识产权犯罪的基本法律框架。

1997 年以后是第三阶段。以 1997 年刑法颁布为标志，是知识产权刑法保护不断健全完善的阶段。在该法典中以专节规定了"侵犯知识产权罪"，这样新刑法和我国知识产权专门法（如著作权法、商标法、专利法）中的刑事法律规范，构建了我国知识产权的刑事保护体系。可见，知识产权犯罪催生了我国知识产权的刑事法律规范，确立了知识产权刑事法律制度。①

北京市海淀区作为全国科技创新中心核心区，辖区内有大量的国内高新科技企业和跨国企业，侵犯知识产权犯罪的类型也较为多样化，相较于全国的其他的地区更具有代表性。本书将主要从梳理海淀区近 5 年来办理的知识产权犯罪案件出发，对知识产权犯罪案件办理中存在的问题进行详细的分析。

二、侵犯知识产权犯罪的特点

（一）涉及领域广

侵犯知识产权犯罪涉及领域广泛，而且随着知识经济的普及，侵犯知识产权犯罪所涉及的领域呈逐渐扩大之势，经济、文化、科技、教育、卫生等领域无处不在。牵连政府机关、高等院校、科研机构、卫生部门、出版业、制造业、畜牧业、信息业等多行业和部

---

① 徐祝：《我国知识产权的刑法保护研究》，载《杭州商学院学报》2003 年第 6 期。

门,并向电信、技术市场、人才市场、电子商务、网络科技等新兴经济领域渗透,可谓无孔不入。凡是可赚钱的商品或是服务,几乎都可能成为假冒的对象,从生产资料的钢材、化肥到生活资料的家用电器、食品服装等,五花八门,无所不包。整体而言,侵犯知识产权犯罪的对象往往是知名商标或者利润丰厚的产业,市场上哪种商品品牌的含金量高,哪些作品畅销,行为人就会选择那些知识产权下手。① 在北京市海淀区办理的侵犯知识产权犯罪案件中,既有假冒日常生活用品,也有假冒高科技类产品的案件,各类案件层出不穷。

(二) 犯罪类型较为集中

目前,侵权知识产权犯罪的类型主要集中在假冒注册商标犯罪和销售假冒注册商标的商品犯罪上,以海淀区为例,该类犯罪的数量占到了海淀检察院办理侵犯知识产权犯罪数量的近50%。究其原因,一方面,假冒注册商标犯罪技术门槛比较低,犯罪分子容易掌握相应的造假技术;另一方面,对于假冒注册商标类犯罪的惩处力度不够,在司法实践中有相当一部分行为人是曾经因侵犯注册商标类犯罪而受到过行政或刑事处罚的。另外,侵犯商业秘密的犯罪案件,因为涉及的技术含量比较高,且民事和刑事领域上的界定等一系列问题,在刑事司法实践中,该类案件的数量也较少。

(三) 空间分布规律

犯罪空间分布能够反映特定的空间条件与某类犯罪之间的关联关系。我国地域辽阔,经济文化发展极不平衡,知识产权犯罪也随之呈现明显的不均衡态势。知识产权犯罪的地域性特征表现为犯罪

---

① 高晓莹:《知识产权犯罪研究》,中国政法大学2009年博士学位论文,第25页。

行为一般以城市为中心，且多发生在一些经济较发达地区。从全国范围来看知识产权犯罪，东部沿海地区比中西部地区情况严重；从局部地区，也是经济发达地区比经济欠发达地区严重。我国的知识产权犯罪案件主要集中在北京、浙江、江苏、上海、山东等经济和科技发达地区，并且有向这些地区进一步集中的趋势。从北京市不同区域检察机关办理的侵犯知识产权案件数量来看，北京市的侵犯知识产权犯罪案件主要集中在海淀、朝阳、东城、西城几个经济和科技核心区。

（四）犯罪手段不断更新

知识产权侵权犯罪手段已经体现出更多的专业性和技术性。当今时代，涉及新技术的侵犯知识产权犯罪日益普遍，知识产权犯罪正在向电信、技术市场、人才市场、电子商务等新兴经济领域渗透。同时，犯罪活动过程中所使用的生产设备和生产技术越来越先进，制假水平也越来越高，犯罪手段和对象都呈现出专业化、科技化的趋势。目前，利用计算机和网络实施知识产权犯罪的行为日益增多，犯罪分子开始凭借自己掌握的计算机技术和网络知识，实施窃取企业商业秘密、非法复制下载链接作品、通过信息平台克隆软件、非法使用别人域名等的行为，侵犯他人的知识产权。实践中，已经出现侵犯新型科技产品假冒液晶屏、仿冒激光全息标志这样的科技化水平较高的犯罪案例，这表明侵犯知识产权犯罪正在向专业化明显、科技含量高的犯罪形态发展。

三、侵犯知识产权犯罪的成因

犯罪的产生是个相当复杂的问题，引起犯罪的因素包括社会和个人两个方面因素，它们之间的关系是以社会因素为基础的、互相影响和作用的有机联系的关系，而不是互不相干的各种因素孤立的简单的集合体。① 知识产权犯罪是伴随着市场经济而产生的一种犯罪形态，与其他形态的刑事犯罪一样，知识产权犯罪也不是单一的因素所引起的，而是多种因素相互作用的结果。这些因素不是同等的、简单的并列在一起，是作用力性质和程度各异的、相互影响的各种因素有机结合在一起的综合体。

（一）经济原因

马克思指出：违法行为通常是由不以立法者意志为转移的经济因素造成的。辩证唯物主义也肯定了经济因素对社会生活、个人行为的重要影响力。可以这样认为：经济因素是决定犯罪现象产生的最重要的、占主导作用的社会因素。因此，研究知识产权犯罪必须研究引起犯罪的经济因素。② 作为一种新兴的经济犯罪，犯罪所带来的巨大收益自然是近年来知识产权犯罪数量不断攀升的一个重要原因。知识产权作为一种无形的智力成果，尤其一些知名品牌如联想、惠普、微软等拥有良好商誉的知识产权，其产品的品牌附加值极高。而犯罪分子正是看到了知识产权背后所蕴藏的巨大利润之后，才铤而走险，进行各种类型的知识产权犯罪。

同时，市场经济本身的负面效应也刺激了侵犯知识产权犯罪的滋生，知识经济的发展，也为知识产权犯罪提供了更加广阔的舞台。③ 市场经济强调竞争，竞争机制使一些脱离社会约束的利益主体，采用假专利、假商标、假作品和卖假货等手段捞取非法收入，以非法手段、非法途径侵犯他人的知识产权去夺取竞争优势。激烈的竞争还使一些企业因亏本而破产，因破产而被淘汰。破产的企业

---

① 王牧主编：《新犯罪学》，高等教育出版社2005年版，第161页。
② 高晓莹：《知识产权犯罪研究》，中国政法大学2009年博士学位论文，第98页。
③ 舒洪水、贾宇：《全球化时代的知识产权犯罪及其防治》，载《法学家》2009年第1期。

主和大批失业者，有可能认为社会抛弃了他们，从而产生对社会不满或怨恨心理，一旦遇到适当机会，其中有些人可能走上犯罪道路。

目前，我国市场经济体制正处在建立和发展之中，市场发育不足，市场监督机制和管理体制也不健全，市场体系还没有完全建立起来，市场优胜劣汰竞争机制不能有效发挥，这就为假冒注册商标、侵犯著作权等知识产权犯罪的发生提供了大量的真空地带。此外，在我国除了直接侵犯知识产权现象相当严重外，消费、使用假冒或其他侵犯知识产权的商品现象更是相当普及。广大消费者因盗版、假冒产品的低廉价格而趋之若鹜，而并未意识到自己的行为已侵犯他人的知识产权，这无疑为知识产权犯罪提供了市场和土壤。

（二）政治原因

经济是社会存在和发展的基础，而政治则是经济正常运行必不可少的服务和管理手段，经济决定政治，但政治反作用于经济基础。在知识产权犯罪中，政治原因可能不是决定性的，但政治原因的存在强化了知识产权犯罪的发生，弱化了对侵犯知识产权行为的惩罚机制。我国政治体制改革相对落后于经济体制改革，政治体制与经济体制的不适应、不协调性在经济高增长的形势下越加突出，给知识产权犯罪的滋长蔓延留下了足够的生存空间。行政体制改革中出现的行政部门权力划分的不明确、不科学性，导致行政管理权力的交叉和权力真空，给知识产权犯罪者留下潜在的犯罪空间。知识产权犯罪涉及面广，很多行政部门，如工商部门、文化部门、版权部门、信息产业部门、海关、公安机关都有查处权，不少知识产权犯罪案件需要他们的通力合作才能有效打击。但事实上，各行政部门之间的合作一直不尽如人意，这给知识产权犯罪留下了很多可乘之机。

有些地方领导盲目追求政绩，缺乏长远眼光和全局意识，往往从自己任期目标和本地区利益出发,认为侵犯知识产权行为不妨碍大事,还可以增加地方财政收入。在这种思想指导下,一些地方政府放松对私营企业、个体户实施诸如假冒注册商标、假冒专利、销售侵权复制品等行为的监管,甚至以侵犯商业秘密、著名商标等知识产权为代价,来暂时性地增加地方财政收入,促进本地方经济发展。为了地方或者部门的局部利益,不惜充当知识产权犯罪的保护伞,对制假、售假不闻不问,甚至姑息、怂恿,特别是在经济欠发达地区,这一情况更为严重。

(三) 社会原因

"知识产权犯罪首先表现为意识理念上的冲突,其次才表现为法律上的冲突。"[①] 在我国,知识产权作为正式的法律用语,最早出现于1986年4月12日第六届全国人民代表大会第四次会议通过的《民法通则》中。由此推算,知识产权概念进入我国民众视野中的历史非常短暂,而尊重和保护知识产权意识的唤起绝非一朝一夕之事。况且,在知识产权领域关于强保护与弱保护的争论始终未绝,弱保护理论支持者在我国至今大有人在,在民间更是拥护者甚众。对于这种理论的误读模糊着群体知识产权意识,对民众知识产权观念的培植产生了重要影响,欲在全社会形成尊重和保护知识产权的良好氛围仍然任重道远。

关于一国的知识产权保护政策应当施行强保护还是弱保护的争论,主要存在于发达国家与发展中国家之间。由于发达国家占有了目前世界上绝大部分的知识产权,而知识产权又赋予权利人一定期间内"专有其利"的垄断权,这使得发达国家希望通过加强知识产

[①] 孙万怀:《侵犯知识产权刑事责任基础构造比较》,载《华东政法学院学报》1999年第2期。

权保护在世界范围内获取更多的利润。发展中国家则希望通过弱保护策略容许对外国先进技术的复制或者仿制，摆脱技术上的依赖地位，促进自身民族工业的发展。在弱保护理论影响下，国民的知识产权意识薄弱。因而，知识产权保护被视为富国的粮食和穷国的毒药。知识产权犯罪人、权利人和广大公众知识产权观念匮乏，有的执法人员对知识产权违法犯罪行为的社会危害性也存有模糊认识，这为知识产权犯罪提供了便利条件。而对于侵权人而言，则意味着侵犯他人的知识产权乃天经地义，丧失了内心的羞耻感，进而导致诸多大肆侵犯他人知识产权的犯罪行为的发生。

市场经济的利益原则高度刺激起人们潜意识中的自利本性，而诚信观念则日渐沦落，诚信为财富所取代。与一个市场经济发达、讲求信用的商业社会相比，我国的诚信体系还有很大差距。公众的诚信意识、信用观念较薄弱；商业欺诈行为屡屡发生，直接导致商业信誉不高，商业活动的履约率降低。市场主体的行为不规范，缺少诚信机制和诚信观念，缺少商业道德，致使主体往往在竞争残酷的商场中以不正当方式或犯罪行为谋取法外利益。经济领域、行业部门广泛存在商业信誉不高、诚信度低的现象。我们只有完善有关法律制度，增强商业信誉，提高公众的诚信理念，才能早日实现市场经济各类活动的诚信化、效率化，使知识产权的使用和管理都在良好的外部环境中进行，从而减少知识产权犯罪的产生。

(四) 法律原因

随着互联网时代的到来，知识产权在经济发展中所占的比重越来越大。而法律有其先天的滞后性，这就使得司法部门在发现互联网知识产权犯罪中的一些新的问题时，面临法律定性困难的问题。现代社会，法已经成为最主要的调整人们行为方式的手段。规范人们的行为必须要做到"有法可依、有法必依、执法必严、违法必究",这是建设法治社会的必然要求。近几年来,我国有关知识产权的立法有了很大的进展,但仍然存在一些不足之处,这些不足尤其表现在刑事立法方面,并且相关的刑事司法程序也还存在不少弊端。立法作为保护知识产权的核心,其存在的诸多问题也导致了知识产权犯罪的泛滥。

WTO《与贸易有关的知识产权协议》(以下简称 TRPs 协议)这样规定:"全体成员均应提供刑事程序及刑事惩罚,至少对于有意以商业规模假冒商标和对版权盗版的情况是如此。可以采用的救济应包括处以足够起威慑作用的监禁和(或)罚金,可二者并处,以适合于相应严重罪行的惩罚标准为限。在适当情况下,可采用的救济还应包括扣留、没收或销毁侵犯商品以及任何主要用于从事上述犯罪活动的原料及工具。成员可规定将刑事程序及刑事惩罚适用于侵犯知识产权的其他情况,尤其是故意实施侵权并且以商业规模侵权的情况。"上述规定以国际条约的方式,把各国对于知识产权的刑事保护由国内法提高到了国际法的高度,并对我国的知识产权刑事立法提出了更高的要求。总的来说,我国刑事保护存在的不足主要有:刑事立法指导思想存在偏差,立法模式有弊端,罪名过简、过少,法律术语含混不清。同时,我国知识产权的刑事立法还存在保护客体不全面、主观条件要求过严、定罪标准不妥、起刑点过高、刑罚体系不完善、被害人保护手段欠缺等问题。

实践中,在知识产权保护领域已经形成行政执法与刑事司法两条路径,并行运作的"双轨制"保护模式,由商标、专利、版权等行政执法部门对轻微违法行为进行打击,由公安机关、检察机关对严重违法行为启动刑事程序,最后由审判机关追究其刑事责任。但从行政执法和司法实践现状来看,对侵犯知识产权违法犯罪行为的打击在"两法"衔接上也存在较突出的问题,这些问题突出集中在取证标准不统一、案件移送程序复杂、涉案物品流转不畅等方面。

（五）犯罪人心理原因

一般而言，所有经济犯罪的犯罪人都具有一个共同的特点，即贪利性。许多知识产权的侵权人起初只是进行小规模的侵权违法行为，他们往往在尝到了甜头之后，就开始扩大其侵权产品的生产和销售规模，甚至形成完整的生产销售产业链，给权利人造成了巨大的经济损失和品牌口碑的破坏。此时，行为人变本加厉的侵犯行为已经超越了普通违法的底线，触犯了刑法，从而构成了刑事犯罪。从目前北京市海淀区检察院办理的案件进行分析可以看出，犯罪人不安于正经发家致富之路，求快求富心切，加之社会上"享乐主义""拜金主义"思潮甚嚣尘上，其贪利心得到了所需土壤的培植与生根发芽。犯罪分子在首次"触电"尝到甜头加之未被查处涉险过关后，便难以抑制自我膨胀的虚荣心和侥幸心，促使其继续实施犯罪。

另外，知识产权犯罪实施者罪责感较轻。虽然我国已通过法律、法规规定了知识产权犯罪的各种刑事追责标准，同时准确地说明了其社会危害性。但是，由于知识产权犯罪属于法定犯，其行为无法用一般的伦理道德观进行评价。许多犯罪分子在犯罪时无罪责感或罪责感很轻，犯罪后津津乐道没有任何羞耻感和负罪感，甚至在被追责之后觉得"委屈"。同时，我国目前的行政监管制度漏洞还比较多，无法对商品的生产销售各个环节进行实时监控，使得很多知识产权犯罪难以被追查到源头，一部分犯罪人在逃避惩罚后会产生一种胜利的快感，最终刺激其继续实行犯罪。

（六）被害人原因

在很大程度上，包括知识产权犯罪在内的经济犯罪是被害人与犯罪人互动的结果。知识产权犯罪被害人自身往往存在诸多易导致其受侵害的特点。知识产权权利人在发展业务或者创作作品时,往往只关注产品会给自己带来多大的经济利益,对知识产权的注册、使用许可的规范和潜在的利益或者可期待利益缺乏关注。部分被侵权企业防范意识薄弱,也造成著作权、专利权、商标权、商业秘密权被侵害等现象的发生。知识产权意识和知识产权保护意识的现状使知识产权犯罪分子有机可乘。权利受到侵害后,被害人的维权意识较差。像侵犯商业秘密等犯罪的被害人不主动举报,有关机关调查时不积极配合,也是导致侵犯知识产权罪追诉率低、违法行为屡禁不止的原因之一。此外,这类犯罪本身的复杂性也是被害人不愿起诉的一个重要因素。被害人对侵犯知识产权罪的严重性认识不足,权利被侵犯后优先关注的往往是自己的损害能否得到填补,而希望侵权人受到行政处罚、刑罚严惩的只占很小的比例。

知识产权表现为一种无形性权利,知识产权被害人难以对其采取有效的自我保护手段。在这一点上它不同于财产犯罪、性犯罪等,后者的被害人可以采取很多有效的自我保护措施,而知识产权被害人往往想获得更多的利益,从而进一步公开、推广、扩大其权利的被利用程度和范围,这样就更容易受害。① 很多知识产权权利人在知识产权形成以后不去主管部门立项备案以明确权属,一些企业在用人之初不与员工签订完备的保密协议和对员工的行为进行知识产权保护方面的合理规范。不少单位在知识产权的内部管理上,无档可寻、无案可考。在这样的混乱状态中,难免会有人在巨额利益的驱动下泄露、盗窃、出卖、擅自使用单位的知识产权。

四、知识产权保护比较法研究

我国作为一个知识产权保护领域的后起之秀,虽然近几年来在

---

① 刘宪权、吴允峰:《侵犯知识产权犯罪理论与实务》,北京大学出版社 2007 年版,第 30 页。

知识产权的法律保护领域有了较大的进步，但从世界范围来看，我国对知识产权的法律保护仍存在一定的问题，因而向西方发达国家学习借鉴其先进知识产权保护法律制度，对我国知识产权法律制度的完善有着极大的意义。

（一）美国的知识产权保护制度

美国是目前世界上第一经济强国，也是世界上最早建立知识产权保护法律制度的国家之一。可以说，美国之所以可以在立国短短两百多年的时间里，成长为世界上最发达的国家，与其对智力成果的严格保护有着密不可分的联系。美国独立后就在宪法中明确规定了发明人、作者的创作成果应当享有知识产权，并于1790年颁布了专利法和版权法，时间早于绝大多数其他国家。这表明，美国建国之初就把知识产权保护作为基本国策之一。在以后的发展过程中，更是利用本国在国际社会上的经济和政治地位，强行在发展中国家推行严格的知识产权保护制度体系，以确保其在海外市场利益和对国际贸易的绝对掌控。[①] 美国司法部门从20世纪90年代开始，先后设立"计算机犯罪与知识产权部""计算机黑客与知识产权部""网络与知识产权部"等专门的知识产权犯罪侦查部门和专职检察官，以负责知识产权犯罪的侦查和起诉工作。美国实施知识产权战略的主要内容包括：（1）根据国家利益和企业的竞争需要，不断修改完善专利法、版权法、商标法等传统知识产权法律，扩大知识产权保护范围，加强知识产权保护力度；（2）通过制定各种法律规范，促进技术创新和技术转移，提高产业技术竞争能力；（3）在国际贸易中加强知识产权保护，将专利与贸易挂钩是美国专利政策的一个突

[①] 李晓秋、宋宗宇、刘婧：《知识产权战略中的博弈》，载《电子知识产权》2006年第3期。

出特点;(4)重视知识产权行政机构的改革;(5)重视知识产权战略特别是专利战略的研究工作;(6)加强与其他强国和组织的知识产权联盟,如加强与日本、欧盟等的联盟;(7)加强专利政策绝对服务于本国利益的单边霸权方针。①

同时,美国还采取了一系列具体措施,多管齐下加强了对知识产权犯罪的侦查力度。其一,加强知识产权司法部门与其他执法部门的合作,强化执法效果。在美国,鉴于网络跨地区、跨国侵犯知识产权犯罪时有发生,给侦查、起诉工作带来了许多困难,司法部门强化了跨部门与其他执法机构和外国执法机构的合作,以实现有效打击跨地区、跨国知识产权犯罪的目的。其二,开展知识产权领域的专项执法,加大打击力度。如美国曾针对通过网络和P2P技术传播电脑和音像制品的行为发起了多次刑事打击活动,有力地打击了侵犯著作权犯罪。其三,在知识产权犯罪的审判价值取向上,采取了从严的法律精神。美国司法部专家小组报告指出,无论被告人的主要犯罪行为是什么,只要在犯罪过程中发生了侵犯知识产权行为并构成犯罪,检察官就应提起侵犯知识产权犯罪的诉讼,以发出所有侵犯知识产权犯罪都不能容忍的信号。对于制作、贩卖假电池、假药品等危害社会安全和健康,又涉及侵犯知识产权的犯罪,必须加大打击的力度。但是,即使侵权行为违法,也并非意味着一定会受刑事指控和定罪,在司法实践中,检察机关和审判机关会基于刑事政策上的考虑,运用自由裁量权,不对轻微的行为追究刑事责任。②

---

① 储国樑、叶青主编:《知识产权犯罪立案定罪量刑问题研究》,上海社会科学院出版社2014年版,第103页。
② 刘科:《与贸易有关的知识产权协定刑事措施意义研究》,中国人民公安大学出版社2011年版,第124页。

(二) 欧盟的知识产权保护制度

欧盟也采取对知识产权的强保护主义,其内部知识产权法律和制度以及相关配套法律制度都很完善。在知识产权保护的某些方面,欧盟的立场甚至比美国更为严格。例如,对仅有资金投入而无创造性劳动成果的数据库,欧盟自 1996 年起即予以知识产权保护,而美国至今未予保护。在知识产权国际规则的形成和发展方面,欧盟国家与美国具有较多的共同利益,因而总体而言保持基本一致的立场。但是,欧盟和美国之间也存在分歧。例如,美国从维持计算机软件方面的巨大优势出发,极力主张其他国家也将与计算机程序有关的商业方法纳入可以受专利保护的范围;而欧盟则以授予专利权的方案必须具有技术属性为由予以抵制。再如,以法国为代表的欧盟国家极力主张扩大地理标志的范围,以保护其拥有的传统优势产品(如葡萄酒、奶酪、香水等);而美国、澳大利亚等在这方面处于劣势地位的移民型国家则坚决予以反对。[1] 同时,欧盟强调恢复性司法,注重知识产权犯罪被害人的参与和对其的赔偿。西方国家近年来兴起恢复性司法,强调被害人参与刑事司法,注重犯罪人和被害人的互动和谅解,既为犯罪人架起重新融入社会的金桥,也挽回被害人的损失,修复被犯罪行为破坏的社会关系。[2] 例如,在涉及知识产权犯罪的赔偿数额上,欧盟贸易协定强化对知识产权犯罪被害人的赔偿,设定了具有刚性约束力的损害赔偿准则,采取最广泛的计算损害赔偿的模式,要求考虑被害方的利益损失,侵权收益,还包括侵权对权利人造成的精神损害等各种因素,填补了

---

[1] 郑成思:《国际知识产权保护和我国面临的挑战》,载《法制与社会发展》2006 年第 6 期。

[2] 王宗光:《我国知识产权犯罪刑事司法政策论》,载《东方法学》2016 年第 6 期。

TRIPs 项下"足额赔偿"的开放定义。①

(三) 日本的知识产权保护制度

作为亚洲发达国家的日本,长期以来秉持知识产权立国的发展战略,尤其是 20 世纪 90 年代以来,在经历了失落的 10 年之后,下决心以开发技术支撑发展,提出"信息创新时代,知识产权立国"的方针,以及建设"强大日本"的战略。2002 年制定了《知识产权战略大纲》。该战略大纲有四大内容,即知识产权创新战略、知识产权保护战略、知识产权应用战略以及知识产权人才战略,并于 2002 年 11 月通过了《知识产权基本法》,提出从创新、应用、保护以及人才等方面抢占市场竞争制高点。2005 年,日本成立知识产权上诉法院,统一审理知识产权民事和行政上诉案件,以简化程序、优化司法审判资源配置,从而更有效地保护知识产权。通过法律形式将知识产权从部门主管的事务上升为国家性事务,尤其是以政府首脑为本部长的知识产权战略本部的成立,为知识产权战略的推行及相关措施的实施提供了强有力的保障机制。②

五、海淀区检察院近年来办理侵犯知识产权案件具体情况分析

2011 年海淀区检察院积极贯彻"实施知识产权战略,完善知识产权法律制度,加强知识产权创造、运用、保护、管理"的要求,从区情出发,立足检察职能,自觉将工作融入到经济社会发展大局中来谋划,结合知识产权案件技术性强、专业性强的特点,突破检察机关传统的部门设计,提出建立独立建制知识产权检察处的计

---

① 杨静:《自由贸易协定知识产权条款研究》,法律出版社 2013 年版,第 219 页。
② 山风:《国际知识产权保护和我国面临的挑战与机遇》,载《中国社会科学院院报》2006 年第 7 期。

划，得到了海淀区区委和北京市人民检察院的支持，于同年4月25日，在北京市检察机关率先成立知识产权检察处。

2016年9月为积极响应北京市司法改革的步伐，提升部门专业化程度，海淀区检察院将知识产权检察处优化整合为知识产权案件检察部。知识产权案件检察部自成立以来，坚持打击保护与服务保护两并重的工作宗旨，确保办案质量、效率、效果和能力的共同提高，不断增强服务意识，创新工作机制，整合各方资源，服务区域经济驱动格局。同时，践行北京市检察机关"争一流、当表率、走在全国检察机关前列"的要求，努力探索并完善专业化发展模式，取得了明显成效。

知识产权案件检察部积极依法惩治侵犯知识产权犯罪，办理侵犯著作权罪、假冒注册商标罪、销售假冒注册商标的商品罪、侵犯商业秘密罪、假冒专利罪等知识产权类刑事案件，以及涉及重大民生类的生产销售假药罪、生产销售有毒有害食品罪、非法经营罪等共计17类案件。截止到2017年12月，共计办理审查逮捕案件635件918人，审查起诉案件687件1041人，受理民事申诉案件1件1人，其中办理侵犯知识产权类审查逮捕案件269件439人，审查起诉案件206件389人，取得了良好的法律效果、社会效果和政治效果。

从办理案件的统计来看，可以明显看到通过刑法打击侵犯著作权犯罪取得较好的社会效果。近年来，侵犯著作权案件数量明显下降，一方面取决于社会公众对著作权保护意识的增强，另一方面不断完善的"两法"衔接机制也起到了非常好的保障作用。但同时，我们可以看到目前办理知识产权案件的难点所在，对于一些涉及商业秘密的案件，由于案情本身较为复杂，涉及专业领域较广，难以找到专业的鉴定机构进行同一性鉴定等问题，进而导致商业秘密案件在实际办理过程中困难重重，这也是今后需要突破提升的一个重点所在。同时，近年来，海淀区检察院未办理过侵犯专利权案件，而与之相对的，侵犯商标权的犯罪，特别是销售假冒注册商标的商品罪呈上升趋势。这一方面同海淀区的高新技术核心区定位有关，辖区内有大量的高新企业，如微软、惠普、小米等，其畅销产品受到假冒侵害的次数要远多于普通企业。另一方面，销假成本较低，技术门槛低也是一个重要的原因，大量案件中犯罪嫌疑人通过低价购买劣质的产品，然后从中赚取高额的差价。在未来还是要通过"两法"衔接平台，同工商行政部门一起，遏制销售假冒注册商标商品犯罪的发生，以达到一般预防的目的。

六、侵犯知识产权犯罪的惩治对策

（一）完善"两法"衔接，建立动态对接机制

针对目前实践中存在的行政部门和司法部门执法衔接不力的问题，首先要完善"两法"衔接上的法律法规。在立法形式上，当前由国务院或各部委颁布的涉及"两法"衔接的规范都属于行政性的法规、规章，而非法律，显然难以对检察院在刑事诉讼中的职责予以规范，而检察院显然也不适合通过司法解释去规范行政机关的工作。当然，目前同样也有不少规范是检察机关、公安机关联合其他行政机关一起制定的，相当于各相关机关都对该规范执行的一种承诺，但显然这种承诺并不具有直接的法律效力，更多的是一种道义上的责任，缺乏权威性和强制力。因此，由全国人大及其常委会制定专门的"行政执法与刑事司法衔接的决定"等类似的法律文件，解决其他行政机关与公安司法机关的衔接问题显然是更为可行的方案。

（二）加强罚金刑的适用

经济犯罪的犯罪人的一个典型特点就是贪利性。而侵犯知识产

权犯罪也是经济犯罪中的重要组成部分，正如贝卡利亚曾经说过的要控制犯罪，就要使犯罪人付出的代价超过其通过犯罪所得的收益。而在侵犯知识产权犯罪中，大部分案件判处刑期较短，同时在司法实践中缓刑还大量的适用，在目前知识经济的时代，这样的犯罪成本显然是比较低的。同时，虽然多数罪名中规定并处罚金，但实际判处的罚金数额都比较低，这显然不足以阻挡犯罪分子的脚步的。在目前办理的案件中，有相当一部分犯罪分子有侵犯知识产权犯罪前科，这说明目前的刑罚对知识产权刑事案件的惩处力度仍需要加强。我国刑法中对于每个知识产权犯罪中的最轻量刑档中均有并处或单处罚金，针对知识产权犯罪典型的经济犯罪属性，在司法实践中应增加罚金刑的科处力度。在此，我国刑法中也未明确规定罚金的数额确定方式，同时也没有规定一个科学合理的上限，这就使得司法实践中罚金刑适用的可操作性和实际效果大大下降，这也不符合罪刑法定的基本原则，很容易在司法实践中造成同案不同判的现实问题。因此，应通过司法解释明确加强对不同档次罚金的规定，而不是单单依靠自由刑对知识产权犯罪进行处罚，只有从实质上增加知识产权犯罪行为人的犯罪成本，才能实现有效控制知识产权犯罪，维护正常的市场经济秩序。

（三）设立对应的资格刑

资格刑是指剥夺犯罪嫌疑人享有、行使一定权利或者从事某种行为、职业的刑罚。我国刑法仅规定了剥夺政治权利和驱逐出境两种资格刑，前者仅对重刑犯适用此附加刑，后者则是仅针对外国人犯罪适用。而对于知识产权犯罪，剥夺行为人在经济领域中某些特定权利，如参与生产、销售特定的领域的产品，涉及著作权和专利权领域的专属经济活动等一系列从业和准入资格，对于减少行为人再犯是有非常大的意义的。所以，在对一些非初犯、偶犯的行为人，特别是受过行政处罚或者有刑事前科的有较大主观恶性的行为人，应当对其科处与其犯罪领域所对应的资格性。这就要求刑法增设资格刑：对于个人犯罪的，一是禁止其从事特定职业，二是剥夺相关资格，但仅限与特定知识产权犯罪相关的职业以及资质。对于单位犯罪，可以直接采取行业禁入，其涉案企业在该行业领域内除名，以实现有效一般预防的效果。

第二节　侵犯知识产权犯罪案件办理中的疑难点分析

一、侵犯知识产权犯罪案件证据审查中的疑难点、成因和对策

（一）关键证据取证难

1. 疑难点分析

侵犯知识产权案件由于其特有智力成果属性，故而大量的证据需要进行司法鉴定，而作为我国司法制度的重要一环，司法鉴定制度近年来一直处于剧烈的变革之中。我国《刑事诉讼法》第119条规定，为了查明案情，需要解决案件某些专门性问题的时候，应当指派、聘请有专门知识的人进行鉴定。鉴定又称司法鉴定，是指具有专门知识的人，接受公安机关、检察机关、审判机关、诉讼当事人及其律师的委托，对案件中的专门性问题进行检验、分析、鉴别、判断的活动。[①] 鉴定，被作为一项重要的司法活动，而在海淀区办理的诸多侵犯知识产权的案件中，如假冒某著名品牌的硒鼓、墨盒等产品的案件中，缺乏专业的第三方鉴定机构对涉案产品进行专业性的真伪鉴定，这就使得检察机关在审查起诉阶段需要花费大量的时间去要求公安机关进行鉴定方面的补充侦查。同时，由于互

---

① 何家弘、杨迎泽：《检察证据实用教程》，中国检察出版社2006年版，第173页。

联网经济的快速发展,大量新型产品商标侵权行为层出不穷,也对鉴定机构的鉴定效率和鉴定能力提出了更高的要求。而现有的鉴定机构及鉴定人员不论是数量还是素质都不能满足目前司法实践中案件的需要。

2. 成因分析

2012年刑事诉讼法将"鉴定结论"修改为"鉴定意见"的同时,确立了鉴定人出庭作证的制度,并明确规定在法院通知出庭后仍然拒绝出庭作证的鉴定人,法院可将其鉴定意见排除在法庭之外。但是,之所以还存在上述问题的原因在于,在绝大多数刑事案件中,对司法鉴定程序的启动权仍然掌握在侦查机关手中,所聘请的鉴定人多为公安机关内设鉴定机构的专业人员,而针对一些较为复杂的专业性案件,侦查机关所委托的社会中介机构范围也极为有限。而在侵犯知识产权犯罪中,此类鉴定机构出具的鉴定意见多较为简单,仅仅简单写明鉴定结果,而对鉴定过程写的很简略,甚至没有,这就使得鉴定意见作为证据的证明力下降。之所以出现鉴定机构选择范围少,也和我国目前的法律规定有一定的关系。根据《司法鉴定管理问题的决定》的要求,鉴定机构要从事鉴定业务,需要有明确的业务范围,有在业务范围内进行司法鉴定所必需的仪器、设备,有在业务范围内进行司法鉴定所必需的检测实验室,并且每项司法鉴定业务要有3名以上鉴定人参与。鉴定机构要经过省级人民政府司法行政机关的登记、名册编制和公告,而且鉴定事项不能超出鉴定机构项目范围或者鉴定能力。违背上述任一方面的要求,鉴定机构就不具备法定的资格和条件,所提供的鉴定意见就可以被认定为非法证据。[1]

---

[1] 陈瑞华:《刑事证据法学》,北京大学出版社2012年版,第147页。

3. 对策分析

首先，针对目前社会中第三方鉴定机构数量较少且良莠不齐的现象，可以先从建立统一标准的官方鉴定机构开始，加大技术开发投入和各专业领域的人才培养机制，加强鉴定的客观性和可用性。由于刑事案件的特殊性，应予以优先保障鉴定的效率。通过统一规范的官方鉴定机构带动整个鉴定领域的规范的建立，用目前的治标为最终的治本赢得时间。在统一规范的官方鉴定机构引领鉴定市场后，可以参照民商事领域的做法，由行业内的龙头鉴定机构带头建立一个符合"民行刑"领域所需要的行业公约，让鉴定机构提供鉴定意见更加科学、权威、可靠。

其次，在知识产权刑事案件的侦查和审理过程中，可以尝试突破目前唯鉴定论的固化思维，在"审判中心主义"的大背景下，可以通过让法官积极行使事实认定权，同时，引入专业领域的人员提供专业意见，为检察官和法官提供办案的技术分析。通过法官来引导强化发挥专家证人的作用，积极鼓励和支持当事人聘请专家证人出庭说明专业性问题，并促使当事人及其聘请专家进行充分有效的对峙，更好地帮助认定专业技术事实。专家证人与事实证人不同，不受举证时限的限制，在二审程序中也可提供。专家证人的说明，有利于法官理解相关证据、了解把握其中的技术问题，有的本身不属于案件的证据，但可以作为法院认定案件事实的参考。同时，还可以强化目前的控辩双方的对抗机制，鼓励各方诉讼参与人充分运用证据规则、积极提举相关的证据，特别是此类案件中的销售记录等证据，来证明目前鉴定中存在问题，从而更好地查明案件事实。

（二）缺乏专业化侦查队伍

1. 疑难点分析

在刑事诉讼中，侦查人员负有收集证据、为公诉活动提供准备的责任。在侵犯知识产权案件的办理过程中，大量的案件证据都需要侦查人员在侦查阶段进行细致的收集和固定，并且及时将其调取的证据及程序性文书整理成卷宗，形成针对不同案件的专门的案卷材料。但在目前侵犯知识产权犯罪案件的办理过程中，也暴露出了许多亟须改进的问题。目前侵犯知识产权犯罪案件大多由基层派出所和经侦大队办理，由于警力紧张，且缺乏专业化的办案人员，使得许多案件在案发初期，没有及时固定证据，或者取证存在程序瑕疵，进而在审查起诉阶段造成不可弥补的损失。同时，在侵犯知识产权领域的犯罪案件，需要进行大量的电子数据取证工作，由于不具备相关的专业能力，基层派出所往往需要协调网安进行。在协调过程中，由于双方都只掌握部分信息，容易导致取证工作得到的电子数据不完整，在审查起诉阶段需要进行补充侦查工作，大大地影响了办案效率。

2. 成因分析

出现目前的问题主要有以下几点原因：首先是警力资源的整体紧张，难以从经侦中抽调出专业的办理侵犯知识产权犯罪案件的队伍。其次是目前侦查机关招录人员，仍以公安学专业为主，知识产权领域的专业人才几乎不招录，这就使得人才梯队建设存在一定的问题。最后是公、检、法三家没有建立起行之有效的沟通机制，从而使得侦查机关更多的是被动事后开展补充侦查工作，特别是在广大的基层地区，提前介入的案件较少，这就对侦查队伍的专业化建设产生了极大的束缚。

3. 对策分析

基于以上分析，要想在司法实践中实现对侵犯知识产权犯罪的有效防控，提升侦查打击的功效，铸造好保护知识产权经济发展的最后也是最有效的防线，就必须要建立一只专业化的侦查队伍。

针对目前知识产权犯罪不断上升，犯罪手段不断更新化的形势，在公安机关内部应成立专门的知识产权犯罪侦查部门，同检察机关的知识产权犯罪检察部门和法院的知识产权犯罪审判部门形成有效的对接。从目前公安机关改革的方向来看，侦查力量整合的趋势日趋显现。特别是在公安机关"侦审合一"的大背景之下，如果侦查队伍不具备专业的知识产权方面的理论和实践知识，是难以在证据收集方面实现有效突破的。从目前其他领域侦查队伍的试点改革来看，在未来，侦查队伍的优化整合必将成为一种大的趋势，专业化、合成化、协调化侦查将为打击知识产权犯罪提供更有效的制度和队伍保障。

二、侵犯知识产权犯罪案件法律适用中的疑难点、成因和对策

（一）疑难点分析

就我国目前保护知识产权的现状来看，对知识产权的民事保护在不断加强，北京已经成立知识产权法院，最高人民法院在2004年就已经下发了《关于进一步加强知识产权司法保护工作的通知》，提出要及时依法公正审理各类侵犯知识产权的刑事案件和涉及知识产权的民事、行政案件，全面发挥我国知识产权法律所具有的规范、引导、调节、保障等作用。2009年国务院《国家知识产权战略纲要》实施后，各级人民法院更是加大了对知识产权权利人的保护力度。但是，我国的知识产权违法犯罪日趋严重，随着智力成果价值的不断显现，现有的知识产权刑事保护体系受到了严峻的挑战。

（二）成因分析

出现上述重民轻刑的问题，是由于我国的知识产权经济发展较发达国家还较为落后，在立法初期，知识产权为代表的智力成果在

经济发展中的价值还没有完全显现出来,侵犯知识产权犯罪数量也较少。根据之前的数据可以看出,侵犯知识产权犯罪数量在进入21世纪后有了极大的上升,犯罪分子在看到知识产权的巨大价值后,出于逐利性的驱使,不断进行侵犯知识产权的各类行为,特别在进入"互联网+"时代以来,其手段更加先进,隐蔽性更强,危害性更大,对社会经济的良性发展造成了巨大的不良影响。

(三) 对策分析

在司法实践中,许多知识产权侵权行为本应该依法追究刑事责任却没有被追究,只是被追究了民事或行政责任,此种情形并不是刑罚不够重而对侵权人没有威慑力。"涉案数额较大或者有其他严重情节"是我国知识产权犯罪的入刑条件,与发达国家的标准相比,这种起刑点的标准过高,这种规定也与TRIPS协议的相关规定不符。从我国司法实践的现状来看,应当适当降低知识产权犯罪的门槛,最大范围地保护知识产权人的合法权益,刑法的保护才能够更加全面,对侵犯知识产权的犯罪行为也能够及时进行调整,从而规范市场经济的正常秩序。[①] 在我国目前"违法所得数额较大"为标准的条件下,对于将涉案的数额较大这一标准予以降低,具有很强的可操作性。虽然对于具体要降低多少数额没有一个明确的规定,但是考虑到我国当前知识产权刑法保护的现有状况,将犯罪门槛予以降低是势在必行的。基于我国的基本国情,在保持刑法稳定性与权威性的同时,结合实际要求,适当降低知识产权犯罪的门槛,不仅可以更加有力地保障知识产权人的合法权益,还可以更严厉地惩罚和打击侵犯知识产权的犯罪行为,更广泛科学地规范知识

[①] 赵乔:《论我国知识产权的刑法保护》,大连海事大学2015年硕士学位论文,第18页。

产权市场经济秩序,既能维护社会的稳定,也能更好地鼓励知识产权人的创新与进步,完善知识产权的保护,促进知识产权经济的发展,使得我国在知识产权刑法保护方面逐渐跟上发达国家的步伐,在世界知识产权法律保护的舞台上占有一席之地。

第二章　侵犯商标权犯罪案件办理实务

·刑法核心法条·

　　第二百一十三条　未经注册商标所有人许可，在同一种商品上使用与其注册商标相同的商标，情节严重的，处三年以下有期徒刑或者拘役，并处或者单处罚金；情节特别严重的，处三年以上七年以下有期徒刑，并处罚金。

　　第二百一十四条　销售明知是假冒注册商标的商品，销售金额数额较大的，处三年以下有期徒刑或者拘役，并处或者单处罚金；销售金额数额巨大的，处三年以上七年以下有期徒刑，并处罚金。

　　第二百一十五条　伪造、擅自制造他人注册商标标识或者销售伪造、擅自制造的注册商标标识，情节严重的，处三年以下有期徒刑、拘役或者管制，并处或者单处罚金；情节特别严重的，处三年以上七年以下有期徒刑，并处罚金。

第一节　侵犯商标权犯罪案件的证据审查

一、侵犯商标权犯罪的证明对象与证明标准

（一）假冒注册商标罪的证明对象与证明标准

根据《刑法》第213条的规定，假冒注册商标罪，是指未经商标注册所有人许可，在同一种商品上使用与其注册商标相同的商标，情节严重之行为。假冒注册商标罪保护的法益系复合型法益，既包含商标权利人的财产性权利，又包含社会主义市场经济秩序。审查办理假冒注册商标案件有以下几个证据难点：第一，对于使用行为的认定。应当在准确把握"使用"行为刑法内涵的基础上，结合涉案商品与商标的附着情况、商品新旧、真伪、功能等特征，根据物证、鉴定意见等证据进行综合认定。第二，对于情节严重的认定。根据司法解释的规定，情节严重应当依据非法经营数额或违法所得进行认定。因此，应当结合犯罪嫌疑人供述、账本、电子交易记录等证据，尽量查明销售价格、进货价格；确系无法查清的，才能结合鉴定意见采用被侵权产品的市场中间价计算。第三，对于主观明知的认定。随着犯罪打击力度不断加大，无罪辩解、罪轻辩解层出不穷，例如以具有自有商标为由否认其从事假冒注册商标的行为，需要结合商标使用方式、商品销售价格、商标标识真伪、搜查现场情况等客观证据排除合理怀疑，证明犯罪嫌疑人的主观明知。

具体而言，在证据审查时应当着重把握以下内容：

1. 证明对象与证明标准

（1）客观方面

①证明发生了假冒注册商标的犯罪事实

此类案件有四种案发的情况：一是权利人控告；二是群众举报；三是侦查机关自行发现；四是行政执法机关移送。

前三种情况的证明标准基本相同，证据包括：110报警记录、报案登记、受案登记表、立案决定书及破案报告、被害人委托知识产权代理公司或律师事务所等机构报案的相关书证（营业执照、授权书、报案材料）等，以及抓获人、扭送人、举报人、控告人的证言等。

②证明犯罪嫌疑人实施了商标使用行为

第一，证明查获涉案物品的证据。重点审查证明查获商品、商标标识及带有商标标识的外包装、说明书、气泡袋等物品之真伪的证据，证明查获商品与商标标识附着情况的证据，证明查获商品有无经过拆装、更换零配件等二次翻新的证据。主要包括搜查证、搜查笔录、起赃经过、扣押清单、扣押笔录、起获物品的照片、现场勘查笔录、现场图及现场照片、搜查录像、权利公司出具的鉴定书等。

应当着重审查以下几点：一是起获物品及其外包装、说明书、气泡袋等附属物品，是否粘贴、标示、印刷他人注册商标，粘贴、标示、印刷的他人注册商标有无被涂改、遮挡、撕毁的情况，扣押物品照片是否清晰显示被侵权商标的使用情况；二是商标权人或委托的代理人出具的"鉴定书"，是否就起获物品及其外包装、说明书、气泡袋等附属物品的真伪情况出具结论性意见，鉴定理由是否充分、鉴定过程是否合法，鉴定书应当列明查获商品有无经过拆装、更换零配件等二次翻新；三是商品查获地点、存储方式、搜查录像、搜查笔录、扣押决定书、扣押清单上是否显示涉案物品全部被依法扣押、当场有无制假设备及制假原材料、当场有无除涉案商标外其他商标标识。

第二，证明涉案物品来源的证据。重点审查证明涉案物品、商标标识及其外包装、说明书、气泡袋等附属物品来源的证据，主要包括犯罪嫌疑人的供述和辩解，负责参与运输、销售、存储、财务等工作的同案犯供述或证人证言，淘宝交易记录、微信聊天记录、进货单、运输单、订购合同、进货记录、财务账本等书证，以核实上家是否构成犯罪。

③证明未经商标权人许可

第一，证明商标权属的证据。重点审查涉案商标系权利人合法注册且在有效期限内的证据，具体包括商标注册证、商标注册登记表、商标核准续展证明、变更证明、权利人营业执照、使用许可材料（如授权书、转授权书等）。审查时，应注意商标注册证的核准范围是否包含涉案商品；假冒注册商标的行为发生时，商标权是否处于有效期限内，若已到期，是否续展；若商标权利人系域外公司，其域内子公司是否具有商标使用权等。

第二，证明未经商标权人许可的证据。重点审查犯罪嫌疑人关于有无取得商标权使许可的供述，商标权利人提供的未授权声明等书证，商标权利人或其代理人出具的真伪鉴定材料等。

④证明"同一种商品"及"相同商标"

第一，证明涉案商品与商标权人注册的商品为同一种商品的证据。重点审查商标注册证核定使用的商品和行为人实际生产销售的商品名称是否一致，正品商品与涉案物品在功能、用途、主要原料、消费对象、销售渠道等方面是否相同或基本相同，是否足以使相关公众一般认为二者是同一种事物。

第二，证明犯罪嫌疑人所使用商标与商标权人注册商标为相同商标的证据。重点审查正品商品的实物或照片及假冒商品的实物或照片，通过对比字体、字间距、横竖排列、字号、颜色、大小、线条粗细等商标外在特征，综合判断涉案商品与被假冒的注册商标是否在视觉上完全相同或基本无差别、是否足以对公众产生误导。

⑤证明"情节严重"

根据最高人民法院、最高人民检察院《关于办理侵犯知识产权刑事案件具体应用法律若干问题的解释》第1条之规定，评价是否属于情节严重主要依据非法经营数额或违法所得。因此，在情节认定上，应着重审查证明非法经营数额的证据以及证明违法所得的证据。

第一，证明非法经营数额的证据。非法经营数额，是指行为人在实施侵犯知识产权行为过程中，制造、储存、运输、销售侵权产品的价值。根据《关于办理侵犯知识产权刑事案件具体应用法律若干问题的解释》第12条之规定，已销售的侵权产品的价值，按照实际销售的价格计算。制造、储存、运输和未销售的侵权产品的价值，按照标价或者已经查清的侵权产品的实际销售平均价格计算。侵权产品没有标价或者无法查清其实际销售价格的，按照被侵权产品的市场中间价格计算。由此可见，证明非法经营数额要区分已经销售部分和尚未销售部分两种情况：

一是已经销售的按照实际销售价格计算。

司法实践中，实际销售价格的认定方法有三种：其一，有客观证据予以证明的情形，如调取了淘宝后台销售记录、支付宝交易记录、账本、买卖协议、收据等书证，或起获的商品上有明确标价，则一般以书证记载的销售价格或标价为准。但应当注重审查以下几点：首先，账本、账册、收据等书证的客观性、真实性，是公安机关原始扣押还是犯罪嫌疑人及其家属、律师时候提供，是完整账册还是部分账册，是否能与其他言词证据相互印证；其次，淘宝后台销售记录、支付宝交易记录中记载的价格是否低于正品的市场销售价，如果高于或等于正品的市场销售价要详细核实原因；最后，如犯罪嫌疑人提出存在网店刷单的辩解，要仔细审查淘宝销售记录、支付宝交易记录中显示的交易对方名称、收货地点、购买数量、有无特殊备注等信息，核实辩解的合理性。其二，部分有客观证据予以证明，犯罪嫌疑人供述能够与客观证据彼此吻合互相印证，在这种情况下，可以采信犯罪嫌疑人供述，对于无客观证据证明的部分商品，按照犯罪嫌疑人的稳定供述予以认定。其三，没有客观证据，只有买家、销售人员的证言和犯罪嫌疑人的供述和辩解等言词证据，如果犯罪嫌疑人供述与其他言词证据能够吻合，且符合常理，可以采信供述中的价格作为实际销售价格。综上所述，在审查证明实际销售价格的证据时，要高度重视证据之间的相互印证。

二是尚未销售的按照已经查清的实际销售平均价格或者标价计算，没有标价或者无法查清其实际销售价格的，按照被侵权产品的市场中间价格计算。

实际销售价格的取证方向与证据标准在上文中已经提到，在此不再赘述。如已经查清已经销售部分的实际销售价格，则尚未销售部分按照实际销售平均价格进行计算。唯一需要注意的是，已经销售部分的商品型号是否与尚未销售部分的商品型号相对应。确实无法查清实际销售价格的，可以根据查获物品的标价计算待售商品的价格。根据犯罪嫌疑人供述、证人证言等证据能够相互印证的价格明显低于吊牌标价和被侵权产品市场中间价的，应当以有利于犯罪嫌疑人的、能够相互印证的价格计算犯罪数额。

如果在案证据确实无法证实标价或者实际销售价格的，应当委托具有资质的价格认定机构出具鉴定意见，按照鉴定意见书中载明的被侵权产品的市场中间价进行计算。对于价格鉴定意见，应当着重审查鉴定商品的商标、型号、数量是否与扣押清单上列明的涉案物品相符，采用的鉴定方法、鉴定过程是否科学、合理。应当注意的是，侵权产品如系另一产品的零部件的，应当根据该零部件本身的价值确定犯罪数额。

第二，证明违法所得的证据。违法所得，是指获利数额，即以行为人违法生产、销售商品或提供服务所获得的全部收入，扣除其直接用于经营活动的合理支出部分后剩余的数额。由此看来，违法所得的概念是针对已经销售部分提出的，且证明违法所得除了需要证明已经销售部分的销售金额外，还需证明犯罪成本并予以扣除。因此，除了要重点审查证明销售金额的证据外，还需要重点审查证明犯罪成本的证据，包括记录假冒商品、商标标识、包装盒、说明书等制假原材料进货价格的账本、网络交易记录、提货单、供货协议等书证。如销售制假原材料的上家已经到案，则重点审查犯罪嫌疑人对于进货渠道、进货价格的供述能否与上家供述相互印证。

（2）主观方面

本罪的主观心态为故意，即行为人对其未经注册商标所有权人许可，在同一种商品上使用与其注册商标相同的商标存在主观明知。通常，证明犯罪嫌疑人实施了假冒注册商标的客观行为，就足以证明其存在主观明知。但在个别案件中，犯罪嫌疑人可能就涉案物品的用途提出辩解，需要结合在案证据排除合理怀疑。

因此，对于证明主观明知的证据除了应当仔细审查犯罪嫌疑人的供述和辩解以外，还应当注意审查以下几个方面：一是证明涉案物品情况的证据，既包括扣押物品清单、扣押照片、搜查录像等能够清晰显示的涉案商品与商标附着情况的证据，也包括反映现场起获的商标标识、防伪标识、包装盒、气泡袋等物品的证据，核实是否存在涂改、调换或覆盖商标的情形；二是证明进货的证据，包括向犯罪嫌疑人销售涉案物品的上家证言、进货单、订购合同、提货单等，证明犯罪嫌疑人购买涉案物品的渠道是否正规、价格是否明显低于市场销售价；三是证明销售的证据，包括网页销售截图、账单、收据、销售合同、正品价格证明等,核实是否以正品或新品的名义对外销售,销售金额是否明显低于市场销售价;四是证明商品存放情况的证据,如是否与其他非涉案物品分开存放、是否存放于隐蔽之处等;五是证明犯罪嫌疑人及其近亲属前科劣迹的证据,包括行政处罚决定书、民事判决书、刑事判决书等,核实犯罪嫌疑人及其近亲属有无因假冒注册商标罪受到刑事、行政处罚或承担民事责任。值得注意的是,当前假冒注册商标罪呈现家庭作案的趋势,因此,除了核实犯罪嫌疑人本人的前科劣迹情况外,还要核实其近亲属的情况。但是,近亲属存在前科劣迹并不必然证明犯罪嫌疑人具有假冒注册商标的主观故意,还应当结合犯罪嫌疑人对其近亲属的前科劣迹情况是否知情、与其近亲属是否构成共同犯罪等情况进行综合认定。

2. 常见证据种类及审查要点

(1) 犯罪嫌疑人供述和辩解

在假冒注册商标罪案件中,审查犯罪嫌疑人的供述和辩解要注意以下两方面。

①讯问程序合法

在审查犯罪嫌疑人的供述和辩解的过程中,要高度重视取得供述和辩解的合法性,重点审查讯问程序是否存在瑕疵、是否存在刑讯逼供、诱供等非法证据排除的情形。包括以下几个方面:

一是对讯问时间的审查。审查呈请传唤通知书、传唤是否超过24小时,传唤后是否立刻开始讯问;是否存在同一时间同样的办案人员讯问多名犯罪嫌疑人的情况;采取强制措施的时间是否能与讯问时间相衔接;犯罪嫌疑人被拘留后送往看守所的第一次讯问是否在24小时之内;犯罪嫌疑人被逮捕后的第一次讯问是否在24小时之内;每次讯问持续时间是否超过12小时,是否保障犯罪嫌疑人必要的休息时间。

二是对讯问地点的审查。审查犯罪嫌疑人在被抓获后是否立即被传唤到公安机关；拘留后是否立即将犯罪嫌疑人送往看守所，未超过 24 小时；犯罪嫌疑人有无被带离办案场所进行讯问的情况。

三是对讯问人员的审查。审查笔录是否有侦查人员签名，签名字迹是否一致；讯问录像中是否有两名侦查人员讯问；有无应当回避而没有回避的情形。

四是排除非法证据。通过查看讯问录像，审查讯问过程中有无刑讯逼供的情况发生；审查入所健康体检表，犯罪嫌疑人的体表有无外伤、健康状况是否良好；通过查看讯问录像，审查讯问过程中有无明显诱供。

②结合在案证据，审查犯罪嫌疑人的供述和辩解的内容

对于内容的审查，应当区分供述与辩解：在审查犯罪嫌疑人的供述时，要注重与其他在案证据的相互印证。例如，犯罪嫌疑人对于销售金额的供述，是否有被害单位相关责任人陈述、销售记录、账本、收据等证据相一致；在共同犯罪中，各犯罪嫌疑人对于共犯间的参与时间、具体分工、主观明知等方面的供述是否一致等。在审查犯罪嫌疑人的辩解时，要综合全案证据核实辩解是否合理。在假冒注册商标罪中，犯罪嫌疑人经常针对涉案物品的性质、用途提出辩解，例如涉案物品系正品拆装配件、涉案物品并非用于销售等等，核实这些辩解是否成立合理怀疑的基础是认定犯罪嫌疑人的供述和辩解是否符合意思自白规则。因此，应当重点审查辩解是否在第一堂讯问中提出、辩解前后是否稳定一致。对于犯罪嫌疑人认罪后又提出辩解的，应当重点核实认罪供述的程序是否合法、翻供有无合理理由、有无刑讯逼供或诱供情况发生、是否先取得犯罪嫌疑人供述后取得证人证言、有罪供述与在案其他言词证据是否存在内容高度相同的情况等。在确认犯罪嫌疑人的供述和辩解具备证据能力的前提下，再结合在案物证、书证对辩解的合理性进行核实。

(2) 被害人陈述

在假冒注册商标罪案件中，被害人陈述通常表现为商标所有权人委托的代理人向公安机关进行投诉或举报的陈述。在假冒注册商标罪案件中，审查被害人陈述的要点是向公安机关进行举报或投诉的知识产权代理公司或律师事务所是否具有代理资质、是否存在逾期代理的情况、投诉或举报的时间是否早于立案时间、投诉或举报的内容是否与其他在案证据相互印证。如存在被害人或其委托的代理人购买犯罪嫌疑人销售的假冒注册商标的商品之情形，要重点向被害人或其代理人核实销售金额、销售数量、销售地点、是否存在控制下交付、是否对于购买的商品进行假冒产品的鉴定等。

(3) 证人证言

假冒注册商标罪中的证人证言主要有两种类型：

一是直接证明犯罪嫌疑人假冒注册商标的证言。这类证言主要由犯罪嫌疑人的同案犯、亲朋好友、雇员雇工等直接或间接了解犯罪经过的证人提供。在对此类证言进行审查时，要注意犯罪嫌疑人开始从事假冒注册商标活动的时间、地点、方式、销售假冒注册商标的商品情况及其获利等内容，审查上述内容是否与犯罪嫌疑人供述相一致。

二是间接证明犯罪嫌疑人假冒注册商标的证言。这类证言主要由快递员、房东、消费者等仅了解部分犯罪经过的证人提供。例如，快递员仅能证实犯罪嫌疑人的发货内容、方式及数量，而无法证实销售情况；消费者仅能证实其销售金额、销售方式、商品性质，而无法证实假冒环节。因此，在使用此类证言时，要准确提炼证明目的，注重与其他证据的相互印证。

(4) 物证、书证

① 对于物证的审查

重点审查以下两个方面：一是对于涉案物品的审查。无论物品是否随案移送，承办人都应当对物证进行现场查看，核实其上是否粘贴、标示、印刷他人注册商标，粘贴、标示、印刷的他人注册商标有无被涂改、遮挡、撕毁的情况，是否已经包装完毕处于待售状态等。二是对于起获物证的手续的审查。审查搜查笔录、起赃经过、清点记录、查封、扣押物品清单相关材料内容记载是否齐全、是否有手续呈批表、物品照片是否和扣押物品的型号对应等。应当注意的是，对于未随案移送的物证，要确保侦查机关妥善保管，不存在物证灭失、损毁、混同等情况。

②对于书证的审查

在假冒注册商标罪案件中，有几类特殊的书证，需要重点审查：一是证明商标权属的书证。包括商标注册证、商标注册登记表、商标核准续展证明、变更证明、权利人营业执照、使用许可材料（如授权书、转授权书等）。审查时，应注意商标所有人、核准使用范围、商标使用期限。二是被害人委托知识产权代理公司或律师事务所等机构的相关书证。包括营业执照、授权书、报案材料等。重点应审查授权期限、授权内容、双方签字等。三是被害单位或其代理人出具的鉴定意见书。这里所称的鉴定意见书，是指由被害单位或其代理人就涉案物品是否系假冒注册商标的商品出具的书面意见。尽管被害单位或其代理人经常使用"鉴定意见书"作为名称，但因被害单位与其代理人均无司法鉴定资格，故不能将二者出具的"鉴定意见书"作为法律意义上的鉴定意见使用，仅能作为书证使用。重点应审查出具鉴定意见的主体、鉴定对象、鉴定过程、鉴定理由及鉴定结论。

（5）鉴定意见

假冒注册商标罪中的鉴定意见，主要指物价部门出具的价格鉴定。根据相关司法解释的规定，如果侵权产品没有标价或者无法查清其实际销售价格的，则按照被侵权产品的市场中间价格计算。物价部门的鉴定意见是针对犯罪行为发生时,被侵权产品的市场中间价格作出的认定。对于物价部门的鉴定意见,要重点审查以下两个方面:

一是鉴定意见的形式要件齐备。包括是否有鉴定人的签章;鉴定日期是否晚于委托日期;是否载明了鉴定过程、鉴定依据、鉴定结论;鉴定对象是否与涉案物品一一对应等。

二是鉴定过程合法。核实鉴定人的资格证明材料;采价方法是否合理;鉴定结论有无依据;鉴定结果是否通知犯罪嫌疑人,犯罪嫌疑人是否提出异议等。需要注意的是,在被害单位或其代理人对于涉案产品提供正品价格证明的案件中,应着重对比正品价格证明与价格鉴定两份证据,若价格鉴定结论与正品价格证明内容高度雷同,则应详细询问鉴定人员鉴定过程、鉴定理由,如确实存在直接复制正品价格证明的情况,应当排除在案价格鉴定,并重新委托鉴定。

(6) 视听资料、电子数据

假冒注册商标罪中的视听资料一般而言是指搜查录像、讯问录像。通常情况下,仅用于证明程序合法的搜查录像、讯问录像不作为视听资料单独提交。但在例外情况下,应当提交搜查录像、讯问录像:一是犯罪嫌疑人认罪后翻供的案件。为证明犯罪嫌疑人作出有罪供述符合意思自白规则,不存在刑讯逼供、诱供的情况,可以提交讯问录像作为视听资料证据,增强犯罪嫌疑人供述的可采性。二是犯罪嫌疑人对于涉案物品性质及用途存在辩解的案件。为证明涉案物品的加工程度、保存方式、附着商标的情况等,可以提交证实犯罪嫌疑人假冒注册商标场所情况的搜查录像作为视听资料,排除犯罪嫌疑人辩解的合理性。

电子数据是指案件发生过程中形成的,以数字化形式存储、处理、传输的,能够证明案件事实的数据。在假冒注册商标罪中,电子数据主要体现为网络后台销售记录、支付工具交易记录、网络交易页面、微信聊天记录等用于证明被侵权产品的实际销售或标价的证据。对于以上证据的审查，要严格遵循最高人民法院、最高人民检察院、公安部《关于办理刑事案件收集提取和审查判断电子数据若干问题的规定》，注重证据能力的审查。电子数据的形式审查围绕证据的"三性"展开：合法性审查，对电子数据的提取程序是否合法；客观性审查，对电子数据内容的真实性和完整性进行审查；关联性审查，针对电子数据与其他证据之间的联系、与案件事实的联系进行审查。

对于利用网络商务平台或者物流快递平台进行侵权产品销售案件的电子数据，应当注重审查以下内容：网上银行、支付宝新型支付客户端所显示的涉案犯罪行为人所获取非法利益的资金信息；现代电子商务平台所反映的网络平台交易过程及交易基本信息、利用聊天工具进行的商品咨询或议价等内容；利用物流快递等方式对物品进行运输的，可再对快递信息进行调取。值得注意的是，由于电子数据，特别是交易后台记录，容易被伪造、损毁，因此应当在犯罪嫌疑人到案后的第一时间完成证据的提取、固定。

（二）销售假冒注册商标的商品罪的证明对象与证明标准

销售假冒注册商标的商品罪是一种较为常见的侵犯知识产权类犯罪，表现为犯罪嫌疑人销售明知是假冒注册商标的商品，实践中尤以销售假冒知名注册商标商品为甚。

在审查此类案件过程中，应注重以下价格问题：一是销售金额的认定，如何认定犯罪既遂情况下的实际销售金额，如何确定犯罪未遂情况下的实际销售价格、市场中间价格；二是明知的认定，尤其在犯罪嫌疑人拒不供认的情况下，如何通过客观证据推定主观上"应当知道"；三是真伪鉴定的审查，如对于商标权利人或其聘请的代理公司出具的真伪鉴定材料的证据资格和证明效力的判断；四是行为人社会危险性的评价，此类案件中犯罪嫌疑人人身危险性较小，应当从多个维度判断社会危险性大小。解决上述难题需厘清证明标准，结合案情严格审查。

1. 证明对象及证明标准

（1）客观方面

①证明销售假冒注册商标商品行为的证据

主要包括关于犯罪嫌疑人销售的商品本身、来源、具体销售情况的证据，具体如下：

一是证明犯罪嫌疑人销售的商品情况的证据。包括搜查证、搜查笔录、起赃经过、扣押清单、扣押笔录、起获物品的照片、现场勘查笔录、现场图及现场照片等。

办案中应当重点审查如下几点：其一，起获物品的外包装、商品本身、商品附带的说明书等，是否有粘贴、标示、写明他人注册商标的情况；其二，起获商品的名称、数量、型号、规格、颜色、功能用途等商品特征；其三，起获商品是否贴有价签，标明销售价格的情况，如犯罪嫌疑人提出售价与标价不符，应结合在案账本、买家的证言等证据一并审查。

二是证明假冒注册商标商品来源情况的证据。本罪中犯罪嫌疑人销售的商品，应当是从他人处获得，而非自己加工。如果犯罪嫌疑人加工后出售，则构成假冒注册商标罪和销售假冒注册商标的商品罪的竞合，认定为假冒注册商标罪。因此，在办案中应注重审查商品来源方面的证据：包括犯罪嫌疑人的供述和辩解，负责或参与运输、销售、财务等工作的证人证言，进货单、运输单、订购合同等书证，核实现场成品是否从他人处所得。

三是证明具体销售情况的证据。销售从外延上包括批发、零售、直销等，从内涵上包括进货、准备场地、宣传、实际销售、收款、送货等环节，应当全面收集各环节证据。

除了前述已详细列举的进货环节，还应审查如下证据：第一，销售假冒他人注册商标的商品的广告及相关的宣传资料、产品使用说明书;第二,送货人员、快递员的证言,送货单、快递单等证明物流情况的证据;第三,证明销售金额的证据,这是需要重点、仔细审查的证据,包括购买人的证言,核实从犯罪嫌疑人处购买商品的数量、价格、品牌、商标情况等;第四,账本等销售记录,核实已售出假冒注册商标的商品的数量、单价、总价等情况;第五,销售人员的证人证言、犯罪嫌疑人的供述和辩解等言词证据,审查多人的言词证据是否一致,能否与在案的书证印证。

②证明商标权属及正品情况的证据

一是证明商标系合法注册且在核准使用范围、期限内。包括商标注册证、商标注册登记表及商标专用权证书、核准续展证明、关于使用许可的其他材料,如授权书、转授权书等。需要注意的是,如果是域外证据,需提供中文版本及相应的认证、公证文件。

二是证明商标权人未授权犯罪嫌疑人使用。包括商标权利人提供的未授权声明,权利人、其委托的知识产权代理公司或其他鉴定机构出具的真伪鉴定材料等。

三是证明正品商品情况的证据。包括正品商品的实物或照片、权利公司或被授权的知识产权代理公司出具的价格证明,价格鉴定机构出具的鉴定意见等,用以证明正品的外观、注册商标的外观位置等情况、官方价格及市场价格。

③有证据证明销售行为系犯罪嫌疑人实施

从构成本罪的行为过程看,包括采购、销售两个大的环节。在采购环节,通过进货单、运输单据、银行账户明细等书证,货源方、运输人员、财务人员的证言,犯罪嫌疑人的供述和辩解等证据,审查商品订购人、合同签订方、钱款账户的户名及实际操作人的情况,核实是否均为涉案犯罪嫌疑人。如不是,核实其与犯罪嫌疑人之间的关系,是否为犯罪嫌疑人订购、运输等。在销售环节,根据销售渠道的不同，需注意如下证据的收集和审查：

一是固定摊位销售。第一，犯罪嫌疑人经营地或商品储存地系向他人租、借的，需提取房主证言，核实房屋出租、出借的情况、用途；如有合同，一并调取，审查合同签订方、实际使用方是否为犯罪嫌疑人。第二，收集摊位周边人员、快递合作方、买家的证言，核实摊位的实际经营人的情况等。

二是流动销售。一般情况下，部分犯罪嫌疑人采取不设立固定经营场所，通过电话等方式单线联系，自行运输的方式。可能出现的客观证据包括通话、短信、QQ、微信等记录以及监控录像等。此种销售模式下的证据收集较为困难，多以现场查获的待售假冒注册商标的商品作为最终认定基础。

三是网络销售。此种情形需要运用电子取证的侦查方式，办案中需仔细审查勘验所得的电子数据。例如，犯罪嫌疑人开设淘宝店销售假冒注册商标的商品，通过支付宝收款，办案中应重视如下客观证据：网店的注册信息，销售商品及价格的截图，每个涉案商品的销售记录及交易流水，卖家及客服阿里旺旺的注册人及实际控制人，聊天记录，支付宝账户情况及交易明细等。

在前两种销售渠道下，如果犯罪嫌疑人通过QQ等网络社交工具联系业务，或通过网络推广的，应对嫌疑人使用的电脑进行勘验，提取聊天记录、网页截图等。

另外，需要特别注意的是，如果是单位实施销售行为，应调取企业法人营业执照、税务登记证、银行账户开户许可证、银行交易明细、合同、账本等书证，公司负责人及员工的证言，并核实该公司的成立目的（核实是否为犯罪所成立），其是否还有其他合法的经营活动等。

（2）主观方面

本罪的责任形式为故意，即行为人"明知"是假冒注册商标的商品，仍以营利为目的对外销售。

①对"假冒注册商标的商品"的明知

刑法上的明知应理解为知道或应当知道，2004年最高人民法院、最高人民检察院《关于办理侵犯知识产权刑事案件具体应用法律若干问题的解释》、2003年最高人民法院、最高人民检察院、公安部、国家烟草专卖局《关于办理假冒伪劣烟草制品等刑事案件适用法律问题座谈会纪要》提供了认定"明知"的审查角度和判断依据。审查中，要注意通过客观行为推定犯罪嫌疑人的主观明知，应重点结合如下证据进行审查：一是商品本身的证据，即扣押清单、起获商品的照片（能够清晰显示商标情况）、现场勘验记录，核实是否涂改、调换或者覆盖注册商标的情形；二是进货的证据，包括货源方、运输人员等的证言，进货单、订购合同、货运单等书证，证明货源方是否明确告知或嫌疑人有无明显低价进货等；三是销售的证据，即宣传单或网页截图、勘验检查笔录、账单、送货单、销售合同、正品价格证明、价格鉴定意见等，核实是否以明显低于市场价格销售；四是行为人情况的证据，即行政处罚决定书、民事判决书等，核实行为人有无因销售假冒注册商标的商品受到过行政处罚或者承担过民事责任、又销售同一种假冒注册商标的商品的情况。

②共同犯罪的主观故意

销售假冒注册商标的商品案件多为共同犯罪，应当审查每个犯罪嫌疑人的具体行为和参与时间。一是确定具体行为，核实其行为的具体内容，可能涉及采购、运输、经营销售、财务等方面，确定关系性质属于临时帮忙、长期雇佣、经营合作等，认定其是否明知在参与销售假冒注册商标的商品犯罪，确定其在共同犯罪中所起的作用；二是通过犯罪嫌疑人的供述和参与人员的证言，审查每个人参与犯罪的时间、程度等，以及是否有类似从业经历，从时间长短、业务知识及从业经验等客观信息判断犯罪嫌疑人是否"应当明知",一并确定应当负责的犯罪金额。

如果是以单位名义对外销售假冒注册商标的商品,不能笼统地将店内的人员均认定为共犯,需区别对待,把握"明知"的认定标准,充分考量被动参与、作用较小的人员的社会危险性。

2. 常见证据种类及审查要点

(1) 犯罪嫌疑人供述和辩解

①从客观方面,需要重点审查犯罪嫌疑人进货渠道、销售途径、商品客观状态、销售金额等方面。

一是关于货物来源,重点审查进货来源、数量、型号、价格,进货次数及总价,收货方式,货源方是否提供正规发票、正品证明等。

二是关于商品本身,详细讯问商品名称、型号、规格、数量,商品上的商标附着情况,使用说明、保修卡等是否完整,有无商标权利人的授权文件,现场起获商品是否用于出售、与已售商品是否同一来源。

三是关于销售情况,了解犯罪嫌疑人具体销售方式(实体店销售、网络销售、流动摊位销售等),客户情况,有无长期业务关系的客户,有无账本或销售记录,账本等材料的存放位置、具体记录人,发货的方式,使用的快递公司等;如果是网络销售,需核实网店账号、密码、使用人、管理人等。

四是关于销售金额,讯问每一种涉案商品的实际销售单价、销售时间、已经出售商品的金额、营利情况,收取款账户的账号、账户归属、使用人、管理人等具体信息,营利钱款的去向等;如果犯罪嫌疑人提出存在虚假交易的情况,需核实虚假交易的数量、方式、特征,虚假交易的合作方姓名、联系方式、地址等,并由犯罪嫌疑人辨认。

五是关于参与人,讯问参与人员的身份信息、联系方式、工作内容、参与时间、工资情况等。

②从主观方面，重点审查犯罪嫌疑人的主观认识状态、注意义务、从业经验和过往经历等。

一是货源方有无明确告知商标权属情况、进货价格、数量、有无开具发票，能否提供正规厂家授权或票据。

二是是否审验商品上的注册商标，有无被涂改、调换或者覆盖的情况。

三是经营涉案商品的时间，是否冒充正品出售。

四是经营活动中使用的通讯方式、银行账户情况等。

五是参与销售的人员姓名、分工、参与时间、工资情况；确定参与人性质属于临时帮忙、长期雇佣、经营合作等。

六是有无类似从业经历，时间长短、业务知识及从业经验等，有无相关营业执照。

七是是否曾因销售假冒注册商标的商品受到过行政处罚或者承担过民事责任。

（2）被害人陈述

①正品商品的情况，如商标注册情况、商标注册证核准使用范围、保护期限、权利人，正品的销售单价、营利情况、市场份额等。

②发现假冒商品的经过，有无购买假冒商品并对过程进行公证、对商品进行鉴定，购买的品种、数量、金额，能否一并提供购买记录、快递单等。

③是否授权犯罪嫌疑人使用，有无授权他人使用，如有，授权内容及范围情况，是否包括转授权。

④正品的防伪标识和手段，区分正品商品及假冒商品的方法、依据等。

⑤有无与犯罪嫌疑人电话沟通、向其发出律师函等情况。

⑥有无从犯罪嫌疑人处购买涉案商品,购买时有无询问商标权属情况,是否留存电话记录、聊天记录等信息,有无相关公证材料。

⑦是否收到客户的相关投诉。

(3) 证人证言

①购买人的证言

一是核实商品的来源,购买的品牌、型号、价格、数量,商品上的商标附着情况,是否知道商品的真假,能否向司法机关提供等;如果犯罪嫌疑人提出网络销售记录中有虚假记录,需根据其辩解及辨认情况查找购买人,调取证言核实是否真实购买及具体情况。

二是询问为何在犯罪嫌疑人处购买商品,犯罪嫌疑人如何介绍商品的,是否向犯罪嫌疑人核验过商品真伪,双方的通讯方式,犯罪嫌疑人的具体信息及联系方式,购买付款的账号及对方账号,收货的地址及对方的发货人和地址,能否提供快递单等。

②货源方的证言

核实向犯罪嫌疑人出售的货物数量、金额、品牌、商标情况,有无告知犯罪嫌疑人商标授权情况。

③销售、记账、运输人等参与人的证言

一是核实销售商品的商标情况、进货途径及价格、销售方式及价格,有无正规进货票;销售方式、销售商品的品牌、种类、型号,每类商品的实际销售价格、销售时间、已经出售商品的金额;现场起获商品是否用于出售,与已售商品来源是否同一,有无调换、覆盖商标的行为;收取货款的方式,相关银行账户情况,是否记账,有无账本;发货的方式,使用的快递公司等;如果是网络销售,需核实网店账号、密码、使用人、管理人等。

二是核实货物来源情况、进货价格、销售价格,商品本身的商标附着情况;参与销售商品的人员姓名、基本情况、联系方式、分工情况、工资情况等。

④房主、邻居等其他知情人员的证言

核实房屋出租、出借的情况、用途，如有合同，一并调取，审查合同签订方、实际使用方是否为犯罪嫌疑人，该房屋的实际使用情况，是否堆放货物、包装箱、加工工具等。如是出租房屋，需核实合同签订方、实际使用方是否为犯罪嫌疑人，房租的交纳人，有无其他人共同使用房屋，有无他人在此处工作等。

需要说明的是，如果是以单位名义开展相关经营活动，需向公司负责人及员工核实该公司的注册地及实际经营地，单位组织架构及人员情况，成立目的、主要业务、有无其他合法的经营活动，销售涉案商品活动占整个经营活动的比重等。

(4) 物证、书证

①关于销售情况的物证书证

一是销售广告及相关的宣传资料、产品使用说明书，销售场地有无真实的授权使用文件、有无营业执照，并核实销售时有无"冒充正品"的行为。

二是报价单、进货单、运输单、订购合同、宣传册、出货单、销售合同、账本、销售记录等，核实是否存在明显低价进货的情形等，并注意已售出假冒注册商标的商品的数量、单价、总价等情况。

三是如通过网店销售，提取网店的注册信息、销售商品情况介绍及标示价格的截图、每个涉案商品的销售记录及交易流水；经营者使用网络通讯工具的聊天记录、收款账户情况及交易明细等。网络销售情况下，审查网店的商品介绍内容，卖家及客服与买家的聊天记录、商品的评论，核实犯罪嫌疑人如何推销介绍商品、如何回复买家关于真伪的咨询，有无买家发现是假货并作出评论等。

四是现场起获的待售商品及照片，外包装、品牌及型号标识、说明书、维修卡、价签，需注意照片应清楚显示品牌、型号、数量、商标附着及标价情况，同时需有相应的搜查及扣押手续等，并注意扣押清单、起获商品的照片（能够清晰显示商标情况），核实商品上是否存在明显的涂改、调换或者覆盖注册商标的情形。

五是买家提供的从犯罪嫌疑人处购买的商品实物或照片等。

②关于商标情况及涉案商品系"假冒"的物证书证

一是关于商标权属情况的物证书证，如商标注册证、核准续展证明、商标注册登记表、商标专用权证书、关于使用许可的其他材料，如授权书、转授权书等；域外证据需提供中文版本及相应的公证、认证文件。

二是现场起获商品的实物或照片，需反映出商品的外观、品牌、型号、明显特征、注册商标的粘贴位置等情况；一并调取正品实物及照片，需反映上述特征以便对比。

三是商标权利人、其委托的知识产权代理公司或其他鉴定机构出具的真伪鉴定，内容要包括鉴定依据、方法、过程、真假对比图等；权利人提供的未授权声明。

四是通话、短信、QQ、微信等与经营涉案商品的相关记录。

③其他证据材料

一是证明案发情况的证据，包括受案登记表、到案经过，权利人的报案材料（包括营业执照、组织机构代码、报案人委托手续等）及相关公证材料。

二是犯罪嫌疑人与权利人签署的和解书，权利人出具的谅解书、赔偿证明材料等。

三是如果是单位实施销售行为，应调取企业法人营业执照、税务登记证、银行账户开户许可证、银行交易明细、合同、账本等书证。

四是犯罪嫌疑人情况的证据：行政处罚决定书、民事判决书等，身份证明、前科劣迹材料。

(5) 鉴定意见

价格鉴定意见，委托中立第三方（如各区价格认证中心）对涉案商品根据市场法做市场中间价的鉴定。

(6) 勘验、检查笔录

①如果犯罪嫌疑人经营网店，应对其使用的电脑进行勘验，提取犯罪嫌疑人电脑中与销售涉案商品相关的资料；对其经营的网店进行勘验，提取网店名称、经营人信息、所有涉案商品的标价、已售出的数量、介绍商品的内容、买家的评论内容等。

②如果犯罪嫌疑人通过QQ、微信等通讯方式联系业务，应对其使用的电脑、手机进行勘验，提取相关通讯、聊天记录等。

(7) 视听资料

①进货、销售现场的监控录像。

②抓获、起赃的录像，应反映现场起赃商品上的商标附着情况、货物堆放情况、有无加工工具等。

(8) 电子数据

①通过勘验等方法提取的网店后台销售记录，应注意保证时间段完整，以光盘形式保存的电子数据，应一并提交取证过程说明，具体内容包括提取人、时间、地点、方法等信息。

②犯罪嫌疑人及其他参与人使用的电脑中以电子形式存储的账目、销售记录、进出库情况等。

(三) 非法制造、销售非法制造的注册商标标识罪

1. 证明对象及证明标准

(1) 客观方面

①证明犯罪嫌疑人实施了"伪造""擅自制造"注册商标或者"销售"非法制造的注册商标标识的证据

第一，证明犯罪嫌疑人实施了"伪造""擅自制造"注册商标

的证据。一是审查有无资质及资质真伪，核实犯罪嫌疑人是否取得"指定印制商标单位"资格，或"指定印制商标单位"资格是伪造、虚假的。二是审查有无合同及合同真伪，核实犯罪嫌疑人是否与注册商标权利人签订商标标识印制合同，合同的真伪，合同的标的及数量、价格等。三是审查涉案实物及其真伪，重点审查体现非法制造的注册商标标识特征的扣押物品照片、查看扣押物品与照片是否一致，并对涉案物品进行真伪鉴定。四是审查制造环境及工具的情况，重点审查非法制造注册商标标识的厂房、设备、模具、原材料、半成品、包装盒、塑封袋等物品及照片。

第二，证明犯罪嫌疑人"销售"非法制造的注册商标标识的证据。重点应审查证明销售行为、销售资质、商标标识来源及涉案实物真伪四个方面的证据：一是审查证实销售行为的证据，包括宣传单、网络广告截图、电话推销等销售广告及相关的宣传资料，销售场地，有无营业执照等；二是审查销售资质的证据，即销售行为是否系权利人委托或授权；三是审查商标标识来源的证据，包括涉案标识购进的上家信息、联系方式、购进的数量、价格等；四是审查涉案实物的情况，即起获的商标标识的实物及照片，标识的数量。

②证明商标权属的证据

证明商标权属的证据，包括商标注册证、核准续展证明、关于使用许可的其他材料，如授权书、转授权书等，涉案产品的真伪证明及依据等，重点审查内容与假冒注册商标、销售假冒注商标的商品罪相同。

③证明"情节严重"的证据

根据最高人民法院、最高人民检察院《关于办理侵犯知识产权刑事案件具体应用法律若干问题的解释》第3条之规定，评价是否属于情节严重主要依据商标标识数量、非法经营数额或违法所得。因此，在情节认定上，应着重审查证明商标标识数量、非法经营数额的证据以及证明违法所得的证据。主要包括：一是查看扣押物证、审查扣押物品清单，核实非法制造、销售注册商标标识的数量；二是审查现场起获的销售单据，如发货凭证、出货单、销售凭证等，犯罪嫌疑人的记账凭单、账本等，核实涉案标识是否有标价，计算涉案物品销售金额、非法经营数额；三是查找购买者，并向其调取购买凭证，核实购买数量和价格；四是在共同犯罪中，多名犯罪嫌疑人对于价格、销售数量均有供述时，应核实供述是否一致。

（2）主观方面

本罪的主观心态为故意，即行为人对其伪造、擅自制造他人注册商标标识或者销售伪造、擅自制造的注册商标标识之行为存在主观明知。除犯罪嫌疑人自认外，可以结合前述的进货途径、进货价格、犯罪嫌疑人自身资质等客观证据予以核实，核实犯罪嫌疑人从业时间、从业经历，是否受到过行政处罚或者商标权利人警告等。

2. 常见证据种类及审查要点

（1）犯罪嫌疑人供述和辩解

在非法制造、销售非法制造的注册商标标识罪中，除注意结合询问笔录、搜查录像审查取得犯罪嫌疑人供述和辩解的程序合法性外，应当着重审查以下几方面的供述和辩解：一是关于伪造注册商标标识，审查犯罪嫌疑人是否取得"指定印制商标单位"资格；二是关于擅自制造注册商标标识，审查是否符合商标管理法规，是否按照规定的程序审查《注册商标证》或营业执照及商标印制委托书是否获得委托方许可或授权，双方签订的合同、补充协议等是否存在私自或超量印刷；三是印制过程，审查犯罪嫌疑人伪造、擅自制造注册商标标识的生产过程，包括原材料进购、印制的时间、地点、印制对象、种类、数量，多名犯罪嫌疑人之间的分工合作；四是销售情况，审查销售的方式、销售时间、地点和交货方式等，是否有账本、销售记录等凭证，销售的下家情况、联系方式等；五是经营数额情况，审查销售的注册商标标识标价、实际销售价格、非法经营数额、违法所得数额等。

（2）被害人陈述

被害人及其代理人通常也是案件的举报人，因此要重点审查发现犯罪行为的过程，包括犯罪嫌疑人伪造、擅自制造和销售的地点、时间，如果被害人有购买行为，需明确购买时间、价格、交货方式、结算方式等。除此之外，针对被害人及其代理人出具的真伪鉴定意见，应当询问被害人并向其核实涉案标识与权利人注册商标标识的区别，详细的鉴别依据、过程、方法等。

（3）证人证言

在非法制造、销售非法制造的注册商标标识罪案件中，证人证言通常分为两类：

一是购买者、房东、邻居等不直接了解犯罪行为的证人的证言，应重点核实犯罪嫌疑人经营情况，查清经营环境、来客情况，确定犯罪嫌疑人之间的分工合作等；了解犯罪嫌疑人如何介绍涉案商标标识。

二是购买者、上家、共犯等直接了解犯罪行为的证人的证言，应重点核实其对犯罪嫌疑人非法制造、销售注册商标标识行为的了解情况等情节；犯罪行为发生的时间、地点、手段、方式，实施人、销售人的情况，非法制造、销售注册商标标识的数量和去向、销售方式、非法经营数额或违法所得数额等；同案多名犯罪嫌疑人参与的时间、所起的作用，并对犯罪嫌疑人依法辨认。

（4）物证、书证

对于物证的审查重点在于核实扣押注册商标标识的情况，通过审查商标标识的外观、数量，如纸张质量、印刷水平、装潢等，核实涉案物品的真伪情况。

非法制造、销售非法制造的注册商标标识罪有两类特殊书证：

一是涉案商标标识真伪鉴定意见。如前文所述，由于出具主体为商标权利人或其代理人，故不能将其作为刑事诉讼法意义上的鉴定意见。对于涉案商标标识真伪鉴定的审查，重点在于审查鉴定主体、鉴定对象、鉴定过程、鉴定理由及鉴定结论，特别是鉴定理由是否充分，必要时应当将涉案商标标识与正品商标标识附图对比予以说明。

二是《指定印制商标单位证书》真伪鉴定意见及真伪查询结果。《指定印制商标单位证书》是工商行政管理总局给经过注册审批、符合条件的指定印制商标单位颁发的资质证书。通常，犯罪嫌疑人制作假冒的《指定印制商标单位证书》以实现蒙骗印刷厂商、逃避法律制裁等目的。故对于起获的《指定印制商标单位证书》应当向第三方中立机构申请真伪鉴定，或向工商行政管理总局直接查询真伪并调取书面查询结果。审查重点在于鉴定主体或查询结果的出具主体、鉴定对象、鉴定过程或查询过程、鉴定理由、鉴定结论、查询结果等。

（5）勘验、检查笔录，电子数据

在非法制造、销售非法制造的注册商标标识罪案件中，制作勘验、检查笔录或调取电子数据，存在于以下几种情形中：

一是为核实犯罪嫌疑人联系上下家、犯罪嫌疑人之间联系情况，调取犯罪嫌疑人聊天记录，重点提取印证犯罪嫌疑人主观明知为非法制造、销售注册商标标识的证据。

二是为核实是否存有涉案注册商标标识的复制件、影印件，对犯罪嫌疑人侵权所用计算机、手机、邮箱等进行勘验。

三是为销售真实情况、查明犯罪数额，需要对网店进行勘验，具体包括提取网店的首页信息、账户信息和支付宝认证信息，登录网店即时通讯软件提取交易聊天记录，调取涉案作品的介绍情况、销售价格、购买记录和历史评论，并对网店销售记录提取保存。销售记录要求显示交易时间、买家姓名、联系方式、收货地址和买家留言，产品名称、产品价格及邮费情况，订单状态（成功或不成功）、运送方式（如某快递公司）、退换货和返现等情况。

二、侵犯商标权犯罪案件证据审查常见问题

（一）假冒注册商标罪

1. 对商品真伪鉴定材料的证据审查

商品是否为假冒权利人注册商标的商品，需要进行真伪鉴定。因此，鉴定问题是侵犯知识产权犯罪的核心问题。理论上，因被害单位与案件处理存在利害关系，为保障鉴定的中立性、客观性，真伪鉴定不宜由被害单位直接作出。但是司法实践中，存在以下两个问题：一是缺乏具备鉴定资质且能够出具真伪鉴定意见的第三方机构；二是因甄别产品真伪的证据材料通常涉及商业秘密，故被害单位大多不愿配合提供，使得第三方鉴定因缺乏鉴定材料而无法进行。基于以上问题，司法实践采取折中的做法，将被害单位出具的真伪鉴定意见作为书证进行审查、采信。

但对于被害单位出具的真伪鉴定意见书之审查，应当注重以下两方面：一是注重内容的实质审查，而非形式要件审查。应当全面审查鉴定依据、鉴定方法、鉴定过程、鉴定结论及其理由的真实性、客观性、合理性，必要时，可以就上述问题询问出具鉴定报告的人员，以增强司法人员的内心确信。二是注重证据间的相互印证，特别是矛盾证据。应当结合全案证据对鉴定意见进行审查，审查鉴定材料能否与犯罪嫌疑人供述、证人证言、扣押物品等其他证据互相印证，形成完整的证据链条，鉴定结论是否具有唯一性、能否排除一切合理怀疑。

2. 对于行政执法部门收集、调取证据的转化问题

在办理假冒注册商标罪案件中，行政执法与刑事司法的衔接是

非常普遍的现象。《刑事诉讼法》第 52 条第 2 款、《关于办理侵犯知识产权刑事案件适用法律若干问题的意见》第 2 条对于行政执法部门收集、调取的证据如何转化为刑事证据在刑事诉讼中适用提供了解决路径。

根据《刑事诉讼法》第 52 条第 2 款之规定，行政机关在行政执法和查办案件过程中收集的物证、书证、视听资料、电子数据等证据材料在刑事诉讼中可以作为证据使用。而《关于办理侵犯知识产权刑事案件适用法律若干问题的意见》第 2 条则进一步细化了该规定，行政执法部门依法收集、调取、制作的物证、书证、视听资料、检验报告、鉴定意见、勘验笔录、现场笔录，经公安机关、人民检察院审查，人民法院庭审质证确认，可以作为刑事证据使用。后者将检验报告、鉴定意见也纳入了可以衔接适用的行政证据的范围，然而，这点在理论上存在争议。有学者认为，鉴定意见、检测报告属于言词证据的范畴，其客观性与鉴定、检测活动的各项因素有关，极易受到影响，因此不宜直接赋予鉴定意见、检测报告在刑事诉讼中的证据资格。

对于证人证言、当事人陈述等直接言词证据，由于其客观性、真实性极易受到程序的影响，故刑事诉讼法及其司法解释将直接言词证据排除在可以衔接适用的行政证据范畴，规定行政执法部门制作的证人证言、当事人陈述等调查笔录，公安机关认为有必要作为刑事证据使用的，应当依法重新收集、制作。

3. 办理侵犯知识产权刑事案件的抽样取证问题和委托鉴定问题

通常，假冒注册商标罪案件的涉案物品较多，逐一鉴定严重影响司法效率。因此，司法解释规定公安机关在办理侵犯知识产权刑事案件时，可以根据工作需要抽样取证，或者商请同级行政执法部门、有关检验机构协助抽样取证。法律、法规对抽样机构或者抽样方法有规定的，应当委托规定的机构并按照规定方法抽取样品。

在对于抽样过程的合法性进行审查时,应当依据相应的法律、法规规定。这里的法律、法规不仅包括刑事诉讼法,也包括行政法律、法规。例如,行政处罚法规定"行政机关在收集证据时,可以采取抽样取证的方法",《工商行政管理机关行政处罚程序规定》规定"工商行政管理机关抽样取证时,应当有当事人在场,办案人员应当制作抽样记录,对样品加贴封条,开具物品清单,由办案人员和当事人在封条和相关记录上签名或者盖章"等。

(二) 销售假冒注册商标的商品罪

1. 高度重视证明犯罪金额的证据

本罪是数额犯,所指的销售金额是销售假冒注册商标的商品后所得和应得的全部违法收入。在司法实践中,既存在实际销售数量及金额等情况能够查实的情况,也存在未能查实实际销售情况,仅在犯罪嫌疑人的经营地或仓储地查获一定数量的假冒注册商标的商品的情形,这种情形下若能证明犯罪嫌疑人购进大量假冒注册商标的商品的目的是仅为了销售,现场起获的待售假冒注册商标的商品货值金额,应当计入犯罪数额,以犯罪未遂认定。对于既遂与未遂的数额认定,应注意区分计算标准及方法。

(1) 已销售的按照实际销售价格计算

根据2004年最高人民法院、最高人民检察院《关于办理侵犯知识产权刑事案件具体应用法律若干问题的解释》第12条的规定,"非法经营数额",是指行为人在实施侵犯知识产权行为过程中,制造、储存、运输、销售侵权产品的价值;已销售的侵权产品的价值,按照实际销售的价格计算;实际销售的价格方面的证据较为直观,即起获的账本、店铺销售记录等。

需要说明的是,刑法条文中对本罪表述为"销售金额",而非"非法经营数额",而从文义解释的角度,经营行为应包括销售,因此，认定本罪中的"销售金额"时可以参照适用上述规定。

（2）未销售的按照实际销售平均价格计算，无标价或不能查清的，按照市场中间价计算

根据2004年最高人民法院、最高人民检察院《关于办理侵犯知识产权刑事案件具体应用法律若干问题的解释》，制造、储存、运输和未销售的侵权产品的价值，按照标价或者已经查清的侵权产品的实际销售平均价格计算。侵权产品没有标价或者无法查清其实际销售价格的，按照被侵权产品的市场中间价格计算。

司法实践中，实际销售的价格有三种认定方法：一是有客观证据予以证明的情形，如起获了销售记录、账本、报价单，或者起获的商品上标有价格；二是部分有客观证据予以证明，犯罪嫌疑人供述能够与客观证据彼此吻合相互印证，这种情况下可以采信犯罪嫌疑人供述，对于无客观证据证明的部分商品，按照犯罪嫌疑人的稳定供述予以认定；三是没有客观证据，只有买家、销售人员的证言和犯罪嫌疑人的供述和辩解等言词证据，如果犯罪嫌疑人的供述与其他言词证据能够吻合，且符合常理，可以采信供述中的价格作为实际销售价格。

在实际销售价格无法查清的情况下，应委托具有资质的鉴定机构进行价格鉴定，按照市场中间价格计算。对于价格鉴定，应当重点审查鉴定的商品的商标、型号是否与涉案物品相符，采用的鉴定方法是否科学等。

2. 诱惑侦查情形下证据的审查

此类案中存在公安机关采取诱惑侦查手段进行侦查的情形，即派遣特情人员冒充买家与犯罪嫌疑人联系，向其购买假冒注册商标的商品后将犯罪嫌疑人抓获。审查中应注意对诱惑侦查的合法性进行审查，核实案件是否案情重大、无其他侦破手段，是否有必要采用诱惑侦查手段，以及是否经过批准等法定程序。如果犯罪嫌疑人

并无售出意图，而是在侦查人员的引诱下产生犯意，这种"犯意引诱"侦查手段下实施的销售行为应谨慎定罪。

3. 对网络售假销售金额剔除的证据审查

通过电子商务平台销售侵权产品的犯罪案件，网络交易记录可以作为认定销售数量和金额的依据，但应当有司法会计报告等予以认定。若犯罪嫌疑人剔除交易记录系自买自卖等虚假交易的辩解，应当注意审查网络交易记录、运货单、资金往来账目等，并要求犯罪嫌疑人提供相应的证据或线索。如果犯罪嫌疑人辩解部分销售商品系真品，可通过查证网络交易价格来判定，确系合理的，应予以扣除。网络交易中还涉及运费是否计入犯罪金额的问题，对此应当有所区分，运费由买受人承担的，应当将运费从犯罪数额中扣除；运费由犯罪嫌疑人承担的，属于犯罪成本，不予扣除；赠品应当属于犯罪成本，不予扣除。

4. 现场证据的提取、固定及后续处理

（1）对起获物品按照型号进行拍照，使照片能清楚地反映商品名称、品牌、型号、数量、规格、颜色等明显特征以及注册商标的粘贴位置，并在扣押清单中明确标注上述信息，并保证扣押清单、笔录与决定书内容一致，与扣押物证照片一致。

（2）经查明为正品的物品应及时发还，并制作发还手续；在未判决前，涉案赃物不应销毁。

（三）非法制造、销售非法制造的注册商标标识罪

非法制造、销售非法制造的注册商标标识罪的证据审查之重点与假冒注册商标罪、销售假冒注册商标的商品罪有诸多相同之处，在此不作赘述。值得注意的是，对于本罪扣押清单、扣押物品照片的制作，应当反映物品所附着的全部商标标识的数量及外在特征。假冒的注册商标标识体现为防伪标、防伪贴、封口贴等多种形式，

犯罪嫌疑人在向涉案物品上附着时，通常在不同部位附着多种多个商标标识。因涉案物品上附着的商标标识数量影响本罪件数的认定，故应特别注意将全部附着商标标识的数量及外部特征通过制作扣押清单、扣押笔录、扣押物品照片等证据及时固定。

第二节 侵犯商标权犯罪案件的法律适用

一、假冒注册商标罪的法律适用

（一）假冒注册商标罪的定罪量刑标准

1. 刑事立案追诉标准

根据《刑法》第213条的规定，假冒注册商标罪，是指未经注册商标所有权人许可，在同一种商品上使用与其注册商标相同的商标，情节严重的行为。从构成要件来看，假冒注册商标罪是情节犯，即"情节严重"才能达到立案追诉标准。那么，什么情形属于情节严重呢？根据最高人民法院、最高人民检察院《关于办理侵犯知识产权刑事案件具体应用法律若干问题的解释》的规定，具有下列情形之一的，属于《刑法》第213条规定的"情节严重"：（1）非法经营数额在5万元以上或者违法所得数额在3万元以上的；（2）假冒两种以上注册商标，非法经营数额在3万元以上或者违法所得数额在2万元以上的；（3）其他情节严重的情形。

（1）非法经营数额之认定

根据最高人民法院、最高人民检察院《关于办理侵犯知识产权刑事案件具体应用法律若干问题的解释》的规定，"非法经营数额"，是指行为人在实施侵犯知识产权行为过程中，制造、储存、运输、销售侵权产品的价值。对于已销售的侵权产品的价值，按照实际销售的价格计算。对于制造、储存、运输和未销售的侵权产品的价值，按照标价或者已经查清的侵权产品的实际销售平均价格计算。如果侵权产品没有标价或者无法查清其实际销售价格的，则按照被侵权产品的市场中间价格计算。

在计算非法经营数额时，应当注意计算依据的先后顺序。特别是在尚未销售的侵权产品的标价或实际销售平均价格部分查明的案件中，要注意区别计算。对于已经查明的部分，应当依照标价或实际销售平均价格计算，对于尚未查明的部分，应当依照市场中间价格计算。

（2）违法所得数额之认定

刑法及其司法解释对于不同罪名的"违法所得"概念作出了不同的规定。例如，最高人民法院《关于审理生产、销售伪劣产品刑事案件如何认定"违法所得数额"的批复》中规定，"违法所得数额"是指生产、销售伪劣产品获利的数额；最高人民法院《关于审理非法出版物刑事案件具体应用法律若干问题的解释》中规定，"违法所得数额"是指获利数额。从上述司法解释可以看出，违法所得，是指犯罪分子因实施违法犯罪活动而取得的全部收入，扣除其直接用于经营活动的合理支出部分后剩余的数额。

尽管司法解释对于假冒注册商标罪中的"违法所得数额"并未进行明确规定，但仍然可以适用上述关于违法所得的通说解释。然而，问题在于何为"直接用于经营活动的合理支出"？对此问题实践中存有争议，但通说认为以下支出应当属于合理支出：进购生产材料的货款、员工工资及提成、经营场所租金及其他用于维持正常运营的支出。对于广告支出、电商推广支出等是否属于合理支出，需要结合广告投入成本、投放时间、与商品销售的联系程度等进行综合认定。在计算违法所得时，应当注重结合在案证据，在总收入中对以上支出进行扣除。

(3) 数额计算的其他问题

①对于多次实施侵犯知识产权行为的数额累计计算问题

司法解释明确规定，多次实施侵犯知识产权行为，未经行政处理或者刑事处罚的，非法经营数额、违法所得数额或者销售金额累计计算。在此应当注意两个问题：

第一，累计计算的行为对象仅限于未经行政处理或者刑事处罚。根据"一事不再罚"的行政法基本原则与"罪刑相适应"的刑法基本原则，同一违法犯罪行为不得受到两次以上的行政处罚或刑事处罚。

第二，两年内多次实施侵犯知识产权违法行为，未经行政处理，累计数额构成犯罪的，应当依法定罪处罚。实施侵犯知识产权犯罪行为的追诉期限，适用刑法的有关规定，不受前述两年的限制。

②关于尚未附着或者尚未全部附着假冒注册商标标识的侵权产品价值是否计入非法经营数额的问题

在假冒注册商标罪案件中，广泛存在犯罪嫌疑人在被抓获时尚未完成附着商标的加工行为之情形。司法解释明确规定，在计算制造、储存、运输和未销售的假冒注册商标侵权产品价值时，对于已经制作完成但尚未附着（含加贴）或者尚未全部附着（含加贴）假冒注册商标标识的产品，如果有确实、充分证据证明该产品将假冒他人注册商标，其价值计入非法经营数额。在计算非法经营数额时，应当注意以下两个问题：一是虽然尚未附着（含加贴）或者尚未全部附着（含加贴）假冒注册商标标识，但涉案产品应当已经制作完成，即处于附着假冒注册商标标识后即可出售的状态。如涉案产品尚未制作完成，则因其属于制假原材料，而无法计入非法经营数额。二是在案应当有确实、充分的证据证明该产品将假冒他人注册商标，特别是在犯罪嫌疑人对于该部分产品的用途存在辩解时，应当结合全案证据审查辩解的合理性。

2. 量刑标准

依照《刑法》第213条的规定,假冒注册商标罪存在两个量刑档:情节严重的,处3年以下有期徒刑或者拘役,并处或者单处罚金;情节特别严重的,处3年以上7年以下有期徒刑,并处罚金。

(1) 属于"情节严重"的情形

①非法经营数额在5万元以上或者违法所得数额在3万元以上的;

②假冒两种以上注册商标,非法经营数额在3万元以上或者违法所得数额在2万元以上的;

③其他情节严重的情形。

(2) 属于"情节特别严重"的情形

①非法经营数额在25万元以上或者违法所得数额在15万元以上的;

②假冒两种以上注册商标,非法经营数额在15万元以上或者违法所得数额在10万元以上的;

③其他情节特别严重的情形。

应当说明的是,由于知识产权犯罪手段日新月异,为弥补立法滞后性,司法解释规定了兜底条款"其他情节严重的情形""其他情节特别严重的情形"以对新型案件作出灵活处理,但司法实践应当慎用该兜底条款,不应作出不当的扩大解释,否则将违反罪刑法定原则。

(3) 关于单位犯罪的量刑标准

假冒注册商标罪既可以由自然人构成,也可以由单位构成。对于单位构成假冒注册商标罪的定罪量刑标准,相关司法解释规定了不同的数额标准。

最高人民法院、最高人民检察院于2004年发布的《关于办理侵犯知识产权刑事案件具体应用法律若干问题的解释》第15条规定，单位实施《刑法》第213条至第219条规定的行为，按照本解释规定的相应个人犯罪的定罪量刑标准的三倍定罪量刑。此规定实质上是我国刑法在处理单位犯罪和个人犯罪时所持的基本原则——区别对待原则的具体体现。

然而，随着实践中，单位侵犯知识产权犯罪的情况越发严重，按照三倍于自然人犯罪定罪量刑的数额标准，极易放纵单位侵犯知识产权的犯罪。因此，在最高人民法院、最高人民检察院于2007年发布的《关于办理侵犯知识产权刑事案件具体应用法律若干问题的解释（二）》规定，单位实施第213条至第219条规定的行为，按照最高人民法院、最高人民检察院《关于办理侵犯知识产权刑事案件具体应用法律若干问题的解释》和本解释规定的相应个人犯罪的定罪量刑标准定罪处罚。这个规定，统一了单位犯罪与个人犯罪的定罪标准，实际上大幅度降低了单位犯罪的定罪门槛，进一步加大了对知识产权的保护力度。

（二）假冒注册商标罪的犯罪构成及疑难问题解析

1. 假冒注册商标罪的犯罪构成要件

（1）客观方面

假冒注册商标罪的客观构成要件内容为，未经注册商标所有权人许可，在同一种商品上使用与其注册商标相同的商标，情节严重的行为。

①对"未经注册商标所有人许可"的理解与认定

"注册商标所有人"，是指取得商标注册的企业、事业单位、个体工商业者、外国人或外国企业。注册商标所有人在一定条件下，可以有偿或无偿转让注册商标，也可以许可他人使用其注册商标。对于取得商标所有权人的许可，实践中，存在两种认定标准：一是

"合同说"。该说认为认定标准为行为人是否与注册商标所有人之间签订了商标使用许可合同。二是"同意说"。该说认为商标的使用许可和转让以商标所有人的同意为前提。我们认为,第二种学说更符合司法实践的实际情况。因根据商标法及其实施条例,行为人能证明有注册商标所有人口头许可的,可视为得到了许可,没有签订商标许可合同或没有经国家工商行政管理部门的批准不影响其效力,故行为人的使用不构成侵权,更不构成犯罪。

实践中,未经注册商标所有人许可的情形一般有四种:一是明知涉案商标为他人注册的商标,仍然擅自在商品上使用他人的注册商标,并予以销售的行为;二是注册商标超过续展期,注册人未续展而别人已经申请且得到核准,原注册人及原商标使用人继续使用商品的行为;三是商标使用人超过许可使用的范围和期限、数量等限制而使用商标的行为;四是合伙人或股东已经完成出资后,未经其他合伙人或公司许可,继续使用商标的行为。

②对"使用"的理解与认定

"使用",是指将注册商标或者假冒的注册商标用于商品、商品包装或者容器以及产品说明书、商品交易文书,或者将注册商标或者假冒的注册商标用于广告宣传、展览以及其他商业活动等行为。

值得注意的是:"反向假冒"是否成立本罪?反向假冒,是指在他人的商品上使用自己的商标,将更换商标后的商品投入市场流通。对于此行为的定性,理论中存在两种学说。一是"肯定说"。该说认为,反向假冒作为一种典型的商标侵权行为已经被TRIPs协议、商标法等知识产权立法规制,故不能机械地理解假冒注册商标罪中的"使用"行为,所有使得商品与商品来源发生混淆的行为均应认定为"使用"。二是"否定说"。该说认为,反向假冒行为只是使用了他人的商品,而没有使用他人的商标,故不应认定为假冒注册商标罪。对此,我们赞成"否定说"的观点。尽管"反向假冒"

实质上使得消费者对于商品来源产生混淆，但是严格从罪刑法定的角度出发，将"使用商标"这一构成要件扩大解释为所有混淆商品与商品来源的行为，显然有类推解释之嫌疑。但这并不意味着不能用刑法来规制反向假冒的行为。如果该行为损害了他人的商业信誉，给他人造成重大损失或者有其他严重情节，应当以损害商业信誉、商品声誉罪论处；如果该行为符合生产、销售伪劣产品罪的构成要件，则以生产、销售伪劣产品罪。

③对"同一种商品"的理解与认定

认定"同一种商品"，应当在权利人注册商标核定使用的商品和行为人实际生产销售的商品之间进行比较。"同一种商品"，是指名称相同的商品以及名称不同但指同一事物的商品。"名称"，是指国家工商行政管理总局商标局在商标注册工作中对商品使用的名称，通常即《商标注册用商品和服务国际分类》中规定的商品名称。我国从1988年11月1日起开始使用《商标注册用商品和服务国际分类尼斯协定》所规定的《国际商品分类表》，共分为45类。上述分类对于名称相同的商品进行了清晰的界定，但实践中出现了一些名称不同但用途基本相同的物品，例如旅游鞋和运动鞋、电饼铛和烘烤铛等等。对此，司法解释进行了详细规定，同一种商品包含名称不同但指同一事物的商品。判断权利人注册商标核定使用的商品和行为人实际生产销售的商品是否属于名称不同但指同一事物的商品，要看二者在功能、用途、主要原料、消费对象、销售渠道等方面是否相同或者基本相同，相关公众一般是否认为二者是同一种事物的商品。此规定可以有效抑制商标犯罪司法实践中出现的利用商品名称不同而逃避刑事制裁的情况。

此外，还需注意的是，司法人员在无法判断涉案商品与被侵权商品是否属于同一种商品时，可以委托具有资质的鉴定机构进行司法鉴定，根据司法鉴定意见进行审查认定、综合判断。

④对"相同的商标"的理解与认定

"相同的商标",是指与被假冒的注册商标完全相同,或者与被假冒的注册商标在视觉上基本无差别、足以对公众产生误导的商标。由此可见,"相同的商标"不仅包括完全相同,也包括基本相同,判断依据应为是否足以对社会公众和消费者产生误导。司法解释之所以明确规定了基本相同,是防止行为人有意钻空子,在他人注册商标上进行轻微修改,以逃避法律制裁。

在认定相同的商标时,应当充分考虑消费者的通常辨识能力,如果涉案商标足以使得消费者发生商品来源的混淆与误认,则应当认定其与被假冒商标系相同的商标。在进行司法判断时,应当注重以下因素:一是商标的细小特征。尽管商标的显著特征相同,但是细小特征存在明显差异,则不能认定为相同的商标。二是商标的整体性。对于文字、图形组合形成的商标,如果文字、图形特征相同,但其排列组合明显不同,商标整体性有显著差异,则不能认定为相同的商标。三是要以消费者的通常识别能力为依据。如果经常使用某一商品的大多数消费者在通常情况下难以发现两种商标的差别的,应当认定为同一种商标。对于一些山寨商标,例如,康师傅与康帅傅,大多数消费者经过观察后能够识别两者差异的,不能认为是相同商标。

针对认定"相同商标"的疑难问题,最高人民法院、最高人民检察院于2011年发布的《关于办理侵犯知识产权刑事案件具体应用法律若干问题的意见》作了如下规定:"具有下列情形之一,可以认定为'与其注册商标相同的商标':(一)改变注册商标的字体、字母大小写或者文字横竖排列,与注册商标之间仅有细微差别的;(二)改变注册商标的文字、字母、数字等之间的间距,不影响体现注册商标显著特征的;(三)改变注册商标颜色的;(四)其他与注册商标在视觉上基本无差别、足以对公众产生误导的商标。"

审查时，应当特别注意以上问题。

（2）主观方面

本罪的责任形式为故意。即行为人认识到自己使用的商标与他人已经注册的商标相同，且明知未经注册商标所有人许可，仍故意在同一种商品上使用与其注册商标相同的商标。成立本罪不要求行为人以营利为目的，动机也不影响本罪成立。

2. 疑难问题解析

（1）注册服务商标能否成为假冒注册商标罪的侵权对象

对于注册服务商标能否成为《刑法》第213条假冒注册商标罪的犯罪客体这一问题，学理界与实务界始终存在两种不同意见。

肯定说认为，在同一种服务项目上使用与他人注册的服务商标相同的商标，也是假冒他人注册商标的行为，同样可能构成假冒注册商标罪。主要理由是：基于假冒注册商标罪的行政犯属性，应当以相关行政法规中的附属刑法规定作为"罪刑法定"中的法律渊源。《商标法》第4条第2款规定，本法有关商品商标的规定，适用于服务商标。同时，《商标法》第67条规定，未经商标注册人许可，在同一种商品上使用与其注册商标相同的商标，构成犯罪的，除赔偿被侵权人的损失外，依法追究刑事责任。综上所述，从附属刑法条文来看，显然应当对于侵犯服务商标之行为与侵犯商品商标之行为作出同一性评价，构成假冒注册商标罪。

否定说认为，《刑法》第213条明确规定，注册商品商标才是假冒注册商标的对象，已经明确将服务商标排除在外。主要理由是：罪刑法定原则中的"法"是指明确规定罪刑规范的刑事法律，由于我国的附属刑法并未真正的设置罪刑规范，而是形式上重申了刑法的相关内容，故不能将我国的附属刑法作为罪刑法定中的法律渊源。而《刑法》第213条将构成要件明确表述为"在同一种商品上使用与其注册商标相同的商标"，故假冒注册商标罪的犯罪对象仅为商品商标，而不包括服务商标。

从司法实践来看，通过对中国裁判文书网进行检索，没有查阅到与假冒服务商标相关的刑事判决书，仅有一例山东省蒙阴县人民检察院以被告人李某涉嫌假冒注册商标罪的案件，犯罪事实系被告人李某为自己经营的加油站制作服务标志。制作过程中，李某要求加工加油站顶棚的制作商在计算机中将中国石化集团公司注册商标第1948354号、1948357号服务商标予以采用，另将中国石化集团公司注册服务商标第1948353号"SINOPEC"改作为"SUPER"，与汉字"中国油化"共同组成自己加油站的服务标志。但该案以蒙阴县人民法院裁定准许蒙阴县人民检察院撤回起诉终结。由此可见，假冒注册商标罪的犯罪客体不包括服务商标是司法实践的共识。

尽管如此，我们认为，通过出台刑法修正案或单行刑法等立法方式将服务商标逐步纳入刑法规制是保护商标权刑事立法的必然趋势。主要理由可以归纳为两方面：

一是基于社会危害性的考察。TRIPs协议第61条规定，"成员方至少应当对具有商业规模的故意假冒商标或者盗版，提供刑事程序与刑罚予以惩处。可采取的刑事处罚应当包括监禁或者罚金，足以起到威慑作用，并保持与此相似罪行所处刑罚一致"。其中的商业规模就是指以营利为目的并达到一定规模。由此可见，TRIPs协议将衡量假冒商标行为的刑事可罚性标准确定为商业规模，即经营规模与公开化程度。对比商品商标与服务商标的侵权行为模式，假冒服务商标的行为人往往直接打着他人服务商标的旗号进行长时间的宣传、销售、提供服务与建立合作关系，其使用商标的公开性程度、获利规模、持续时间均远高于假冒商品商标之将商标与商品相结合的简单附着行为。由此可见，对于公开化、规模化程度更高的假冒服务商标，其行为模式体现了严重的社会危害性与行为人主观过错，因此，处于社会危害性的考量应当将此种行为纳入刑法规制。

二是基于 TRIPs 协议的成员国义务。根据 TRIPs 协议第 16 条第 1 款的规定，"注册商标的所有人应有专有权来阻止所有第三方未经其同意在交易过程中对与已获商标注册的货物或服务相同或类似的货物或服务使用相同或类似的标记，如果这种使用可能会产生混淆"。可见，TRIPs 协议要求各成员国对于侵犯他人商品商标与服务商标的行为给予相同的法律救济。从各成员国的刑事立法上来看，针对侵犯服务商标之行为提供刑法保护亦是各国立法趋势。例如，德国《商标法》第 143 条规定，"凡在商业流通中，违法为下列行为者，处 3 年以下监禁或处罚金：1. 为商品和服务使用与受保护的商标相同的标识，并且商品和服务也相同"；日本《商标法》第 38 条规定，"侵害商标权以及专用使用者处 5 年以下有期徒刑以及 50 万日元以下罚金。其中包括使用与指定商品或指定服务的注册商标类似的商标"等。

（2）假冒他人装潢的行为定性

"装潢"是指商品在外包装上所使用的装饰。商标与装潢的区别在于：商标的主要作用是体现商品与其经营者、生产者之间的必然联系，使得消费者识别商品来源；装潢的主要作用是美化商品，吸引消费者购买。由于装潢具有整体性，能体现出商品的外观特征、内容及档次，因此随着市场竞争的加剧，装潢已经成为一种重要的吸引消费手段，不同程度地起着区分生产者、经营者的作用，即事实上发挥着商标的识别功能。因此，使用他人装潢来误导消费者，使得消费者对于商品来源发生混淆成为犯罪分子的惯用伎俩。对于假冒他人装潢的定性，存在不同的意见。

学理界的通说是，对于仅假冒他人商品装潢的行为不能定性为假冒注册商标罪。主要理由是：一是将假冒他人商品装潢的行为定性为假冒注册商标罪不符合犯罪构成要件，有违罪刑法定原则；二是将装潢等同于商标进行司法救济，实质上混淆了商品装潢与商标的本质区别，削弱了商标的主要功能，不利于商标的保护；三是假冒他人商品装潢的行为可以适用反不正当竞争法进行调整，没有适用该罪名进行处罚的必要性。如装潢涉及他人享有著作权的美术作品，则可以适用著作权法进行调整，情节严重的，可能构成侵犯著作权罪；如装潢涉及外观专利，则可以适用专利法进行调整，情节严重的，可能构成假冒专利罪。

值得注意的是，实践中存在将名牌产品的装潢作为商标注册的情况，例如，国家工商行政管理局已将13家酒厂的名酒（如"贵州茅台""五粮液"等）的瓶贴中起商标作用的部分予以注册。在此情况下，行为人对于已经注册商标的装潢进行假冒之行为，可以适用商标法进行调整，情节严重的，可能构成假冒注册商标罪。

（3）旧货翻新的行为定性

在司法实践中，假冒注册商标罪的犯罪嫌疑人通常先将回收的二手产品进行不同程度的加工，再重新加贴商标、加装包装盒，使二手产品的性能及外观能恢复到出厂时的状态，即所谓的"旧货翻新"。如何对于"旧货翻新"进行法律定性，始终是理论与实务争议的问题。

具体而言，"旧货翻新"包含三种类型：一是原物消灭式翻新，即对于丧失或部分丧失使用功能的二手产品通过拆分、更换、重组零配件等方式恢复其性能，被恢复性能的翻新物实质上已经是独立于原二手产品而存在的新产品；二是原物复活式翻新，即对于具备完全使用性能的二手产品通过检测、清洁、上色、更换商标及外包装等方式恢复其外观，其实质是使得原二手产品重新流入市场；三是非法来源物翻新，即对于通过走私、销赃、盗窃等非法方式获取的物品进行外观翻新，或拆装零配件对外销售，与原物复活式翻新不存在本质区别。

尽管尚存争议，但目前理论界普遍认同原物消灭式翻新构成假冒注册商标罪，而原物复活式翻新则不构成假冒注册商标罪。原因是商标的主要功能不是品质保障功能，而是识别功能，即其指向了商品与商品来源之间的必然关系。因此，商标侵权行为实质上是损害商标识别功能、使得消费者产生商品来源混淆的行为。

原物消灭式翻新的实质是"制造"了一个新的产品，翻新后的产品性能已经与原产品存在本质区别，此时仍使用原注册商标所有人的商标必然会造成消费者产生来源混淆，构成假冒注册商标罪。而原物复活式翻新，则因仅恢复产品的外观而不能认为其"制造"了一个新的产品，其本质仍是对于原产品的恢复。根据"商标权利竭尽原则"，商品一旦通过正常途径流入市场，商标权利人即不得再以主张商标权为由限制商品的流通，故本质系使得二手产品重新流入市场的原物复活式翻新与非法来源物翻新均非对于商标权利本身的侵害，也没有改变商标与商品来源之间的必然联系，故以生产、销售伪劣产品罪定罪处罚更为妥当。

二、销售假冒注册商标的商品罪的法律适用

(一) 销售假冒注册商标的商品罪的定罪量刑标准

1. 刑事立案追诉标准

根据《刑法》第214条的规定，销售明知是假冒注册商标的商品，销售金额数额较大的，依法构成销售假冒注册商标的商品罪。从构成要件来看，本罪是数额犯，犯罪金额既是罪质要素，又是罪量要素，直接影响对行为人的定罪量刑。具体入罪数额有两个司法解释分别予以规定：一是最高人民法院、最高人民检察院《关于办理侵犯知识产权刑事案件具体应用法律若干问题的解释》第2条规定，销售明知是假冒注册商标的商品，销售金额在5万元以上的，

属于《刑法》第 214 条规定的"数额较大";二是最高人民法院、最高人民检察院、公安部《关于办理侵犯知识产权刑事案件适用法律若干问题的意见》第 8 条规定,假冒注册商标的商品尚未销售,货值金额在 15 万元以上的,以销售假冒注册商标的商品罪(未遂)定罪处罚。

(1)销售金额的认定

根据《关于办理侵犯知识产权刑事案件具体应用法律若干问题的解释》第 9 条的规定,"销售金额",是指销售假冒注册商标的商品后所得和应得的全部违法收入。"所得",是指行为人销售侵权产品后实际获得的利益,"应得",是指销售侵权产品后尚未实际收到货款的情况。

需要注意的是,本罪中对"销售金额"的理解应该结合刑法条文和司法解释的有关规定,不能做盲目的扩张解释。如有的学者认为,司法解释已经规定尚未销售的部分也计入本罪的"销售金额",那么在犯罪未遂形态下,销售金额就可以指尚未销售而可能销售出去的产品价值总额。我们认为,《关于办理侵犯知识产权刑事案件具体应用法律若干问题的解释》中明确规定"销售金额"是销售行为完成后的收入,是排除尚未销售部分数额的。销售金额是与销售行为紧密联系的,销售行为是销售金额产生的前提条件,销售金额是销售行为的当然结果,二者属于先有销售行为后有销售金额的关系。一般而言,《关于办理侵犯知识产权刑事案件具体应用法律若干问题的解释》中规定的"所得"主要指行为人完成销售行为后已经实际从买方手里取得的价款,"应得"的收入应当解释为行为人由于一些原因没有实际获取到货款,但买卖双方之间存在买方需要支付钱款给卖方的约定,或者销售方还未实际收到货款,但商品已经卖出的情形。而对于尚未销售的部分,可以评价为《关于办理侵犯知识产权刑事案件具体应用法律若干问题的意见》中的"货值金额",只要货值金额达到了入罪标准,便可以认定为本罪的未遂。

(2) 货值金额的认定

与产生于销售行为后的销售金额不同,货值金额,是指在尚未销售阶段的商品的价值,是认定成立本罪未遂所依据的法定数额标准。在此我们注意到,《关于办理侵犯知识产权刑事案件具体应用法律若干问题的意见》中对入罪数额的表述为"货值金额",因此,需要讨论的是对于货值金额的判定能否适用《关于办理侵犯知识产权刑事案件具体应用法律若干问题的解释》第12条中有关"非法经营数额"的规定?

《关于办理侵犯知识产权刑事案件具体应用法律若干问题的解释》第12条规定,"非法经营数额",关于办理侵犯知识产权刑事案件具体应用法律若干问题的因此是指行为人在实施侵犯知识产权行为过程中,制造、储存、运输、销售侵权产品的价值。已销售的侵权产品的价值,按照实际销售的价格计算。制造、储存、运输和未销售的侵权产品的价值,按照标价或者已经查清的侵权产品的实际销售平均价格计算。侵权产品没有标价或者无法查清其实际销售价格的,按照被侵权产品的市场中间价格计算。我们认为,尽管"销售金额""货值金额"与"非法经营数额"在表述上存在差异,但是"非法经营数额"的计算方法理应适用于销售假冒注册商标的商品罪。原因有二:一是从文义解释来看,"非法经营数额"应是行为人在非法经营活动中涉案商品的总体数额,而非法经营活动包括制造、购买、储藏、运输和销售等多个环节,因此,从"销售金额""货值金额"与"非法经营数额"内涵和外延来看,后者是包含前者的。二是侵犯知识产权犯罪这一节总共包含七个罪名,《关于办理侵犯知识产权刑事案件具体应用法律若干问题的解释》的出台正是为了解决司法实践中该节具体犯罪数额计算的问题,"非法经营数额"理应适用于全部七个罪名。

2. 量刑标准

根据《刑法》第 214 条的规定，本罪分为两个量刑档：一是销售金额数额较大的，处 3 年以下有期徒刑或者拘役，并处或者单处罚金；二是销售金额数额巨大的，处 3 年以上 7 年以下有期徒刑，并处罚金。

(1) "销售金额数额较大"的情形

①销售金额在 5 万元以上不满 25 万元的；

②假冒注册商标的商品尚未销售，货值金额在 15 万元以上不满 25 万元的；

③假冒注册商标的商品部分销售，已销售金额不满 5 万元，但与尚未销售的假冒注册商标的商品的货值金额合计在 15 万元以上的。

(2) "销售金额数额巨大"的情形

①销售金额在 25 万元以上的；

②假冒注册商标的商品尚未销售，货值金额在 25 万元以上的。

(3) 特殊情形

销售金额和未销售货值金额分别达到不同的法定刑幅度或者均达到同一法定刑幅度的，在处罚较重的法定刑或者同一法定刑幅度内酌情从重处罚。

在查办此类案件中，经常碰到下列情形：行为人到案后，其所持有的侵权商品一部分已经销售，另一部分尚未销售即被起获，且分别达到一定的数额。在一般情况下，按照司法解释的相关规定依照处罚较重的法定刑或者同一法定刑内从重量刑即可。但是，有几种更为特殊情形需要我们认真梳理，依法判断。

①已售商品金额在 5 万元以上，但未销售商品金额未达到入罪标准。对于这种情形，有两种处理方式：一是将销售金额和货值金额一并计算，将合并数额认定为犯罪数额。二是只认定销售金额，

货值金额不计算在内，只作为量刑情节予以考量。我们认为，应采取第一种方法，这既符合《关于办理侵犯知识产权刑事案件具体应用法律若干问题的意见》的中无论已售或未售商品都应当作否定性的刑法评价，也不会产生因量刑不平衡违反罪责刑相一致原则。

我们不妨举例说明第一种处理意见的正确性。假设行为人甲已售金额为3万元，未销售金额为23万元，根据《关于办理侵犯知识产权刑事案件具体应用法律若干问题的意见》的规定，由于未销售金额25万元以上适用第二档法定刑，而甲的行为显然比单纯未销售金额26万元更重，根据举轻以明重，甲应认定为本罪未遂，在第二档法定刑幅度内进行量刑选择。行为人乙已售金额为23万元，未销售金额为3万元，如果按照第二种处理意见的认定方式，只把未销售金额作为量刑考虑，则乙的行为只能适用第一档法定刑。从社会危害性的角度来看，已售部分的社会危害性显然高于未售部分，即行为人乙比甲本应承担更重的刑事责任，但是上述情形中行为人乙适用的法定量刑档反而更低，造成了罪责刑不相适应的情形。虽然行为人甲的犯罪形态是未遂，依法可以从轻或减轻处罚，但是这属于法院自由裁量的空间，且司法实践中很难判处减轻处罚。

因此，我们认为在上述情形下应当将销售金额与货值数额合并计算，正确适用法定量刑幅度，同时考虑与全部既遂情形的差别，对货值金额部分酌情从轻处罚，避免行为人的社会危害性与量刑幅度不均衡。

②已售商品金额在5万元以上不满25万元，未销售商品金额在15万元以上不满25万元，且二者数额相加达到25万元以上的。根据《关于办理侵犯知识产权刑事案件具体应用法律若干问题的意见》的规定，上述情形属于销售金额和未销售货值金额均达到同一法定刑幅度，应在同一法定刑幅度内酌情从重处罚。但我们认为，这样量刑明显不当，还是举例说明。

行为人甲已售金额为3万元，未销售金额为23万元，根据前面论述，甲应认定为本罪未遂，在第二档法定刑幅度内进行量刑选择。行为人乙已售金额为23万元，未销售金额为23万元，两部分分别达到了第一档量刑标准，根据《关于办理侵犯知识产权刑事案件具体应用法律若干问题的意见》的规定，行为人乙应该在第一档法定刑幅度内从重处罚。显然，乙的行为社会危害性是大于甲的，但是对乙的量刑却轻于甲，属于量刑不均衡。

我们认为，上述情形中应先累计计算销售金额与货值数额，根据相加后的数额进行量刑，同时考虑对货值数额部分酌情从轻处罚。

（4）其他需要说明的问题

①关于多次实施销售假冒注册商标的商品行为累计计算数额问题

根据《关于办理侵犯知识产权刑事案件具体应用法律若干问题的意见》第14条的规定，多次实施的，未经行政处理或者刑事处罚的，销售金额累计计算。

两年内多次实施违法行为，未经行政处理，累计数额构成犯罪的，应当依法定罪处罚。实施本罪行为的追诉期限，适用刑法的有关规定，不受前述两年的限制。

②本罪罚金的认定

最高人民法院、最高人民检察院《关于办理侵犯知识产权刑事案件具体应用法律若干问题的解释（二）》第4条规定，对于销售假冒注册商标的商品罪的，人民法院应当综合考虑犯罪的违法所得、非法经营数额、给权利人造成的损失、社会危害性等情节，依法判处罚金。罚金数额一般在违法所得的1倍以上5倍以下，或者按照非法经营数额的50%以上1倍以下确定。

第二章　侵犯商标权犯罪案件办理实务

（二）销售假冒注册商标的商品罪的犯罪构成及疑难问题解析

1. 销售假冒注册商标的商品罪的犯罪构成要件

（1）客观方面

①犯罪数额的认定。如前文所述，对于销售金额、货值金额的计算可以依据《关于办理侵犯知识产权刑事案件具体应用法律若干问题的解释》第12条中有关"非法经营数额"的规定。根据该条的规定，对于已售商品的价值，按照实际销售价格计算；对于未售商品的价值，先考虑按照商品标价或者查清的实际销售平均价格计算，若无，则按照被侵权商品的市场中间价格计算。这里面明确上述价格依据运用的先后顺序，只有在前一顺序的价格无法查清时，才能以后一顺序的价格为标准计算金额。具体如下所示：

> 已销售的侵权产品→实际销售价格
> 尚未销售的侵权产品→标价或已经查清的侵权产品的
> 　　　　　　　　　实际销售平均价格
> 　　　　　　　　　　　↓
> 　　　　　被侵权产品的市场中间价格

这里我们需要讨论的是"标价""已经查清的侵权产品的实际销售平均价格"和"被侵权产品的市场中间价格"在实践中遇到的问题和解决方法。

第一，关于"标价"的认定。

"标价"一词好理解，即商品标明的出售价格。它是计算货值金额时第一顺位的认定标准，同"已查清的侵权产品的实际销售平均价格"一道供司法机关自由选择。在实践中，尤其是行为人以假售假的情况下，"标价"与"实际销售平均价格"往往不一致甚至价差较为悬殊。例如，行为人甲售卖的一款高仿香奈儿单肩包，包上价签显示的价格可能上万元与正品无异，但实际销售中往往只有数百元甚至更低。再如，行为人乙为了逃避法律责任，故意将标价降低，司法机关在最后计算价值时就可能达不到应当追责的数额标准。在上述两种情况下，如果按照"标价"认定行为人的犯罪金额，显然会导致认定的数额畸高或畸低，罪行与刑罚不相当。

有观点指出，在量刑上可以酌情从轻处罚，以示区分。但犯罪数额作为本罪的构成要件之一，认定数额的高低很多情况下关乎罪与非罪，在此种情况下甚至会出现销售出去不构罪、未销售出去反而构罪的奇怪逻辑，这不仅仅是量刑从轻就能解决的。因此，我们认为，虽然"标价"与"实际销售平均价格"是并列关系，但是在实际办案中还是首先以"已查清的侵权产品的实际销售平均价格"认定犯罪数额更为准确，更能合理反映出行为人非法销售行为的社会危害性与主观恶性。

第二，关于"实际销售平均价格"的认定。

司法解释之所以规定的是"实际销售平均价格"而非"实际销售价格"，是由于现实中已销售的侵权产品实际销售价格客观上存在难以查清的情况，或者已查清的侵权产品实际销售价格会存在一定幅度的波动。有种观点主张每次销售侵权商品的价格和数量固定才能计算实际销售平均价格，我们认为，这种计算方法过于绝对，增加了知识产权犯罪中证据审查的难度。对于此种数额的计算可采用简单平均的方法，即存在两次或两次以上销售价格的，取其平均值，以此作为实际销售平均价格。

实践中，行为人通常作案经验丰富、反侦查能力和警惕性较高，同时作案方式具有很强的隐蔽性。他们通常不设账本记账，不开收据发票，也不会留下进货单据，而且销售地点多在地铁口、小商品市场、流动摊贩等，买方有很大的流动性，除了犯罪嫌疑人的供述之外，并没有其他证明实际销售金额的书证等证据，也无法联

第二章 侵犯商标权犯罪案件办理实务

系到侵权商品的买方,因而无法核实假冒注册商标的商品的实际销售价格。在这种情况下,就要考虑以"被侵权产品的市场中间价格"认定犯罪数额。

第三,关于"被侵权产品的市场中间价格"的认定。

在实践中,销售假冒注册商标商品罪一般来说有两种方式,一是以假售真,二是以假售假。对于第一种方式计算其犯罪金额时,按照上述的认定顺序无可厚非,但是对于第二种方式就存在较大的争议。因为在前述香奈儿的例子中,真假商品的价格可以说是天壤之别,此种情形下,如果以正品的价格计算,不符合实际经营情况,大大加重了被告人的刑罚。因此,有学者指出,《解释》第12条仅适用于某些情况,尤其是侵权产品所采取的销售地点、销售方式、销售渠道,都与被侵权产品相似,极容易使人混淆的情况。如果根据被侵权产品的销售地点、销售方式、销售渠道等,可以明显判断出侵权产品不可能卖到与被侵权产品同样的价格,即使"侵权产品没有标价或者无法查清其实际销售平均价格",司法者也不能机械地适用法律。

上述观点有其合理性,却没有解决实践中遇到此种情况究竟该如何认定犯罪金额。如果需要认定侵权产品的"市场价格"(黑市价格),一是没有行之有效的认定标准,二是势必造成司法资源的浪费,这在实践中是有关公平和效率的难题。我们认为,在目前法律体系下,如果确实查不清侵权产品的实际销售价格,仍然应当按照"被侵权产品的市场中间价格"计算犯罪金额。这是因为,一方面,行为人有义务证明侵权产品的价值或实际售价,难以查明价格往往是其拒不举证或举证不实所致;另一方面,该条标准的规定使得销售假冒驰名商标商品的行为更加容易达到定罪的标准,体现了国家对知识产权的强力保护。

总结起来,在上述认定顺序中,没有考虑委托价格认证机构进行价格鉴定。但在实践中，由价格认证机构出具价格鉴定意见是商标类刑事案件处理的重要方法和依据。最高人民法院、最高人民检察院出台的《关于办理生产、销售伪劣商品刑事案件具体应用法律若干问题的解释》的相关条款为我们提供了参考，对于侵权商品的货值金额难以认定时，可以考虑委托价格认证机构出具意见，进而确定本罪的犯罪金额。

②有关商标的问题"未经注册商标所有人许可"的理解与认定、"同一种商品"的理解与认定、"相同的商标"的理解与认定，参见"侵犯假冒注册商标罪的犯罪构成要件"。

（2）主观方面

《刑法》第214条规定，销售假冒注册商标的商品罪需要行为人明知其销售的商品为假冒注册商标的商品。有下列情形之一的，应当认定为"明知"：一是知道自己销售的商品上的注册商标被涂改、调换或者覆盖的；二是因销售假冒注册商标的商品受到过行政处罚或者承担过民事责任、又销售同一种假冒注册商标的商品的；三是伪造、涂改商标注册人授权文件或者知道该文件被伪造、涂改的；四是其他知道或者应当知道是假冒注册商标的商品的情形。

办理假冒伪劣烟草制品等刑事案件适用法律问题方面，相关会议纪要规定如下："明知"，是指知道或者应当知道。有下列情形之一的，可以认定为《刑法》第214条规定的"明知"：一是以明显低于市场价格进货的；二是以明显低于市场价格销售的；三是销售假冒烟用注册商标的烟草制品被发现后转移、销售物证或者提供虚假证明、虚假情况的；四是其他可以认定为明知的情形。

对于"明知"的认定，理论界和实务界都存在较大争议，大致有以下几种观点：第一种观点认为，"明知"就是"确知"，即行为人明确表述自己确切知道所销售的商品假冒他人的注册商标。第二种观点认为，"明知"包括"确知"和"可能知道"。"'明知'不能要求过于狭窄，除了'明知'之外，行为人即使不确知该商品是假冒哪一家的注册商标，以及不能十分确定该一批商品属于假冒注册商标的商品，但只要意识到该批商品可能是假冒注册商标的商品，而且没有任何根据在心理上加以否定，就属于'明知'的范围。"第三种观点认为，"明知"包括"确知""应当知道"和"可能知道"，对"明知"的具体内容也应当作全面的理解，即"明知"包括明知必然和明知可能。第四种观点认为，"明知"是指"知道"或者"应当知道"。我们认为，第一种观点不当地缩小了"明知"的概念范围，第二种、第三种观点又显得过分宽泛，尤其是"可能知道"，实际上也等于"可能不知道"，这种认定方式违背了疑罪有利于被告人的原则。因此，只有第四种观点是可取的，《关于办理侵犯知识产权刑事案件具体应用法律若干问题的解释》第9条第4项规定"明知"的认定方式之一是"其他知道或者应当知道是假冒注册商标的商品的情形"，可见司法解释也采用第四种观点。

"知道"是一种确知的状态，《关于办理侵犯知识产权刑事案件具体应用法律若干问题的解释》第9条前三项都是通过客观证据能够佐证行为人明确知道所售商品是假冒他人注册商标的产品，对此行为人主观上的知道是肯定的。而"应当知道"不同，这种情况下并没有客观证据能够直接印证行为人的主观状态，司法机关往往需要借助办案经验和逻辑推理对行为的主观进行论证，因此"应当知道"是一种推定的"明知"。对"明知"的推定需要综合全案证据，甚至包括行为人的从业背景、销售习惯等多种因素，在前述的"常见证据种类及审查要点"已经做过详细的论述，此处不再赘述。需要注意的是，既然是推定的"明知"，那么在行为人可以提供有效抗辩的情形下，如证据之间矛盾且不可排除、推定的结果并不唯一等，我们应当推翻之前推定的结论，依法作出处理结果。

2. 疑难问题解析

（1）本罪是否要求以营利为目的

本罪在主观上是否要求行为具有营利的目的？对此存在两种观点。第一种观点认为，销售假冒注册商标的商品作为一种贪利性的经济犯罪，行为人主观上必须以营利为目的。第二种观点认为，从司法实践来看，行为人假冒他人注册商标一般是以营利为目的或者以攫取非法利益为目的，但刑法并没有规定构成本罪必须以"营利为目的"。行为人的目的如何，并不影响本罪的构成。所以，以营利为目的不是构成本罪的必要条件。

关于"以营利为目的"的问题涉及主观的超过要素概念，刑法中有的条文中规定"以营利为目的"，如高利转贷罪、赌博罪等，往往是因为营利目的不仅体现行为人的主观恶性严重，而且说明行为的严重客观危害性。我们认为，本罪中"以营利为目的"不能成为主观超过要素，"以营利为目的"不是本罪的构成要件之一。这是因为本罪保护的法益是社会主义市场经济秩序和商标权利人商标专用权，在现实生活中，赚钱之外，出于不正当竞争或者其他动机，销售明知是假冒注册商标的商品，一样给商标权利人造成重大损失，也严重损害了消费者的合法权益。无论出于什么目的，实施商标侵权行为对注册商标专用权的侵害后果，并不存在孰轻孰重。因此，不能把"以营利为目的"理解为本罪的主观构成要件之一。

（2）无实际被假冒对象的销售假冒注册商标商品的行为是否应当入罪

无实际被假冒对象的销售假冒注册商标商品的行为，是指商标权利人在某种商品上依法注册商标后，并未实际生产该种商品，而行为人销售该种商标的商品的行为。针对此，理论界有两种观点：第一种观点认为，行为人所售产品属于权利人注册商标核定使用的商品，即使权利人没有实际生产也没有授权他人生产核定商品，行为人的行为也成立销售假冒注册商标的商品罪。第二种观点认为，因为权利人没有实际生产注册商标核定商品，被侵权产品不存在，因此行为人的行为就不符合销售假冒注册商标商品罪的客观要件，不应认定为销售假冒注册商标的商品罪。我们认为，第一种观点更有说服力，更符合销售假冒注册商标的商品罪保护的法益。

犯罪是对法益的侵害，这种侵害包括现实的侵害和侵害的风险两种形式。在具体判断法益是否遭到侵害时应该以行为时的客观条件为参照，以刑法所保护的具体法益为核心。销售商标权利人没有实际生产的商品的，虽然没有对权利人造成直接的、显性的财产损失，但是财产损失并不是销售假冒注册商标商品罪核心法益，此种行为无疑侵犯了商标所有权人受保护的商标权法益。司法者在适用法律时不能机械地以没有实物不能比较为由否认此类行为的法益侵犯性。《关于办理侵犯知识产权刑事案件具体应用法律若干问题的意见》第5条对"同一种商品"的认定作出了解释，因此即使商标权利人没有实际生产出商品，但对侵权行为人进行刑法上的评价并不存在技术上的障碍。

同样，上述问题对于"联合商标""防御商标"都具有借鉴意义。按照商标从属关系分类，可以分为主商标（正商标）、联合商标以及防御商标。所谓"联合商标"，是指同一商标权利人在同一种或类似商品上注册的若干近似商标。这些商标中首先注册的或者主要使用的为主商标，其余的则为联合商标。所谓"防御商标"，是指商标权利人在该注册商标核定使用的商品以外的其他不同类别的商品上注册的若干相同商标，为防止他人在这些类别的商品上注册使用相同的商标。原商标为主商标，其余为防御商标。在"联合商标""防御商标"中，权利人都可能没有实际生产相关商品，对于销售相关注册商标商品的行为，一样应当认定为是销售假冒注册商标的商品的行为。

(3) 销售假冒注册商标的商品停止形态

我们先谈一下本罪中"着手"的问题。《刑法》第 22 条规定，为了犯罪，准备工具、制造条件的，是犯罪预备。第 23 条第 1 款规定，已经着手实施犯罪，由于犯罪分子意志以外的原因而为得逞的，是犯罪未遂。犯罪预备和犯罪未遂都属于犯罪的未完成形态之一，均有其社会危害性，所以也被纳入刑法规定；同时，二者在量刑幅度上存在较大差异，正确区分二者是打击犯罪、保障人权的重要保证。根据上述法条我们可以看出，是否"着手"实行犯罪，是区分二者的关键标志。

在本罪中，有学者认为，必须同时存在买方和卖方，才能认定为销售行为的进行。在卖方找到买方之前，进货、寻找买主等为了达到销售目的而进行的各种积极追求，都只能归于准备销售的行为，均应当以销售假冒注册商标的商品罪的犯罪预备来判定。该观点认为，判断是否"着手"在于销售者和购买者能否达成购销合意，而为了销售购买侵权产品、向他人发广告宣传等都只是为了犯罪准备条件或机会，不属于已着手。

我们认为这种观点是错误的。我们应当把"销售行为"视为一个动态的过程进行整体上的把握和解读，它不仅包括交易双方都在场时的"一手交货、一手交钱"行为，也应当包括销售者积极寻找买家、大量购买进货等行为。原因有二：一是在买卖关系中，为了销售而购买或者寻找买主的行为属于整体销售行为的一部分或者环节，对于销售行为应该做整体的理解，不能把销售行为局限在交易完成的瞬间动作；二是"为卖而买"的行为，无论是作为自身销售的一个环节，还是对上游商标侵权行为的承接，均已对权利人的商标专用权造成了实际的侵害，具有严重的社会危害性，应当受到刑事处罚。因此，行为人为了销售而购买侵权产品的行为应当认定为"已着手"。

三、非法制造、销售非法制造的注册商标标识罪的法律适用

（一）非法制造、销售非法制造的注册商标标识罪的定罪量刑标准

1. 刑事立案追诉标准

根据《刑法》第215条之规定，非法制造、销售非法制造的注册商标标识罪，是指伪造、擅自制造他人注册商标标识或者销售伪造、擅自制造的注册商标标识，情节严重的行为。从构成要件来看，非法制造、销售非法制造的注册商标标识罪是情节犯，即"情节严重"才能达到立案追诉标准。那么，什么情形属于情节严重呢？根据最高人民法院、最高人民检察院《关于办理侵犯知识产权刑事案件具体应用法律若干问题的解释》的规定，具有下列情形之一的，属于《刑法》第215条规定的"情节严重"：(1) 伪造、擅自制造或者销售伪造、擅自制造的注册商标标识数量在2万件以上，或者非法经营数额在5万元以上，或者违法所得数额在3万元以上的；(2) 伪造、擅自制造或者销售伪造、擅自制造两种以上注册商标标识数量在1万件以上，或者非法经营数额在3万元以上，或者违法所得数额在2万元以上的；(3) 其他情节严重的情形。

相较于假冒注册商标罪，非法制造、销售非法制造的注册商标标识罪在情节上多了商标标识数量的认定标准，便于此类案件的司法认定。非法经营数额与违法所得的具体内涵见"假冒注册商标罪的法律适用部分"。

2. 量刑标准

依照《刑法》第215条之规定，非法制造、销售非法制造的注册商标标识罪存在两个量刑档：情节严重的，处3年以下有期徒刑、拘役或者管制，并处或者单处罚金；情节特别严重的，处3年以上

7年以下有期徒刑,并处罚金。

(1) 属于"情节严重"的情形

①伪造、擅自制造或者销售伪造、擅自制造的注册商标标识数量在2万件以上,或者非法经营数额在5万元以上,或者违法所得数额在3万元以上的;

②伪造、擅自制造或者销售伪造、擅自制造两种以上注册商标标识数量在1万件以上,或者非法经营数额在3万元以上,或者违法所得数额在2万元以上的;

③其他情节严重的情形。

(2) 属于"情节特别严重"的情形

①伪造、擅自制造或者销售伪造、擅自制造的注册商标标识数量在10万件以上,或者非法经营数额在25万元以上,或者违法所得数额在15万元以上的;

②伪造、擅自制造或者销售伪造、擅自制造两种以上注册商标标识数量在5万件以上,或者非法经营数额在15万元以上,或者违法所得数额在10万元以上的;

③其他情节特别严重的情形。

(二) 非法制造、销售非法制造的注册商标标识罪的犯罪构成及疑难问题解析

1. 非法制造、销售非法制造的注册商标标识罪的构成要件

本罪的实行行为包括三种情形:一是伪造他人注册商标标识;二是擅自制造他人注册商标标识;三是销售伪造、擅自制造的他人注册商标标识。

"伪造",是指未取得"指定印制商标单位"资格的单位或个人,仿照他人注册商标的文字、图形或其组合,制造出与他人注册商标标识相同的、虚假的注册商标标识。

"擅自制造",是指取得"指定印制商标单位"资格的单位或个人,违反商标管理法规,或违反与注册商标所有人签订的印制合同约定,私自印刷或超量印刷他人注册商标标识的行为。

"销售",包括批发、零售等销售方式,是指故意销售伪造、擅自制造的注册商标标识的行为。

"商标标识",是指商品本身或其包装上使用的附有文字、图形或文字与图形的组合所构成的商标图案的物质实体,如商标纸、防伪标牌、商标胶带等。

2. 疑难问题解析

(1)非法制造、销售非法制造的注册商标标识罪与假冒注册商标罪的界限划分

非法制造、销售非法制造的注册商标标识罪与假冒注册商标罪有部分共同之处,如侵害的法益都是商标权,都存在未经商标权人许可制作或使用他人商标的行为。但二者的区别也较为明确:一是犯罪对象不同。非法制造、销售非法制造的注册商标标识罪的犯罪对象是非法制造的注册商标标识;假冒注册商标罪的犯罪对象是注册商标的标识功能。二是客观行为。非法制造、销售非法制造的注册商标标识罪要求伪造、擅自制造他人注册商标标识,或者销售伪造、擅自制造的他人注册商标标识。假冒注册商标罪则要求未经注册商标所有人许可,在同一种商品上使用与其注册商标相同的商标。由此可见,一般情况下,区分非法制造、销售非法制造的注册商标标识罪与假冒注册商标罪二罪并不复杂。

但实践中,存在犯罪嫌疑人非法制造他人注册商标标识,又在同一商品上使用非法制造的他人注册商标的标识。司法解释对于此行为的定性不无争议。对此,我们认为此种情形属于刑法中的牵连犯,非法制造注册商标标识是手段行为,而使用非法制造的注册商标标识才是目的行为。因此,根据刑法理论,我们认为此种情况下

按照"从一重罪处断"的原则进行处理即可。

（2）非法制造、销售非法制造的注册商标标识罪的罪数形态问题

如前文所述，非法制造、销售非法制造的注册商标标识罪的实行行为包括三种情形：伪造、擅自制造与销售。那么当犯罪嫌疑人实施了上述多种行为时，应当如何确定罪名呢？

解决这一问题的前提是明确本罪的性质，即非法制造、销售非法制造的注册商标标识罪是一个罪名，还是多个罪名。通说认为，本罪是一个选择性罪名。所谓选择性罪名，是指包含两种或两种以上独立罪名，但因各罪名之间有联系，故立法者将其归纳到一起，形成一个概括罪名。对于非法制造、销售非法制造的注册商标标识罪而言，是将非法制造注册商标标识罪、销售非法制作的商标标识罪和非法制造、销售非法制造的注册商标标识罪组合成一个罪名，符合选择性罪名的定义。因此，对于犯罪嫌疑人实施了伪造、制造、擅自销售中多种行为的情况，应当按照选择性罪名的处理原则，以非法制造、销售非法制造的注册商标标识罪一罪名论处，而不能实施数罪并罚。[①]

[①] 赵秉志：《侵犯知识产权犯罪研究》，中国方正出版社1999年版，第104页。

第三节 典型案例评析

一、秦某销售假冒注册商标的商品案
——对于鉴定意见的证据审查

(一) 被告人基本情况及诉讼过程

被告人秦某因涉嫌销售假冒注册商标的商品罪于 2016 年 3 月 25 日被刑事拘留，于 2016 年 4 月 27 日被北京市公安局海淀分局取保候审，于 2017 年 1 月 9 日被海淀区人民检察院决定继续取保候审。

北京市海淀区人民检察院以京海检知产刑诉〔2017〕7 号起诉书指控秦某犯销售假冒注册商标的商品罪，于 2017 年 2 月 17 日向人民法院提起公诉。人民法院依法组成合议庭，公开开庭审理了本案，并作出判决。

(二) 检察机关认定的犯罪事实及证据

北京市海淀区人民检察院指控，2015 年 10 月 27 日，被告人秦某在其位于本市海淀区××路××号院×单元×室的出租房内，通过淘宝网店以人民币 78000 元的价格销售带有"EPSON"商标的投影仪 20 台。2016 年 3 月 24 日，被告人秦某再次通过上述淘宝网店以人民币 18000 元的价格销售带有"EPSON"商标的投影仪 5 台时被公安机关当场抓获。经爱普生（中国）有限公司检测，上述 25 台投影仪均系假冒"EPSON"注册商标的商品。被告人秦某到案后如实供述了上述犯罪事实。

北京市海淀区人民检察院当庭出示了以下证据：被告人秦某的供述和辩解，证人孙某、王某某、周某的证言，扣押物品照片、收据，淘宝聊天记录，爱普生（中国）有限公司及其知识产权代理公司出具的鉴定证明、商标注册证、到案经过、扣押物品清单等，以证明上述指控。

北京市海淀区人民检察院认为，被告人秦某销售明知是假冒注册商标的商品，销售金额数额较大，其行为触犯了《刑法》第214条之规定，犯罪事实清楚，证据确实、充分，应当以销售假冒注册商标的商品罪追究其刑事责任。被告人秦某如实供述自己的罪行，依照《刑法》第67条第3款之规定，可以从轻处罚。

（三）被告人辩解与辩护人辩护意见

海淀区人民法院于2017年3月15日依法开庭审理本案。在庭审过程中，被告人秦某对于起诉书指控的犯罪事实及罪名提出异议。被告人秦某当庭辩解称，其受雇于老板秦某某，听秦某某说，自己销售的"EPSON"投影仪并非假冒产品，而是"EPSON"公司生产的低端型号产品。

针对秦某某当庭提出的新辩解，检察人员发现该案件需要补充侦查，重新核实爱普生（中国）有限公司及其知识产权代理公司出具的鉴定证明的客观性，遂依据《刑事诉讼法》第198条第2项之规定，当庭提出延期审理建议。

（四）检察机关变更认定的犯罪事实及意见

在补充侦查过程中，检察人员与爱普生（中国）有限公司工程人员重新查看物证，通过开机测试、拆机检验、视检等方式，认定涉案物品均系爱普生公司生产的、以低端型号X-17或X-21冒充高端型号 CB-965 的产品,并重新出具情况说明。

由于证据发生变化,北京市海淀区人民检察院对京海检知产刑诉〔2017〕7 号起诉书作如下变更:

认定的事实变更为:2015 年 10 月 27 日,被告人秦某在其位于本市海淀区知春路 47 号院 3 单元 102 室的出租房内,通过淘宝网店以人民币 78000 元的价格销售型号为"CB-965"的爱普生投影仪 20 台。2016 年 3 月 24 日,被告人秦某再次通过上述淘宝网店以人民币 18000 元的价格销售型号为"CB-965"的爱普生投影仪 5 台时被公安机关当场抓获。经查,上述 25 台爱普生投影仪的实际型号为"X-21"或"X-17",均系爱普生(中国)有限公司生产的低端型号。被告人秦某到案后如实供述了上述犯罪事实。

适用的法律变更为:被告人秦某销售以次充好的产品,销售金额 5 万元以上,其行为触犯了《刑法》第 140 条,犯罪事实清楚,证据确实、充分,应当以销售伪劣产品罪追究其刑事责任。

京海检知产刑诉〔2017〕7 号起诉书未被变更部分仍然具有法律效力。

(五)法院裁判结果

2017 年 7 月 21 日,北京市海淀区人民法院一审以秦某犯销售伪劣产品罪判处有期徒刑 8 个月,缓刑 1 年,罚金人民币 5 万元。秦某未上诉,检察机关未提出抗诉,判决发生法律效力。

(六)本案典型疑难问题法律适用解析

处理本案涉及的主要争议问题是:如何审查权利公司出具的鉴定意见?

在本案中,权利公司爱普生(中国)有限公司及其知识产权代理公司先后出具了三份鉴定意见。前两份鉴定意见分别由爱普生

（中国）有限公司、北京中誉威圣知识产权服务中心于侦查阶段出具，鉴定结论为：涉案的25台投影仪均为假冒爱普生公司或关联公司厂名、厂址以及"EPSON"注册商标的产品。鉴定理由为：包装箱或投影机上的序列号与开机序列号不一致，不是正品所对于的序列号。后一份鉴定意见由爱普生（中国）有限公司于审判阶段出具，鉴定结论为：涉案的10台投影仪系爱普生公司生产的、以低端型号X-17或X-21冒充高端型号CB-965的产品，均未经实质性翻新；鉴定理由为：（1）开机显示的序列号系正品序列号，未经更改，序列号真实对应的机型为X-17或X-21；（2）开机系统未经改造；（3）经拆机，灯泡、灯架等重要零部件均为爱普生生产，未经替换；（4）经开机，呈影清晰，质量符合相应机型的出厂标准。

对于三份结论相互矛盾的鉴定意见，经审查，检察人员采信爱普生（中国）有限公司于审判阶段出具的最后一份鉴定意见。理由如下：

第一，相较于前二份鉴定意见，该份鉴定意见的理由更为充分，具有可采性。

爱普生（中国）有限公司、北京中誉威圣知识产权服务中心于侦查阶段出具的鉴定意见中仅以涉案的投影仪外包装序列码与开机序列码不一致为由，得出涉案投影仪系假冒爱普生公司生产的产品这一鉴定结论，对于投影仪是否经过改装、开机系统是否进行升级均未检测，鉴定理由过于形式。为补充证明涉案的爱普生投影仪是否系正品这一事实，鉴定人员于审判阶段通过开机、拆机等方式进行重新检测，核实了开机显示的序列号系正品序列号、开机系统未经改造、重要零部件未被替换、开机呈影质量达到相应机型的出厂标准，确定在案投影仪系爱普生公司生产的、以低端型号X-17或X-21冒充高端型号CB-965的产品，并重新出具鉴定意见。鉴定方法合理，鉴定理由充分，证据可采性程度较高。

第二，鉴定程序合法。

经检察人员查看，本案的涉案物品保存妥当，不存在物证混同、毁损灭失等情况；鉴定人员为爱普生公司高级工程师，具备鉴定要求的技术知识；鉴定人员对涉案物品拆机、开机的过程完全独立，排除其他干扰因素。鉴定程序符合刑事诉讼法的程序性规定。

通过本案的处理可以看出，由权利公司出具的鉴定意见具有较强的主观性、随意性，且鉴定理由存在形式化的问题。因此，在审查权利公司出具的鉴定意见时，应当特别审查注意鉴定方法的合理性，是否采用拆机检测、开机检测、视检等多种检测方式相结合的方法进行鉴定。此外，在对于鉴定理由进行审查时，应当把握注重理由实质化的审查要点，针对仅对商标、包装袋、包装盒、安装光盘等附属物品的真伪出具理由，而未对商品本身的真伪出具理由的，应当要求权利公司进行补充说明，必要时，应当要求其重新出具鉴定意见。

二、樊某销售假冒注册商标的商品案
——商标权利人及其委托人出具的假冒注册商标鉴别的证据能力问题

（一）被告人基本情况及诉讼过程

被告人樊某因涉嫌销售假冒注册商标的商品罪于2014年7月16日被北京市公安局海淀分局刑事拘留，经北京市海淀区人民检察院批准，于2014年8月19日被北京市公安局海淀分局逮捕。

北京市海淀区人民检察院以京海检知产刑诉〔2014〕86号起诉书指控樊某犯销售假冒注册商标的商品罪，于2014年12月22日向人民法院提起公诉。

(二) 检察机关认定的犯罪事实及证据

北京市海淀区人民检察院指控,2013年11月至2014年4月间,被告人樊某先后三次向位于本市海淀区西三环北路×号的北京××大学综合教学楼工地销售"HUIDA"牌小便器、台下盆、感应龙头等卫生洁具,销售金额共计人民币100880元。经查,上述卫生洁具均系假冒"HUIDA"牌注册商标的产品。2014年7月16日,被告人樊某主动投案,并如实供述了上述事实。

北京市海淀区人民检察院当庭出示了以下证据:被告人樊某的供述和辩解,证人陈某等5人的证言,涉案物品照片,北京市工商行政管理局海淀分局涉嫌犯罪案件移送书、搜查笔录、检查笔录、欠条、收据,永乐惠达卫浴(北京)有限公司出具的鉴定书、商标注册证、受案登记表、到案经过、身份证明等,以证明上述指控。

北京市海淀区人民检察院认为,被告人樊某销售明知是假冒注册商标的商品,销售金额数额较大,其行为触犯了《刑法》第214条之规定,犯罪事实清楚,证据确实、充分,应当以销售假冒注册商标的商品罪追究其刑事责任。被告人樊某犯罪以后自动投案,如实供述自己的罪行,依照《刑法》第67条第1款之规定,系自首,可以从轻处罚。

(三) 法院裁判结果

2014年12月31日,北京市海淀区人民法院一审以樊某犯销售假冒注册商标的商品罪判处有期徒刑7个月,罚金人民币10万元。樊某未上诉,检察机关未提出抗诉,判决发生法律效力。

(四) 本案典型疑难问题法律适用解析

1. "同一种商品"的判断——基于犯罪事实上的法律判断

本案中,案发是基于行政机关的移送,这一点有北京市工商行政管理局海淀分局涉嫌犯罪案件移送书、公安机关的受案登记表、证人证言能够予以佐证。关于被告人是否实施了销售假冒注册商标的商品的行为，需要注重考虑以下两点：一是被告人销售商品行为，二是所售商品为假冒注册商标的商品。关于第一点，本案中收据、证人陈某和王某的证言与被告人樊某的供述可以相互印证，可以证实被告人樊某先后三次向北京某建筑装饰工程有限公司销售"HUIDA"牌小便器、台下盆、感应龙头等卫生洁具，共计人民币103080元，被告人的销售行为是比较清楚的。需要说明的是，根据2004年最高人民法院、最高人民检察院《关于办理侵犯知识产权刑事案件具体应用法律若干问题的解释》第12条的规定，已销售的侵权产品的价值，按照实际销售的价格计算。因此，本案的销售金额即为人民币103080元。

关于第二点是我们应该重点关注的，即被告人所售商品是否为假冒注册商标的商品。一是核实被侵权商品的商标是否系合法注册且在核准使用范围、期限内，二是核实商标权人是否授权被告人使用。本案中，惠达卫浴股份有限公司出具营业执照、企业名称变更证明、商标注册证证实，"HUIDA"是合法有效的注册商标，核定使用商品包含马桶、小便池、水龙头、盥洗盆等，而案件涉案商品名称为小便器、台下盆和感应龙头，双方名称似有不同，需要我们认真审查双方是否属于"同一种商品"。关于"同一种商品"，2011年最高人民法院、最高人民检察院、公安部在《关于办理侵犯知识产权刑事案件适用法律若干问题的意见》中明确，是指名称相同的商品以及名称不同但指同一种事物的商品。"名称"，是指国家工商行政管理总局商标局在商标注册工作中对商品使用的名称，通常即《商标注册用商品和服务国际分类》中规定的商品名称。"名称不同但指同一事物的商品"，是指在功能、用途、主要原料、消费对象、消费渠道等方面相同或基本相同，相关公众一般认为是同一种事物的商品。本案中，承办人经过询问惠达卫浴股份有限公司、讯问被告人，查阅《类似商品和服务区分表》（基于尼斯分类第十版）2014文本等资料，证实"小便池"是"小便器"的通俗名称，"台下盆"是"盥洗盆"的通俗名称，"感应龙头"是"水龙头"的一种，因此，可以认定双方为"同一种商品"。之后，要核实的是商标权人是否授权被告人使用，即商品是否为假冒权利人注册商标的商品。

2. 商标权利人及其委托人出具的假冒注册商标鉴别的证据能力问题

司法实践中，由于商标领域的专业性，多由商标权利人或其聘请知识产权代理公司出具的真伪说明。因商标权利人系被害人，其聘请的知识产权代理公司与被害人有利害关系，在这种情况下出具的真伪说明其真实客观性容易受到质疑。因此，检察机关审查逮捕部门应强化对真伪说明的形式和实质的双重审查，在综合把握全案证据之间的印证关系的基础上予以认定。所谓形式审查，就是要审查真伪说明的形式要件是否齐全、合法，是否符合刑事诉讼法规定的对证据的要求。所谓实质审查，就是要重点围绕注册商标权利人出具真伪说明的具体背景、环境及案件的其他证据来分析、判断。具体而言，看其是否有出于清理销售打击"串货""平行进口"等而恶意举报或投诉的嫌疑；是否与被告人之间存在商标许可及代理纠纷；是否有排挤竞争对手等不正当目的等情形，防止检察机关被其利用而介入民事纠纷。根据最高人民法院《关于适用〈中华人民共和国刑事诉讼法〉的解释》第104条的规定，对证据的证明力，应当根据具体情况，从证据与待证事实的关联程度、证据之间的联系等方面进行审查判断。证据之间具有内在联系，共同指向同一待证事实，不存在无法排除的矛盾和无法解释的疑问的，才能作为定案的根据。对于注册商标权利人出具的真伪说明，还应当重点结合在案的其他证据，审查真伪说明能否与案件的其他证据相互印证，有无可疑之处或存在合理怀疑的地方，能否形成严密、完整的证据链，破除利害关系对证据效力产生的消极影响。

本案中对于涉案的"HUIDA"牌小便器、台下盆、感应龙头，除永乐惠达卫浴（北京）有限公司出具的鉴定书之外，证人证言、收据以及被告人的供述等相关证据均证实被告人销售假冒"HUIDA"牌卫生洁具的事实。被害公司鉴定书表明，涉案商品外观质量变形，尺寸不符合生产标准。证人王某证言、收据表明，"（涉案商品）市场价格应该是20万元左右，但是樊某的货物才卖9万多元，明显低于市场价格"。被告人也对售假行为供认不讳。因此，上述证据与永乐惠达卫浴（北京）有限公司出具的鉴定书相互印证，能够佐证鉴定书的证明内容，增强其证据效力，足以证实涉案"HUIDA"牌卫生洁具是假冒注册商标的商品。

3. 明确被告人的主观故意

本罪的责任形式为故意，即行为人"明知"是假冒注册商标的商品，仍以营利为目的对外销售。结合本案来看，涉案的"HUIDA"牌卫生洁具均系被告人樊某自行从非法渠道购买的。樊某供述称"我在我们的市场内的一本杂志上看到一个可以给惠达打标的广告，上面的电话是……我在那里见到了黄某，他说可以便宜的给我打标供货"，"正好一个叫作张某的人来我店内推销，说是可以给产品打标，我就问他是否有惠达的感应龙头，张某说没问题"。上述供述均系被告人樊某自愿作出。此外，根据在案证人证言、起获的收据，可以看出涉案物品价格明显低于正常市场售价，这从客观上进一步印证了被告人对涉案物品系假冒的明知。

三、田某、杨某某销售假冒注册商标的商品案
——如何运用在案证据证明主观"明知"

（一）被告人基本情况及诉讼过程

被告人田某因涉嫌销售假冒注册商标的商品罪于2012年12月19日被北京市公安局海淀分局刑事拘留，经北京市海淀区人民检察院批准，于2013年1月7日被北京市公安局海淀分局逮捕。

被告人杨某某因涉嫌销售假冒注册商标的商品罪于2012年12月19日被北京市公安局海淀分局刑事拘留，于同年12月28日被北京市公安局海淀分局取保候审，经北京市海淀区人民检察院决定，于2013年2月18日被继续取保候审。

北京市海淀区人民检察院以京海检知产刑诉〔2013〕1181号起诉书指控田某、杨某某犯销售假冒注册商标的商品罪，于2013年6月7日向人民法院提起公诉。

（二）检察机关认定的犯罪事实及证据

北京市海淀区人民检察院指控，2012年10月至2012年12月期间，被告人田某从他人处购进大量带有"VERO MODA"和"ONLY"注册商标的服装，并伙同被告人杨某某在本市海淀区小南庄×号楼×单元××号，通过淘宝网开设网店方式对外销售，销售金额为人民币23万余元。其中，田某负责联络进货和销售，杨某某负责包装，并在田某外出进货时负责销售。2012年12月18日，田某、杨某某被北京市工商行政管理局海淀分局查获，并当场起获带有"VERO MODA"注册商标的服装474件、带有"ONLY"注册商标的服装172件。经查，上述服装均为假冒注册商标的商品，货值金额为人民币255371元。

当日，北京市工商行政管理局海淀分局将本案移送北京市公安局海淀分局处理，被告人田某、杨某某被依法传唤到案。

北京市海淀区人民检察院当庭出示了以下证据：被告人田某、杨某某的供述和辩解，证人韩某的证言，涉案物品照片，北京市工商行政管理局海淀分局涉嫌犯罪案件移送书、接受刑事案件登记表、到案经过、淘宝网页截图、淘宝销售记录等，以证明上述指控。

北京市海淀区人民检察院认为，被告人田某、杨某某明知是假冒注册商标的商品而予以销售，销售金额数额巨大，其行为触犯了《刑法》第25条第1款、第214条之规定，犯罪事实清楚，证据确实、充分，应当以销售假冒注册商标的商品罪追究其刑事责任。被告人田某、杨某某部分行为已经着手实行犯罪，由于其意志以外的原因而未得逞，根据《刑法》第23条之规定，系犯罪未遂。对于未遂犯，可以比照既遂犯从轻处罚。被告人田某在共同犯罪中起主要作用，依照《刑法》第26条第1款、第4款之规定，是主犯，应当按照其所参与的或者组织、指挥的全部犯罪处罚。被告人杨某某在共同犯罪中起次要、辅助作用，依照《刑法》第27条之规定，是从犯，对于从犯，应当减轻处罚。被告人田某、杨某某如实供述自己的罪行，依照《刑法》第67条第3款之规定，可以从轻处罚。

（三）法院裁判结果

2013年7月19日，北京市海淀区人民法院一审以销售假冒注册商标的商品罪判处田某有期徒刑3年，罚金人民币25万元；判处杨某某有期徒刑1年6个月，缓刑2年，罚金人民币5万元。二人均未上诉，检察机关未提出抗诉，判决发生法律效力。

（四）本案典型疑难问题法律适用解析

1. 销假事实的认定——结合现场起赃、销售记录、真伪鉴定综合判断

在案北京市工商行政管理局海淀分局现场笔录、实施行政强制措施决定书、解除行政强制措施决定书、涉嫌犯罪案件移送书等证据显示，本案案件来源为行政机关移送，工商局执法检查中在被告人田某、杨某某处查获大量"VERO MODA""ONLY"品牌服装，对涉案物品采取行政强制措施、制作现场笔录等工作。根据《商标法》第61条的规定，对侵犯注册商标专用权的行为，工商行政管理部门有权依法查处；涉嫌犯罪的，应当及时移送司法机关依法处理。侵犯注册商标专用权行为构成犯罪的两个客观要件：一是未经许可在"同一种商品"上使用与注册商标"相同"的商标；二是非法经营额在5万元以上，因此行政机关移送刑事案件在客观上需满足上述两个要件。

关于商品系假冒的证据，一是绫致时装（天津）有限公司出具了真伪证明，现场起获的"VERO MODA""ONLY"牌服装款式和品牌与该公司同款衣服一样，但大部分没有吊牌，衣服上的水洗标字体和内容与正品不一致，属于假冒产品；二是被告人田某和同案犯杨某某的供述，证明进货是动物园批发市场等非正规渠道，价格便宜，没有厂家的授权。

2. 共同犯罪中主从犯的区分——从采购、销售环节判断犯罪地位和作用

构成本罪的行为过程包括采购、销售两个环节。一是从采购环节上看，被告人田某与杨某某的供述一致，均称由田某进货；二是从销售环节上看，本案采用网络销售模式，三家网店分别是使用田某、杨某某、杨某某姑姑的身份信息注册，银行账户也是分别使用

三人身份信息开立的,平时由田某负责网上销售,杨某某在田某不在家时网上操作销售。因此从采购到销售环节,田某其主要作用,杨某某起次要作用。

3. 对"明知"审查——围绕被告人的供述和辩解、货物的来源、销售价格等综合判断

本案中田某供认销售的"VERO MODA""ONLY"品牌服装是假冒注册商标的商品,同案犯杨某某亦作相同供述,二人均称从非正常渠道——动物园服装批发市场进货,价格便宜,进购来的服装上没有吊牌,没有厂家的授权等,二人的供述均为主动自愿供述,且互相印证。从起赃现场看,公安机关未能起获进货单据等,从网络店铺销售标价看,价格较低,因此也客观上印证了二人关于销售的服装系"假冒"的明知。

四、 张某销售假冒注册商标的商品案
——被告人存在贴标行为,但商标与商品均来自同一卖家的情形如何适用罪名

(一) 被告人基本情况及诉讼过程

被告人张某因涉嫌销售假冒注册商标的商品罪于2013年12月8日被北京市公安局海淀分局刑事拘留,经北京市海淀区人民检察院批准,于2014年1月14日被北京市公安局海淀分局逮捕。

北京市海淀区人民检察院以京海检知产刑诉〔2014〕54号起诉书指控张某犯销售假冒注册商标的商品罪,于2014年9月9日向人民法院提起公诉。

(二）检察机关认定的犯罪事实及证据

北京市海淀区人民检察院指控，2013年4月至12月间，被告人张某雇用张某某（另案处理）、王某某（另案处理）在本市海淀区稻北小区×号楼×门××号内销售"SEAGATE"（希捷）牌、"WD"（西部数据）牌硬盘。2013年10月21日，民警在上述地点查获"SEAGATE"牌硬盘735个、移动硬盘盒63个、防震支架41个、移动硬盘包装盒140个、移动硬盘防伪标340张、标贴1650张、移动硬盘说明书45本；"WD"牌硬盘298个。经查，上述"SEAGATE"牌硬盘、移动硬盘盒、防震支架、移动硬盘包装盒、移动硬盘防伪标、标贴、移动硬盘说明书均系假冒，其中"SEAGATE"牌硬盘货值金额为人民币260765元。2013年12月8日，被告人张某主动到案，并如实供述了上述犯罪事实。

北京市海淀区人民检察院当庭出示了以下证据：被告人张某的供述和辩解，证人苏某等三人证言，涉案物品照片，北京市海淀区价格认证中心文件、淘宝网店截图、希捷科技（苏州）有限公司出具的说明、受案登记表、到案经过、身份证明等，以证明上述指控。

北京市海淀区人民检察院认为，被告人张某销售明知是假冒注册商标的商品，销售金额数额巨大，其行为触犯了《刑法》第214条之规定，犯罪事实清楚，证据确实、充分，应当以销售假冒注册商标的商品罪追究其刑事责任。被告人张某已经着手实行犯罪，由于其意志以外的原因而未得逞，根据《刑法》第23条之规定，系犯罪未遂。对于未遂犯，可以比照既遂犯从轻处罚。被告人张某犯罪以后自动投案，如实供述自己的罪行，依照《刑法》第67条第1款之规定，系自首，可以减轻处罚。

(三) 法院裁判结果

2014 年 1 月 14 日，北京市海淀区人民法院一审以张某犯销售假冒注册商标的商品罪判处有期徒刑 1 年 6 个月，罚金人民币 15 万元。张某未上诉，检察机关未提出抗诉，判决发生法律效力。

(四) 本案典型疑难问题法律适用解析

1. 对犯罪行为的审查——是否有证据证明被告人实施了销售行为

所谓销售是指以有偿方式出卖、转让假冒注册商标的商品之行为，证明重点应放在有偿性上。本案中，被告人的供述、证人证言、雇员张某某和王某的证言均能够证明被告人张某存在利用网店向不特定对象以营利为目的进行销售涉案物品。同时，淘宝网店交易截图、支付宝交易记录等书证、电子数据能够证明张某发布了商品广告并使用支付宝接收货款，与言词证据相互印证。

2. 对犯罪对象的审查——是否有证据证明犯罪对象是假冒注册商标的商品

理解假冒注册商标的商品需要结合《刑法》第 213 条之规定，即未经注册商标所有人许可，在同一种商品上使用与其注册商标相同的商标。因此，拆分来看，需要证明以下构成要件要素事实：

(1) 证明未经商标所有人许可的证据，包括证明商标权属情况的证据、商标所有人的举报材料、真伪意见等。承办人审查了注册商标"SEAGATE""希捷""WD""WESTERN DIGITAL"的核准转让注册商标证明、商标注册证、核准续展注册等证据，着重审查了对于商标所有人注册信息、商标核定使用范围、有效期及延展期等情况。在确定希捷科技（苏州）有限公司、西部数据（中国）有限公司分别为涉案商标"SEAGATE""希捷""WD""WESTERN

DIGITAL"的所有人且商标权仍在有效期的前提下,结合由希捷科技公司、西部数据公司的代理人北京谢天晴知识产权代理公司对于涉案产品是否系假冒所作出的真伪意见,可以证实被告人张某在销售的商品上使用涉案商标的行为没有经过商标所有人的许可。

(2)证明商标被使用于涉案硬盘的证据。根据最高人民法院、最高人民检察院《关于办理侵犯知识产权刑事案件具体应用法律若干问题的解释》第8条第2款之规定,"使用",是指将注册商标或者假冒的注册商标用于商品、商品包装或者容器以及产品说明书、商品交易文书,或者将注册商标或者假冒的注册商标用于广告宣传、展览以及其他商业活动等行为。根据被告人关于上家对于涉案硬盘进行实质性改动并随同商品一起寄送商标标识及包装的供述,结合淘宝交易截图中显示的"出售全新希捷硬盘,西数硬盘,7天退货,1年包换,留有电话"广告标语及扣押物品照片等书证,综合认定注册商标被用于涉案物品、包装、说明书及广告宣传等商业活动。

(3)证明使用行为发生在同一种商品上的证据。根据最高人民法院、最高人民检察院《关于办理侵犯知识产权刑事案件适用法律若干问题的意见》,名称不同但指同一事物的商品,可以认定为"同一种商品",而"名称"则是指国家工商行政管理总局商标局在商标注册工作中对商品使用的名称,通常即《商标注册用商品和服务国际分类》中规定的商品名称。因此,商品同一性认定应当在权利人注册商标核定使用的商品和行为人实际销售的商品之间进行比较,应当重点审查涉案商标的核定使用范围。通过审查,承办人发现尽管涉案商标的商标许可证上载明的商标核定使用范围中没有明确涉案物品"硬盘",但其所载明的"计算机存储装置"属于司法解释规定的名称不同,但功能、用途相同,相关公众一般认为是同一种事物的情形,因此应当对二者作出同一性认定。

（4）证明使用的商标与注册商标相同的证据。经过承办人将商标注册证中载明的文字商标"SEAGATE""希捷""WD""WESTERN DIGITAL"与被告人张某用于硬盘及外包装上的假冒商标标识进行对比，发现二者完全相同，故应当对二者作出同一性认定。

3. 对销售金额的审查——本案的销售金额如何计算

根据《刑法》第214条之规定，构成销售假冒注册商标的商品罪必须达到销售金额数额较大的标准。本案中，涉案的商品均属尚未销售，根据最高人民法院、最高人民检察院《关于办理侵犯知识产权刑事案件适用法律若干问题的意见》第8条之规定，假冒注册商标的商品尚未销售，货值金额在15万元以上的，以销售假冒注册商标的商品罪（未遂）定罪处罚。至于销售金额如何计算，最高人民法院、最高人民检察院《关于办理侵犯知识产权刑事案件具体应用法律若干问题的解释》第9条作出了解释，"销售金额"即销售假冒注册商标的商品后所得和应得的全部违法收入。除查明销售金额的重点除了审查被告人供述、买家证言等言词证据外，还应注重对客观证据的审查，如销售记录、淘宝网店交易记录等。本案中，尽管侦查机关调取了张某淘宝网店的交易界面截图和支付宝交易记录，但仅对部分涉案物品有明确标价，因此承办人在审查逮捕阶段无法根据实际销售价格进行认定。

根据最高人民法院、最高人民检察院《关于办理侵犯知识产权刑事案件具体应用法律若干问题的解释》第12条之规定，未销售的侵权产品的价值，按照标价或者已经查清的侵权产品的实际销售平均价格计算，侵权产品没有标价或者无法查清其实际销售价格的，按照被侵权产品的市场中间价格计算。本案中，北京市海淀区价格认证中心文件出具了价格鉴定，希捷公司、谢天晴知识产权公司出具了价格证明，前者属于鉴定意见，后者属于书证。其中，价格鉴定证实了被侵权产品的市场中间价，而由权利人出具的价格证明仅能证实被侵权产品的市场定价，既非实际销售价格，也非市场中间价格。因此，应当采纳价格鉴定意见。

关于销售金额的认定，在本案中还存在两个问题：

（1）除涉案的尚未销售的侵权产品外，据被告人供述及支付宝交易明细，还有部分硬盘已经销售。对于是否将该部分已售金额纳入销售金额的计算范畴之中，承办人认为还需要侦查机关继续追查并按照品牌及型号起获、扣押已销售的希捷、西部数据牌硬盘，进行真伪认定，并调取相关买受人的证言。

（2）在案证据显示涉案的希捷牌硬盘全部为参数信息进行过实质修改的假冒产品，然而据被告人供述称西部数据牌硬盘并未经过实质性修改，只是对其进行了外观的翻新。对此，北京市谢天晴知识产权代理公司出具的真伪意见载明，"经权利人辨别，确认涉案的西部数据盘硬盘均为非经权利人授权包装、仓储、翻新、维修及二次销售的产品"，但未具体指明翻新的部位、程度。针对将同一品牌二次翻新的产品当作全新产品对外销售之行为能否构成销售假冒注册商标的商品罪，承办人认为不能一概而论，必须判断是否对于关键组成部分进行了实质性修改、翻新，需要侦查机关继续向权利人核实作出真伪意见的详细依据、涉案硬盘的翻新方式、程度，并通过淘宝网店交易记录追查被告人张某的货源。

4. 对主观故意的审查——如何证明被告人存在主观明知

《刑事案件审查逮捕指引》明确，销售假冒注册商标的商品罪的责任形式为故意，即行为人"明知"是假冒注册商标的商品，仍以营利为目的对外销售。实践中，证明被告人对于销售的商品系假冒注册商标的侵权产品既需要审查被告人的供述与辩解，又需要结合其具体行为及其他证据进行分析判断。最高人民法院、最高人民检察院《关于办理侵犯知识产权刑事案件具体应用法律若干问题的解释》第9条规定，知道自己销售的商品上的注册商标被涂改、调换或者覆盖的应当认定为属于《刑法》第214条规定的"明知"。在本案中,被告人张某供述称其不仅明知其所购进的"希捷"牌硬盘由卖家按其要求对数据信息进行了实质改动,同时,还存在要求雇员在销售前对于硬盘进行贴标的行为,结合证人张某某、王某、付某的证言,可以证实被告人张某明知其所购进的硬盘为"水货",且贴有与他人注册商标相同的标识,应当认定其具有主观明知。

5. 对适用罪名的审查——被告人存在贴标行为,但商标与商品均来自同一卖家的情形如何适用罪名

根据最高人民法院、最高人民检察院《关于办理侵犯知识产权刑事案件具体应用法律若干问题的解释》第13条的规定,实施《刑法》第213条规定的假冒注册商标犯罪,又销售该假冒注册商标的商品,构成犯罪的,应当依照《刑法》第213条的规定,以假冒注册商标罪定罪处罚。假冒注册商标罪与销售假冒注册商标的商品罪两罪所指向的行为方式不同,前者是"使用"注册商标的行为,后者是"销售"侵权产品的行为。本案中,张某具有销售侵权产品的行为毫无疑问,然而根据被告人供述和证人付某的证言,张某还存在要求雇员在涉案硬盘上贴上从同一卖家处配套购进的商标标识并加以包装的行为,且扣押物品清单上也显示在被告人处起获了大量尚未粘贴的希捷商标以及包装。问题的关键在于这种将从同一卖家处购入的商标标识附着于侵权产品上的行为是否属于"使用"商标的行为。承办人认为,尽管法律规定将注册商标用于商品、商品包装或者容器以及产品说明书、商品交易文书的行为系"使用",但应对假冒注册商标罪中的"使用"作实质而非形式的理解,即只有真正发生了商标混淆,使得消费者对经营者商誉、标志、商品来源间的"三元"关系及相关信息产生认识错误的行为才能判断为假冒注册商标罪中的"使用"行为。因此,本案中,尽管被告人张某确实存在在硬盘之上附着注册商标标识的行为,但由于

该商标标识与侵权产品来自于同一卖家，且为配套出售，因此，真正使得商标发生混淆的系卖家对于硬盘信的参数信息进行实质性修改，并将其与假冒商标标识搭配出售的行为。对于张某将在同一卖家处购得的商标标识粘贴在相应侵权产品上的行为，因其不是直接导致商标发生混淆的实质性行为，故不能认定为"使用"商标的行为，张某不构成假冒注册商标罪，应以销售假冒注册商标的商品罪论处。

五、杨某、胡某非法制造注册商标标识案
——非法制造注册商标标识罪与假冒注册商标罪的界分

（一）被告人基本情况及诉讼过程

被告人杨某因涉嫌非法制造注册商标标识罪于2014年7月24日被深圳市公安局龙岗分局刑事拘留，于2014年8月20日经深圳市龙岗区人民检察院批准，于同日被深圳市公安局龙岗分局逮捕。

被告人胡某因涉嫌非法制造注册商标标识罪于2014年7月24日被深圳市公安局龙岗分局刑事拘留，于2014年8月20日经深圳市龙岗区人民检察院批准，于同日被深圳市公安局龙岗分局逮捕。

深圳市龙岗区人民检察院指控杨某、胡某犯非法制造注册商标标识罪，于2014年12月20日向人民法院提起公诉。人民法院依法组成合议庭，公开开庭审理了本案，并作出判决。

（二）检察机关认定的犯罪事实及证据

深圳市龙岗区人民检察院指控，深圳市繁昌电子科技有限公司未获得三星电子株式会社的许可，生产带有"S∧MSUNG""三星"

注册商标标识的移动硬盘盒。2013年8月29日，公安机关在该公司经营场所缴获疑似假冒的三星Z10型硬盘盒200个、三星F2型（无包装）硬盘盒1060个；在深圳市坂田街道某小区缴获该公司生产的存放于该小区的假冒三星F2型硬盘盒2340个。随后公安机关将负责业务跟单的被告人杨某和仓库保管员胡某带回调查。2014年1月7日，深圳市龙岗区价格认证中心出具价格鉴定，认定涉案的共3600个移动硬盘盒产品价值人民币48900元。

深圳市龙岗区人民检察院当庭出示了以下证据：被告人杨某、胡某的供述和辩解，证人王某、李某的证言，三星电子株式会社出具的真伪认定意见，深圳市龙岗区价格认证中心出具的价格鉴定意见书、商标注册证、搜查录像、扣押物品照片、到案经过、扣押物品清单等，以证明上述指控。

深圳市龙岗区人民检察院认为，被告人杨某、胡某伪造、擅自制造他人注册商标标识，情节严重，其行为触犯了《刑法》第215条之规定，犯罪事实清楚，证据确实、充分，应当以非法制造注册商标标识罪追究其刑事责任。

（三）被告人辩解与辩护人辩护意见

被告人杨某、胡某均对涉案移动硬盘盒产品价值提出异议，认为三星电子株式会社并未生产与涉案的F2、Z10两款型号相同或相似的产品，因此不应按照市场中间法进行价格认定。

（四）法院裁判结果

深圳市龙岗区人民法院以被告人杨某犯非法制造注册商标标识罪，判处其有期徒刑1年2个月，并处罚金人民币6000元；以被告人胡某犯非法制造注册商标标识罪，判处其有期徒刑1年2个月，并处罚金人民币6000元；查获的三星硬盘盒3600个，予以没收处理。

(五) 本案典型疑难问题法律适用解析

本案的主要争议的法律问题是：本案应当认定为假冒注册商标罪，还是非法制造注册商标标识罪？

根据《刑法》第213条的规定，假冒注册商标罪是指未经注册商标所有权人许可，在同一种商品上使用与其注册商标相同的商标，情节严重的行为。根据《刑法》第215条的规定，非法制造注册商标标识罪，是指伪造、擅自制造他人注册商标标识，情节严重的行为。通常，此二罪的构成要件存在较大差别，但一种情形下容易发生混淆，即当犯罪嫌疑人以实物附着的方式制作商标时，应当将该行为定性为"伪造"注册商标，还是"使用"注册商标？例如，本案中，犯罪嫌疑人生产的带有"S∧MSUNG"注册商标标识的移动硬盘盒应当被认定为商标标识，还是商品，这是区分二罪名的基础。

商标标识，是指商品本身或其包装上使用的附有文字、图形或文字与图形的组合所构成的商标图案的物质实体，如商标纸、商标标牌、商标识带等。国家工商行政管理局商标局《关于商标标识含义的答复》（1987年8月6日）中明确指出："商标标识一般是指带有商标的物质实体，如自行车的标牌、酒瓶上的贴纸、香烟的盒皮等。"国家工商行政管理局商标局《关于商标标识含义问题的复函》（1988年9月27日）中进一步指出："商标法实施细则中的商标标识一般是指独立于被标志商品的商标的物质表现形式，如酒商品上的瓶贴，自行车上的标牌、服装上的织带等。"根据上述规定，可以得出商标标识是物质实体的概念。那么何为商标呢？根据《商标法》第8条的规定，商标是指能够将自然人、法人或者其他组织的商品区别开的可视性标识，包括文字、图形、字母、数字、三维标志和颜色组合，以及上述要素的组合，均可以作为商标申请注册。

综上所述，我们认为，商标标识与商标的本质区别在于：商标是附着于具有流通价值的商品之上，而商标标识附着的有形载体则不具备商品意义上的流通性。尽管商标标识及其附着的有形载体具备市场流通性，但并非针对商品消费者进行的、基于商品的价值与使用价值产生的流通，因此不能被认为属于商品意义上的流通。

如果作为商标标识的有形载体具备了商品意义上的流通，则可以认定其为商品，那么行为人"制造"带有商标标识的商品的行为实质上是在同一种商品上"使用"商标的行为，那么该行为构成假冒注册商标罪。例如，行为人未经权利人授权在手机屏幕上使用"SΛMSUNG"注册商标，显然应当定性为假冒注册商标罪，原因是手机屏幕已具备商品意义上的流通性。然而，就本案来看，查获的物品为移动硬盘盒，从现实的市场流通来看，移动硬盘盒不存在单独流通的市场价值；从产品功能上来看，移动硬盘盒需搭配硬盘内芯等实质零部件一并使用，主要功能是对硬盘起物理保护作用以便携带，本身无数据存储功能，且与移动硬盘的主体部分具有不可分割性，因此并不具备商品意义上的流通性。综上所述，应当将涉案的移动硬盘盒认定为附着商标标识的有形载体，进而将该行为认定为非法制造注册商标标识罪。

值得注意的是，随着电子市场的发展，许多电子零部件从无法独立流通的从物变为具有商品流通价值的主物，如可拆卸手机壳、数据线、耳机等。因此，对于移动硬盘盒是商品还是附着商标的有形载体这一问题并非一次性论证可以解决的问题，需要结合市场流通的实际情况与具体案例进行分析论证。

第三章 侵犯著作权犯罪案件办理实务

·刑法核心法条·

第二百一十七条 以营利为目的,有下列侵犯著作权情形之一,违法所得数额较大或者有其他严重情节的,处三年以下有期徒刑或者拘役,并处或者单处罚金;违法所得数额巨大或者有其他特别严重情节的,处三年以上七年以下有期徒刑,并处罚金:

(一)未经著作权人许可,复制发行其文字作品、音乐、电影、电视、录像作品、计算机软件及其他作品的;

(二)出版他人享有专有出版权的图书的;

(三)未经录音录像制作者许可,复制发行其制作的录音录像的;

(四)制作、出售假冒他人署名的美术作品的。

第二百一十八条 以营利为目的,销售明知是本法第二百一十七条规定的侵权复制品,违法所得数额巨大的,处三年以下有期徒刑或者拘役,并处或者单处罚金。

第一节 侵犯著作权犯罪案件的证据审查

一、侵犯著作权犯罪的证明对象与证明标准

著作权属于一种财产性权利，凝聚着权利人的心血，是权利人辛勤劳动的智慧结晶，著作权本身包含多项权利。1997年刑法正式了增设了侵犯著作权罪。侵犯著作权罪，是指以营利为目的，未经著作权人许可，侵犯了著作权人复制权、发行权、专有出版权、署名权四种权利之一，且违法所得额较大或者有其他严重情节的行为。

侵犯著作权罪的客观方面表现为未经著作权人许可，实施了刑法所规定的侵犯著作权中的四种权利的行为。常见的案件主要是侵犯了著作权人的复制权、发行权。刑法意义上的"复制发行"行为包括复制、发行或者既复制又发行的行为，其中发行行为包括总发行、批发、零售、通过信息网络传播以及出租、展销等活动。"未经著作权人许可"，指行为人没有得到著作权人的授权或者伪造、涂改著作权人授权许可文件或者超出授权许可范围的情形。

侵犯著作权罪的主观方面表现为行为人具有犯罪的故意，且具有营利之目的。犯罪故意包括两方面的内容。一是认识因素，即行为人必须明知自己的行为会发生损害著作权人的人身权、财产权的结果。二是意志因素，即行为人明知自己的行为会发生损害著作权人人身权、财产权的结果，而且希望或者放任这种结果的发生。侵

犯著作权罪的行为人在故意内容上，既可以是直接故意，也可以是间接故意。侵犯著作权罪多数情况下由直接故意构成，但在某些情况下如在共同犯罪的情况下，则可能由间接故意犯罪构成。司法实践中，对于侵犯著作权罪的证据审查需要围绕证明该罪名的主客观构成要件展开。

（一）证明对象与证明标准

1. 客观方面

（1）行为人实施了《刑法》第217条规定的侵犯他人著作权的行为

《刑法》第217条列举了侵犯著作权的四种情形。

①未经著作权人许可，复制发行其文字作品、音乐、电影、电视、录音录像作品、计算机软件及其他作品。根据相关司法解释的规定，"复制发行"，包括复制、发行或者既复制又发行的行为。"发行"包括总发行、批发、零售、通过信息网络传播以及出租、展销等活动；侵权产品的持有人通过广告、征订等方式推销侵权产品的，也属于《刑法》第217条规定的"发行"。

②出版他人享有专有出版权的图书。此即客观上实施了侵犯图书专有出版权的行为，被害人（单位）通常是出版社、杂志社等图书出版者。

③未经录音录像制作者许可，复制发行其制作的录音录像。根据2005年最高人民法院、最高人民检察院《关于办理侵犯著作权刑事案件中涉及录音录像作品有关问题的批复》，未经录音录像制作者许可，通过信息网络传播其制作的录音录像制品的，应当视为《刑法》第217条第3项规定的"复制发行"。

④制作、出售假冒他人署名的美术作品，通常有如下行为模式：

一是临摹他人的画，署上他人的名字，假冒他人的画出售；

二是以自己的画，署上他人的名字，假冒他人的画出售；

三是把第三人的画，署上他人的名字，假冒他人的画出售等。

（2）行为人违法所得数额较大或者有其他严重情节

①违法所得数额较大，即违法所得数额在3万元以上的。

②其他严重情节。第一，非法经营数额在5万元以上的。第二，以营利为目的，未经著作权人许可，复制发行其文字作品、音乐、电影、电视、录像作品、计算机软件及其他作品，复制品数量合计在500张（份）以上的。第三，以营利为目的，未经著作权人许可，通过信息网络向公众传播他人文字作品、音乐、电影、电视、美术、摄影、录像作品、录音录像制品、计算机软件及其他作品，具有下列情形之一的，属于《刑法》第217条规定的"其他严重情节"：其一，非法经营数额在5万元以上的；其二，传播他人作品的数量合计在500件（部）以上的；其三，传播他人作品的实际被点击数达到5万次以上的；其四，以会员制方式传播他人作品，注册会员达到1000人以上的；其五，数额或者数量虽未达到前四项规定的标准，但分别达到其中两项以上标准一半以上的；其六，其他严重情节的情形。

（3）违法所得数额巨大或者有其他特别严重情节

①违法所得数额巨大，即违法所得数额在15万元以上的。

②其他特别严重情节。第一，非法经营数额在25万元以上的。第二，以营利为目的，未经著作权人许可，复制发行其文字作品、音乐、电影、电视、录像作品、计算机软件及其他作品，复制品数量合计在2500张（份）以上的。第三，以营利为目的，未经著作权人许可，通过信息网络向公众传播他人文字作品、音乐、电影、电视、美术、摄影、录像作品、录音录像制品、计算机软件及其他作品，具有下列情形之一的，属于《刑法》第217条规定的"其他

严重情节"：其一，非法经营数额在 25 万元以上的；其二，传播他人作品的数量合计在 2500 件（部）以上的；其三，传播他人作品的实际被点击数达到 25 万次以上的；其四，以会员制方式传播他人作品，注册会员达到 5000 人以上的；其五，数额或者数量虽未达到前四项规定的标准，但分别达到其中两项以上标准一半以上的。

2. 主观方面

本罪主观方面要求犯罪嫌疑人具有侵犯他人著作权的故意，且具有营利目的。

除销售外，具有下列情形之一的，可以认定为"以营利为目的"：

（1）以在他人作品中刊登收费广告、捆绑第三方作品等方式直接或者间接收取费用的；

（2）通过信息网络传播他人作品，或者利用他人上传的侵权作品，在网站或者网页上提供刊登收费广告服务，直接或者间接收取费用的；

（3）以会员制方式通过信息网络传播他人作品，收取会员注册费或者其他费用的；

（4）其他利用他人作品牟利的情形。

（二）常见证据种类及审查要点

1. 犯罪嫌疑人供述和辩解

（1）关于主观方面的供述和辩解

①犯罪嫌疑人具有侵犯他人著作权的故意，除犯罪嫌疑人自认外，可以结合进货途径、进货价格以及犯罪嫌疑人的教育程度、职业经历等客观证据予以核实，具体有：

第一，案发后有无转移、销毁物证或者提供虚假证明、虚假情况的；

第二，是否曾收到权利人、消费者警告或投诉仍继续实施侵权行为的；

第三，从事该行业工作的时间，有无类似从业经历，时间长短、业务知识及从业经验等；

第四，是否曾因侵权行为受到过刑事、行政处罚或承担民事责任。

②犯罪嫌疑人以营利为目的的犯罪动机及原因。

（2）关于客观方面的供述和辩解

①被侵权作品的情况：侵权作品种类、名称、数量等情况。

②侵权行为的情况：

第一，侵权时间、地点、经过，侵权作品的进货渠道、进货价格和支付结算方式，具体侵权手段、方式、资金来源的情况；

第二，未授权的情况，包括犯罪嫌疑人复制发行他人作品的行为是否经过著作权人许可，若辩称经过许可，则继续讯问被许可的内容、期限、形式等，以核实许可是否真实有效；

第三，以销售方式侵权的，需核实侵权作品的销售方式、销售时间、地点和交货方式等，是否有账本、出库单、入库单、销售记录等凭证，购买下家的情况，如姓名、联系方式等。

需要注意的是，通过网络销售侵权产品的，要讯问犯罪嫌疑人所经营的网店、微店等电子商务平台的店名、销售端的账户和密码，资金结算方式及关联的银行账户；如果犯罪嫌疑人提出存在虚假交易的情况，需核实虚假交易的数量、方式、特征，虚假交易的合作方姓名、联系方式、地址等，并由犯罪嫌疑人辨认。

③非法经营数额情况：侵权作品的进价、售价、进货数量、销售数量、经营数额、利润等。

2. 被害人陈述

（1）被侵权作品的情况，包括被侵权作品的名称，著作权人的情况、获得专有出版权的情况，作品发表或出版时间。

需要注意的是，作品是计算机软件的情况下，要核实是否进行了著作权登记以及软件的功能或用途。在犯罪嫌疑人通过网络传播著作权人作品的情况下，要询问著作权的权属情况，是否是独占许可，以及权属的期限、权属证明材料情况等。在网络侵权的情况下，还要进一步核实作品在网络空间所使用的阅读或播放软件。如果是视频作品，还要核实作品是否被完整播放、是否是片花、有无插播广告、广告的来源、播放时是否跳转到权利人页面等。

（2）实施侵权的情况，包括是否许可犯罪嫌疑人复制发行作品，如是，许可的期限，许可是否真实等。

（3）发现侵权的经过，包括何时发现被侵权，怎么发现被侵权，侵权的时间、地点、手段、方式、侵权人的情况，以及侵权作品的大概数量和销售去向等。

需要注意的是，若被害人出于维权的目的购买了侵权作品，需询问其购买的时间和作品数量，交易的时间、地点、交易金额和交易方式等情况，当面交易的，必要时，对犯罪嫌疑人依法进行辨认。

（4）侵权行为造成的经济损失情况等。

3. 证人证言

（1）购买者、使用者、观看者等人员的证言

根据侵权作品的种类和侵权方式的不同，询问重点不同，具体有分为：

①图书、光盘类侵权，要询问购买图书或光盘的名称、数量、购买价格、货物交付方式、货款支付方式。若是通过快递交货，则要了解是否还保存快递单等收货凭证，若是，则要调取相应凭证。

②影视、音乐、文字作品类的侵权，要询问阅读或播放观看侵权作品，是免费观看还是付费观看，阅读或播放观看所使用的软件。对于影视作品，还要核实作品是否被完整播放、是否是片花、有无插播广告、广告的来源、播放时是否跳转到权利人页面等。

③计算机软件作品的侵权,要核实软件的用途、软件外观特征、运行具体情况、是否需要密令、是否付费及付费方式、金额等。

④核实购买侵权复制品的名称、数量、价格,为何在犯罪嫌疑人处购买,犯罪嫌疑人是如何介绍的等。

(2) 参与人、知情人的证言

①对于提供侵权作品人员的证言,要核实该人的信息、购进金额等信息,了解销售渠道、时间、地点、价格等。

②对于起赃地的房东的证言,要核实犯罪嫌疑人租住房间的时间,存放物品的数量、种类、租期等,必要时,调取房屋租赁合同、缴费单据等。

③对于网络服务器提供方的证言,要核实犯罪嫌疑人租借服务器的具体情况。

④对于参与人的证言,要核实犯罪嫌疑人参与的时间、具体分工、地位和作用、侵权作品销售的情况等。

(3) 其他证人证言

网络侵犯著作权的,对于网站投放广告平台方、第三方支付机构的证人的证言,要核实支付钱款的具体情况等。

4. 物证、书证

(1) 关于被侵权作品的情况

①权属证明材料,包括授权协议、权利转让合同、出版许可合同、著作权登记证书等。

②权利人的情况,包括权利人或公司名称、营业执照、组织机构代码、报案人委托手续。

③权利作品的价格证明。

(2) 关于实施侵权行为的情况

①查获侵权作品的情况,包括物证照片、搜查笔录、扣押物品清单等,扣押物品的情况,物品的外观及内容,如纸张质量、印刷

水平、包装装潢、软件产品包装等。

②侵权现场的情况，即反映作案场所、作案工具等情况的照片。

③反映侵权情况的网页截图等。

(3) 关于非法经营数额的情况

①犯罪嫌疑人复制发行、出版、制作、出售作品的合同、销售记录、账本、出入库、出库单等记账凭证、提货单、邮寄单证、运输单证等；必要时，应调取相关的银行账户交易明细。

②网络侵犯著作权的，需调取网站浏览量、广告点击量、支付广告费的凭证、银行交易明细等。

(4) 其他证据材料

①犯罪嫌疑人与权利人签署的和解书，权利人出具的谅解书、赔偿证明材料等。

②犯罪嫌疑人前科劣迹情况，如行政处罚决定书、民事判决书等。

5. 鉴定意见

(1) 作品同一性鉴定意见。核实涉案计算机软件、网络文字作品等与权利人主张作品的内容是否同一。

(2) 司法会计鉴定意见。必要时，针对网络销售侵权作品的侵权行为，对涉案账目进行司法审计，查明发行作品的数量、非法经营数额或违法所得数额等情况。

(3) 文检、痕检鉴定意见。必要时，对犯罪嫌疑人持有的许可文件进行鉴定，核实有无伪造、涂改之处（如著作权人签章、授权范围、授权期限等）。

需要注意的是，以上鉴定均需要公安机关依法提取相关证据后委托有资质的鉴定机构作出。

6. 勘验、检查笔录，电子数据

（1）如果犯罪嫌疑人通过网络销售侵权作品，需对其开设的网店等销售平台进行勘验，核实网络销售情况。具体包括提取网店的首页信息、账户信息和第三方支付认证信息，登录网店即时通讯软件提取交易聊天记录，调取涉案作品的介绍情况、销售价格、购买记录和历史评论；提取网络销售记录，必须显示出交易时间、交易数量、产品名称、产品价格、邮费、买家姓名、联系方式、收货地址和买家特殊留言以及订单状态（成功或不成功）、运送方式（如某快递公司）、退换货和返现等细节信息。

（2）如果犯罪嫌疑人通过网络传播作品，需对涉案网站进行勘验，包括作品的阅读、播放等细节，是否可以完整播放、播放的具体方式，使用的播放器，播放时的跳转情况等。

（3）对犯罪嫌疑人实施犯罪所使用的计算机进行勘验，核实计算机内是否保存有涉案作品（如计算机软件或源代码），以及是否存在同案件相关的电子销售记录、电子账单，并依法提取固定。

（4）对涉案服务器进行勘验，核实服务器中有无涉案作品，涉案作品的具体内容、数量、上传人、上传时间、有无广告内容等。

7. 其他证据材料

（1）抓获犯罪嫌疑人以及搜查犯罪嫌疑人住所、工作场所或者运输工具的录音录像；

（2）犯罪嫌疑人与权利人签署的和解书，权利人出具的谅解书、赔偿证明材料等。

二、侵犯著作权犯罪案件证据审查常见问题

（一）从犯罪构成角度审查证据

1. 关于"未经著作权人许可"的证据审查

"未经著作权人许可"一般应当依据著作权人或者其授权的代

理人、著作权集体管理组织、国家著作权行政管理部门指定的著作权认证机构出具的涉案作品版权认证文书，或者证明出版者、复制发行者伪造、涂改授权许可文件或者超出授权许可范围的证据，结合其他证据综合予以认定。

在涉案作品种类众多且权利人分散的案件中，上述证据确实难以一一取得，但有证据证明涉案复制品系非法出版、复制发行的，且出版者、复制发行者不能提供获得著作权人许可的相关证明材料的，可以认定为"未经著作权人许可"。但是，有证据证明权利人放弃权利、涉案作品的著作权不受我国著作权法保护，或者著作权保护期限已经届满的除外。

2. 关于"非法经营数额"的证据审查

"非法经营数额"，是指行为人在实施侵犯知识产权行为过程中，制造、储存、运输、销售侵权产品的价值。已销售的侵权产品的价值，按照实际销售的价格计算。制造、储存、运输和未销售的侵权产品的价值，按照标价或者已经查清的侵权产品的实际销售平均价格计算。侵权产品没有标价或者无法查清其实际销售价格的，按照被侵权产品的市场中间价格计算。

"实际销售价格"认定方法如下：

（1）客观证据充分，即销售记录、账本、报价单，或者起获的商品上标有价格。

（2）无客观证据，则应调取犯罪嫌疑人供述、销售人员以及买家的证言，核实每类商品实际销售价格。在实际销售价格无法查清的情况下，应委托具有资质的鉴定机构进行价格鉴定，按照市场中间价格计算。

在利用互联网实施的侵犯著作权案件中，网络销售经营额是确定非法经营数额的重要依据。从网络销售后台提取的交易记录中能够显示出交易的状态，在计算销售金额时只应计算交易成功的订单,应排除交易关闭的订单、卖家未发货的订单、非销售涉案盗版产品的订单。同时,如果交易附注中记载了优惠返现情况时还应将优惠金额或减免金额从整体的非法经营额中扣除。有时,行为人会提出销售过程中有"虚拍""刷钻"的情况,即对网络销售记录记载情况的真实性提出辩解。面对以上情形,应从以下两个方面开展证据审查认定工作:

第一,对于虚拍金额的审查。部分销售记录存在虚拍的情形。虚拍是指买卖双方之间并不存在真实的买卖交易,只是在支付平台上显示出交易金额。卖家实际并不发货,买家通过支付平台支付货款,制造出真实交易的假象,卖家先行或事后将货款通过其他途径支付给买家。销售记录中会记载每笔订单的快递单号,有的卖家在"虚拍"时会填写重复的快递单号或不填写快递单号。如果销售记录中有重复填写或者不填写快递单号的情形,在审查销售记录时要予以重视。如果行为人提出网店销售记录中有部分"虚拍"交易,必须要提供存在"虚拍"事实线索和材料,即行为人应提供帮助"虚拍"的证人以及"虚拍"的具体交易金额,才能再根据上述线索进一步取证,核实行为人的辩解是否真实。如果虚假交易的情况查证属实,那么所涉及的虚拍金额应当从总体的销售金额中予以扣除。

第二,对于"刷钻"的虚假交易的审查。若行为人提出"刷钻"的辩解,即行为人经营的网络销售平台中累计的销售量并非真实,而是靠购买、人工操作等方式得来,也应提供相应的线索。例如,"刷钻"的时间段、哪些交易属于"刷钻"、具体实施"刷钻"的方法等便于进一步开展取证核实工作。同时,侦查机关还应进一步核实网店营业期间是否有"虚拍"的不良交易记录信息或调取相关证人证言以确定犯罪嫌疑人的辩解是否具有合理性。

3. 关于"以营利为目的"的证据审查

以营利为目的是侵犯著作权罪主观构成要件之一。随着经济的发展，侵权手段的不断翻新，营利的方式也越来越多样化。2011年出台的指导意见细化明确了网络环境下"以营利为目的"的认定。根据现行的法律和司法解释规定，"以营利为目的"具体可以分为两种情形，即直接的营利目的和间接的营利目的。

行为人实施了刑法所规定的侵犯他人作品的著作权的客观行为，如复制、发行他人作品后予以销售获得钱款，属于典型的具有直接营利目的，即行为人可以从犯罪行为中直接获利。如直接销售盗版的图书、计算机软件等，这类直接获利的证据相对容易调取，常见的证据形式有销售价格、订货单据、销售记录、销售合同，账户的流水清单、来往的收据等。又如，在利用互联网侵犯他人著作权时，以侵犯互联网视频网站著作权案件为例，犯罪分子运营的盗版视频网站，免费提供视频作品给广大互联网用户观看或下载，以提高网站的浏览量和知名度，进而吸引了大批网名浏览和点击网站上的视频作品。在互联网用户观赏作品的时候，网页上会从相应的广告位上弹出广告。如网络游戏的广告、医疗美容广告、教育培训类广告等等。行为人在运营视频网站之初就会同广告联盟签订具体的合作协议，双方约定按照网站或者网页中弹出广告的点击量和浏览量计算费用。广告联盟会自行或者通过第三方支付平台按月、按季度支付给盗版视频网站运营者投放广告的报酬。这类直接获利的证据，应调取行为人同广告联盟之间合作的账号和打款信息等相关书证，证实行为人具有营利为目的。至于行为人是否已经实际营利，或者具体营利多少，并不影响对"以营利为目的"这一主观要件的认定。

对于行为具有间接营利目的在实践中的认定则有一定难度。最常见的问题有行为人销售电脑时给客户预装盗版软件的行为是否可以认定为在主观上具有间接营利的目的。行为人给用户免费安装盗版软件的行为本身并没有收取费用，但是行为人之所以会给购买电脑的用户安装软件是为了吸引购买者，增加自己销售市场的占有份额，加大电脑的销售量进而获得最终的利润。所以，表面上免费安装盗版软件并没有金钱的回报，但从本质上来说行为人通过免费安装盗版软件的行为，进而获得电脑等产品销售利润的目的就是营利。笔者认为，在判断是否属于间接营利时，不能以某一个行为段不存在营利而认为整体行为不存在营利性。综上，主观构成要件毕竟是行为人的一种主观心理，对于"以营利为目的"的证据的收集和审查上，应以言词证据为切入口调取书证，以书证完善和进一步印证言词证据。以犯罪嫌疑人的有罪供述做支撑，但不能仅凭犯罪嫌疑人的认罪供述认定，还必须有相关的书证予以印证。

（二）从证据分类角度审查证据

1. 对书证中著作权权属证明的审查

著作权人主张自己享有作品的著作权，需要提供一系列的权利证明文件，常见的权利证明文件一般包括作品被侵权的声明、被侵权作品的明细以及被侵权作品的著作权权利归属材料等。以视频侵权案件为例，所谓被侵权声明是指被害权利公司出具的涉案嫌疑人所开设或运营的网站（写清涉案具体网址）没有获得著作权人授权许可，传播该权利公司享有独家（非独家）信息网络传播权的视频作品。被侵权作品明细是指由被害权利公司出具的被侵权作品名称的详细清单列表，列表上应明确载明被侵权作品的数量（部、件）和种类（电影、电视剧、动漫、综艺等）。被侵权作品的著作权权利归属材料是指作品获得著作权人授权或许可的独家（非独家）一系列权利证明文件，多以授权书、转让协议、授权合同、授权证明等形式予以体现。在审查的时候需要注意以下三方面的内容：

一是对授权期限进行审查。每份权属证明文件都会写明相应的授权期限。有的授权证明文件里所表述的授权期限没有明确写明具体的区间段，只是笼统地表述为"自作品在院线上映时或在各大卫视播出时权利公司享有作品的信息网络传播权"，此时就需要对涉案被侵权的作品是否都已经在影院上映或在电视台播出的事实进行相应的审查，并补充完善证据。

二是对授权作品的权利主体的审查。在审查时会发现，有些作品的领权方并非主张权利一方，而是主张权利方的关联公司，为确定真正的著作权权利主体，应进一步核实领权方和权利主张方的关系，如明确关联公司之间是否有内部再次转授权。

三是对授权作品的数量进行审查。在审查时要看清楚授权的具体单位。作品的授权方式也会关系到作品数量的认定问题。权利有独家和非独家之分，在审查的时候应当注意有所区分。如果一部作品获得的授权是非独家授权，即便有多方权利人主张对该作品享有权利时，在计算侵权作品的数量时也只能计算为一"部"作品。另外，一部作品只认定为一个计量单位，不能重复计算，因为根据司法解释的规定，信息网络传播权的入罪标准是被侵权作品的数量。

2. 对勘验、检查笔录的审查

勘验、检查笔录属于一种过程证据，这种笔录同侦查机关特定的侦查行为相对应，是对侦查活动完整过程的记录。最高人民法院《关于适用〈中华人民共和国刑事诉讼法〉的解释》第88条对该类证据在内容和形式上有具体的规定。应在笔录中载明勘验的时间、侦查人员姓名（两名）、有无见证人在场（需提供见证人身份证明材料）以及勘验的整个过程的记录，具体包括勘验的方法和设备、勘验过程的截图以及通过勘验提取的数据等。

现场的勘查往往是能够发现破案的关键证据和线索。不同类型的侵犯著作权案件的勘验、检查内容有所不同。以在互联网电商平台销售盗版的考试培训类图书案件为例，侦查机关会对涉案的销售网店进行勘验、检查，查明网店内盗版图书的销售册数、销售价格等。通常情况下，侦查机关在抓获犯罪嫌疑人时，会在犯罪嫌疑人平时销售时所使用的电脑上，以卖家身份登录页面，提取重要的销售数据。通过对这些数据的审查，就能查明销售盗版图书的整体交易记录情况。上述证据类似于一个电子化的卖家账本，记录了实际的销售价格、销售日期、销售数量、买家信息以及交易成功与否等重要内容。

再以在互联网侵犯视频作品著作权案件为例。勘验、检查工作的主要目的是查明行为人所运营的网站是如何未经著作权人可，侵犯视频作品的著作权人的信息网络传播权的。故此类勘验、检查笔录记载的具体内容有以下三个审查的关键点：一是审查侦查机关是否对涉案网站的具体侵权模式进行勘验、检查。勘验、检查笔录应反映出涉案网站是将侵权作品存放于服务器提供下载服务，还是仅仅提供网络链接跳转指其他网站上提供观看服务。对于提供网络链接方式的，勘验内容则应反映出点击后跳转的网站网址、播放影音作品软件名称（如视频侵权案件中）等，以此判断行为人的行为是否侵犯著作权人视频作品的信息网络传播权，即该网站是如何展示作品和作品是否可以正常播放传播。二是侦查机关在勘验、检查时，是否从涉案网站的后台数据库中提取数据并制作明细。此明细中要准确反映出作品文件的名称、类型、大小、上传人、点击数量、存放地址等内容，以确定视频网站内作品的数量、作品的被点击量或者网站的注册会员信息。网站后台所提取作品的基本信息是实践中被侵犯方主张被侵权的基础数据来源，根据作品信息才能进一步查明视频网站上的作品是否属于主张权利的著作权人。三是审查侦查机关是否对涉案网站被浏览时的广告播放情况进行勘验。这是判断行为人所运营的网站中是否刊登了收费广告，直接或者间接收取广告费的关键证据,进而判断行为人是否具有营利目的的重要证据。具体来说,勘验笔录中对涉案网站刊登的广告情况应有所记录,包括广告刊登的内容(是否系收费广告)、广告的弹出和数量等信息。

3. 对电子数据的审查

电子数据以"0"和"1"的形式,按照一定的编码规则存在。电子数据本身具有复合性和多样性的特点。电子数据具体可以表现为文字、图像、声音等形式,或者上述形式的组合。同传统的证据形式物证、书证不同,电子数据本身具有虚拟性、易变性的特点。电子数据可以同原始存储介质完全分离,存储在硬盘、光盘等其他存储介质中,所以容易被破坏,容易被篡改。电子数据在利用互联网侵犯他人著作权的案件中起到证明案件事实的关键性作用。

《关于适用〈中华人民共和国刑事诉讼法〉的解释》第93条专门列明了对电子数据的具体审查内容,包括是否移送原始介质,内容是否真实、是否全面、与案件是否有关联性以及收集程序、方式是否符合法律的规定。此外,《关于办理死刑案件审查判断证据若干问题的规定》《计算机犯罪现场勘验与电子证据检查规则》和《关于办理网络犯罪案件适用刑事诉讼程序若干问题的意见》均对电子数据进行了规定。2016年9月9日,最高人民法院、最高人民检察院、公安部发布《关于办理刑事案件收集提取和审查判断电子数据若干问题的规定》(以下简称《电子数据规定》),对电子数据的收集与提取、移送与展示、审查与判断作出了全面、系统的规定。

结合上述条文规定,在审查电子数据这种证据时,要注重判断电子数据的证明力和可采信。具体来说,应注重从两个方面进行判断。

第一,判断电子数据的收集与提取是否及时、全面,考量电子数据的证明力。真实性是衡量电子数据证明力,即是否可靠的一项重要指标。电子数据本身具有时效性。在实践中，很多电子数据在系统中自动或实时生成，如果不及时收集获取，很多外部因素或者内部因素都会导致电子数据资料发生变化。如管理员的操作或干扰等，有时甚至可能出现数据毁损等情形。比如，网络服务器接受新网络信息时会删除旧的网络信息以腾出信息存储资源。不及时提取电子数据，一方面，会导致证据灭失；另一方面，时隔较长时间才提取，也会使被告方对呈堂的电子数据的真实性提出质疑。另外，法律所规定的关于对电子数据原始存储介质的移送的具体要求，也是对确保电子数据真实性提出的规范化的要求。

目前，相关法律规定对于电子数据的取证规则，确立了以获取原始存储介质为原则、直接提取电子数据为例外的基本要求。在审查电子数据时，首先要审查侦查机关移送的是否是电子数据原始存储介质，侦查机关取证应当同时将原始存储介质扣押，并作为证据移送。在无法扣押原始存储介质的情况下，应根据《电子数据规定》第9条，可以提取电子数据，同时应当注明不能扣押原始存储介质的原因、原始存储介质的存放地点或者电子数据的来源等情况，并计算电子数据的完整性校验值。因此，当侦查机关移送直接提取的电子数据时，要审查上述电子数据是否属于可以直接提取电子数据的情形，侦查机关有无对直接提取行为作出相应的说明；对于那些通过远程提取电子数据，在审查时要注意公安机关是否在提取过程中对远程勘验是否经过严格审批手续，有条件的是否对远程提取活动进行了录像。

第二，通过判断电子数据收集获取得程序、方式是否规范，考量电子数据的可采性。在司法实践中，如果电子数据收集主体不规范、程序不规范，或者无法说明证据来源，都会影响该份证据的可采性。在实践中，公安机关收集、提取电子数据的过程通常情况下是以勘验检查笔录的形式予以提供。在审查勘验检查笔录时，要注意该笔录记录了收集提取的时间、案由、提取过程、提取的内容，并附有侦查人员的签名，即在形式上是否符合法律所规定的电子数据取证的基本要求。但从目前司法实践看，侦查机关依法提取电子数据的勘验检查笔录记载的内容中，通常欠缺对不能获取原始存储介质原因的说明，也鲜有对相关活动提取活动的录像。

4. 对抽样取证的审查

根据 2011 年《关于办理侵犯知识产权刑事案件适用法律若干问题的意见》第 3 条的规定，公安机关办理侵犯知识产权刑事案件时，可以根据工作需要抽样取证。对抽样取证证据审查的时候要注意抽样的合理性和科学性。抽样数量占总数的比例以及抽样样本种类的全面性问题都是需要考虑的问题。既不能无限扩大抽样数量，否则失去了抽样取证本身的效率意义，也不能仅抽取比例极小的一部分进行取证，否则难以保证样本的全面性。以视频侵权类案件为例。盗版视频网站上的影视作品成千上万，点击每一个视频文件看网站后台数据列表中的视频文件是否存在、是否可以正常播放以核实证据是不现实的。抽样取证作品的数量占整体总数的比例就是审查时需要衡量的问题。目前的做法是公安机关在对网站进行抽样取证时，随机点击十个视频文件进行抽样，核实视频是否可以正常播放，并对视频播放的开始、中间、结尾段都分别进行截图；同时，视频文件播放时所使用的服务器和视频播放时网站网页跳转情况和广告的显示情况也会在抽样过程中予以体现。鉴于网站内具体有电视剧、电影、漫画、综艺节目等各类作品，所以，在审查时也要考虑到抽样样本是否保证了每种类型的视频作品都能在样本中有所体现。此外，在侵犯著作权案件中，有些作品有多个著作权人或者一个案件中涉及多个著作权人。在抽样时也应尽量保证各个权利主体的作品被平等抽样。有时还会出现抽样的标的与最终的标的不一致，即无法从抽样取证中获得关联性信息的情形。这个时候就需要重新选择样本开展补证的工作。

虽然现行的法律法规并没有对抽样的方式、方法予以明确的规定，具体操作缺乏细化的规范性要求，但如果抽样工作的样本不具有代表性、不能全面反映待证事实，在比例和数量上存在明显不均衡，最终影响对以样本为依据产生的其他证据的判断时，则应要求侦查机关开展补充和完善抽样的工作。

5. 对司法鉴定意见的审查

对著作权人的正版作品和侵权作品是否系同一作品进行同一性是侵犯著作权犯罪中最为常见的司法鉴定。司法鉴定意见作为证据使用必须达到在程序上符合法律规定，在实质内容上应客观、真实、明确的要求。审查司法鉴定意见应依据最高人民法院《关于适用〈中华人民共和国刑事诉讼法〉的解释》第84—85条的相关规定。第84条规定了鉴定意见应审查的内容，第85条规定了鉴定意见不得作为定案的根据。

在实践中，应尤其注意以下两个方面：

一是鉴定方法的判断。在审查鉴定意见的过程中要注意对鉴定意见所使用的鉴定方法是否科学合理进行司法判断，鉴定意见书中对鉴定规则应有明确的解释。如在比对作品是否实质性相似时，有这样的表达："因为网页的排版和显示问题，鉴定时已经充分考虑了比对文本之间在格式、行数、字符上的区别。错行但字句相同的软件判别为相同。错行但语言表达意思不一样的，判别为不相同。"上述鉴定认定规则的描述，加强了司法官对鉴定意见的内心确认，从而认可司法鉴定所出具的作品实质性相似的鉴定意见所得出结论具有科学性。因为细微的用词差异、排版差别和格式差异并不会给判断作品是否实质相似带来影响，该份鉴定意见已经充分考虑了上述差异，鉴定方法具有科学性和合理性。

二是对鉴定检材来源的审查。例如，在海淀区检察院办理的张某侵犯著作权案中，根据顺丰快递单、证人宋某（权利公司广联达公司员工）证言、鉴定意见，能够证实广联达公司从张某处购买了加密锁，且广联达公司委托鉴定中心鉴定了加密锁。但送检鉴定的检材是否是广联达公司从张某处购买的加密锁，证据上缺少关联性。根据鉴定意见，送检材料为广联达公司提供的写有"Golden 广联达"字样的蓝色纸盒，内含光盘一张和 USB 加密锁一个，其中并无特定信息指向该送检材料为张某所销售。根据最高人民法院《关于适用〈中华人民共和国刑事诉讼法〉的解释》第 85 条的规定，送检材料、样本来源不明的源不明的，不能作为定案依据，故海淀区检察院依法作出存疑不起诉处理决定。

（三）其他需要重点审查的内容

案件的管辖是需要首先审查的问题。传统的侵犯著作权案件确定管辖权的依据同普通类型案件一样，按照刑事诉讼法以及配套司法解释和规定，由犯罪地管辖。犯罪地具体包括犯罪行为发生地和犯罪结果发生地。

而利用互联网侵犯著作权案件的管辖问题则较为复杂。网络犯罪案件可能涉及多个犯罪地。2011 年 1 月最高人民法院、最高人民检察院和公安部出台的《办理侵犯知识产权刑事案件适用法律若干问题的意见》、2013 年 1 月 1 日实施的《关于适用〈中华人民共和国刑事诉讼法〉的解释》都有相关规定。后者第 2 条规定，针对或者利用计算机网络实施的犯罪，犯罪地包括被侵害的计算机信息系统及管理者所在地、被害人使用的计算机信息系统所在地。计算机信息系统的定义为计算机及其相关的和配套的设备、设施（含网络）构成的，按照一定的应用目标和规则对信息进行采集、加工、存储、传输、检索等处理的人机系统。2014 年 5 月 4 日最高人民法院、最高人民检察院、公安部联合制定出台的《关于办理网络犯案件适用刑事诉讼程序若干问题的意见》第2—10条，进一步明确了网络犯罪案件的管辖问题。为了适应办案的需要，该条文对犯罪地作了更为合理的界定。犯罪地具体包括用于实施犯罪行为的网站服务器所在地，网络接入地，网站建立者、管理者所在地，被侵害的计算机信息系统或其管理者所在地，犯罪嫌疑人、被害人使用的计算机信息系统所在地，被害人被侵害时所在地，被害人财产遭受损失地、帮助犯犯罪地或者居住地等。需要注意的是，考虑到网络犯罪案件的特殊性，在该意见第2条列举的网络犯罪案件犯罪地的具体情形后专门加了"等"字，以适应具体司法实践的发展。此外，对于一人犯数罪、共同犯罪的利用网络侵犯著作权的刑事案件，侦查机关按照有利于查清犯罪事实、有利于诉讼的原则开展侦查工作，以确定之后的检察机关和审判机关。对于存在部分犯罪人员未到案或者在逃等情形的，亦不会影响对到案人员的管辖认定。

犯罪行为即侵犯他人著作权如复制、销售等行为发生在辖区或者遭受侵权行为的权利人在辖区时，辖区当然具有相应的管辖权。若被侵权方为注册地在辖区的企业，在审查时则要核实企业的主要营业地和主要办事机构所在地是否在辖区。若企业的主要营业地或主要办事机构所在地同企业注册登记地不一致的，不能仅以营业执照上的注册登记认定企业的住所地。在存在多个被害人的情形下，有一个被害人在辖区，按照一般管辖的原理，侦查机关对全案享有管辖权。而在审查利用互联网侵犯著作权案件中，如果被侵权方租用了位于辖区的服务器，必须提供有关的服务器租赁合同，确定在案发时网站的服务器在辖区，辖区的司法机关才享有相应的管辖权。

第二节　侵犯著作权犯罪案件的法律适用

一、侵犯著作权罪的定罪量刑标准

（一）刑事立案追诉标准

行为人违法所得数额较大或者有其他严重情节，处 3 年以下有期徒刑或者拘役，并处或者单处罚金。

1. 违法所得数额较大，即违法所得数额在 3 万元以上的。
2. 其他严重情节包括：

（1）非法经营数额在 5 万元以上的。

（2）以营利为目的，未经著作权人许可，复制发行其文字作品、音乐、电影、电视、录像作品、计算机软件及其他作品，复制品数量合计在 500 张（份）以上的。

（3）以营利为目的，未经著作权人许可，通过信息网络向公众传播他人文字作品、音乐、电影、电视、美术、摄影、录像作品、录音录像制品、计算机软件及其他作品，具有下列情形之一的，属于《刑法》第 217 条规定的"其他严重情节"：

①非法经营数额在 5 万元以上的；

②传播他人作品的数量合计在 500 件（部）以上的；

③传播他人作品的实际被点击数达到 5 万次以上的；

④以会员制方式传播他人作品，注册会员达到 1000 人以上的；

⑤数额或者数量虽未达到第一项至第四项规定的标准，但分别达到其中两项以上标准一半以上的；

⑥其他严重情节的情形。

（二）量刑标准

违法所得数额巨大或者有其他特别严重情节，处 3 年以上 7 年以下有期徒刑，并处罚金。

1. 违法所得数额巨大，即违法所得数额在 15 万元以上的。

2. 其他特别严重情节包括：

（1）非法经营数额在 25 万元以上的。

（2）以营利为目的，未经著作权人许可，复制发行其文字作品、音乐、电影、电视、录像作品、计算机软件及其他作品，复制品数量合计在 2500 张（份）以上的。

（3）以营利为目的，未经著作权人许可，通过信息网络向公众传播他人文字作品、音乐、电影、电视、美术、摄影、录像作品、录音录像制品、计算机软件及其他作品，具有下列情形之一的，属于《刑法》第 217 条规定的"其他严重情节"：

①非法经营数额在 25 万元以上的；

②传播他人作品的数量合计在 2500 件（部）以上的；

③传播他人作品的实际被点击数达到 25 万次以上的；

④以会员制方式传播他人作品，注册会员达到 5000 人以上的；

⑤数额或者数量虽未达到第一项至第四项规定的标准，但分别达到其中两项以上标准一半以上的。

二、侵犯著作权罪的犯罪构成及疑难问题解析

（一）侵犯著作权罪的犯罪构成要件

1. 客观方面

（1）侵犯著作权罪中"复制发行"行为的既未遂问题

司法实践中，侵犯著作权犯罪中的"销售"行为尚未完成时是否存在未遂问题一直是法庭辩论的焦点问题之一。一种观点认为，侵犯著作权罪属于结果犯，如果行为人虽然开始实施发行行为，但尚未完成如未投入市场、待售等状态时，应认定为犯罪未遂。另一种观点认为，根据我国刑事立法规定，侵犯著作权的四种犯罪行为方式，均需具备"违法所得数额较大或者有其他严重情节"，才可能构成犯罪并追究刑事责任，所以侵犯著作权罪并不是结果犯，而是具有情节犯与数额犯的特征。情节犯本身不具有既遂未遂的问题，而数额犯属于达到法定数额才认定为既遂，未达到法定数额则不构成犯罪，通常情况下并不存在既遂未遂问题，除非法律有特别规定。笔者认为，侵犯著作权犯罪应以行为人是否实施了侵犯他人著作权实质行为作为认定犯罪既未遂的标准，而不以交易行为是否完成作为认定标准。综上，只要行为人开始从事非法销售的经营行为，不论交易是否完成，都不存在未遂情节。

（2）未经著作权人许可中"伪造著作权人许可文件"的理解

《刑法》第217条规定的"未经著作权人许可"包括伪造著作权人许可文件的情形。

随着时代的发展，计算机软件已经从以软盘、光盘为载体体现的模式演变到以安装程序与运行驱动程序相结合的模式。当前的一种软件的销售方式为：消费者可以免费下载软件本身，软件的正常运行需要结合加密锁或其他授权措施来实现，权利人通过销售加密锁来获取著作权利益。

以海淀区检察院办理的霍某等人侵犯著作权为例。霍某等人通过淘宝网店销售广联达股份有限公司享有著作权软件的加密锁和软件破解驱动程序，销售金额为人民币 27 万余元，数量达 500 余份。经鉴定，被告人霍某等人所销售的"加密锁"修改了广联达软件的加密程序，解除了软件的加密功能，从而实现了对广联达软件的破解使用。

本案中关于被告人销售具有解除加密功能的"加密锁"的行为，是否构成侵犯著作权罪，控辩双方展开了激烈的讨论。

笔者认为，软件作为数字产品，判断其是否为正版，应以是否取得了代表著作权人许可的安装程序或运行驱动程序为标准。在软件的安装程序可以在官方网站下载或免费获得的情况下，软件购买方所购买的实质上就是一种能够使软件正常运行的驱动程序。被告人销售的"加密锁"是伪造的广联达软件授权许可，通过提供解除广联达软件的加密功能，实现了"授权下"对广联达软件的使用。由于计算机软件本身存在易于复制的属性，购买正版软件的实质就是购买安装使用该计算机软件的许可。被告人的行为在实质上是销售广联达软件的许可，构成法律上的发行计算机软件。被告人发行他人计算机软件，非法经营数额在 5 万元以上，构成侵犯著作权罪。本案经北京市海淀区人民检察院提起公诉，法院以侵犯著作权罪判处被告人霍某等 6 人有期徒刑 2 年至 3 年不等，分别并处罚金。

2. 主观方面

行为人运营盗版网站时，会同互联网广告联盟商合作，注册成为广告联盟会员，将广告联盟商提供的广告编程码输入盗版网站上预留的广告位，网页便会自动生成相应的商业性收费广告。用户在浏览网页或者观看视频作品时，投放的广告就会自动或手动弹出。广告联盟商按月依据网站广告的点击量或展示量将广告费支付给侵权人。综上，行为人实施的上述行为就属于以营利为目的，未经著作权人许可，侵犯视频作品著作权人的发行权（即信息网络传播权）的行为。主观方面确定行为人以营利为目的，不以实际获得利益或者获利多少为标准。

（二）疑难问题解析

1. 信息网络传播权侵权行为中存在的问题

（1）关于侵犯著作权人信息网络传播权的认定问题

根据《信息网络传播权保护条例》的规定，信息网络传播权即以有线或者无线的方式向公众提供作品，使公众可以在其个人选定的时间、地点获得作品的权利。近年来，以互联网为平台实施的侵犯著作权主要表现为未经著作权人许可，将著作权人的网络文字、视频作品通过信息网络传播进行传播的犯罪。行为人建立网站采集侵权作品后通过网络传播作品，侵犯了著作权人的信息网络传播权。行为人租用服务器，通过注册完成网站的初步建站工作。经过一定的编程设置后，行为人使用的采集软件在互联网上采集电视剧、电影、综艺节目等各类视频作品并存储在服务器上。每隔一段时间，采集软件会自动在互联网上搜索和抓取所需要的视频资源，并"添加"到服务器上。最高人民法院、最高人民检察院于2004年、2007年出台的司法解释以及最高人民法院、最高人民检察院、公安部在2011年颁布的《关于办理侵犯知识产权刑事案件适用法律若干问题的意见》明确解决了通过信息网络传播他人作品的刑法保护问题。"发行"行为包括通过信息网络传播。通过信息网络向公众传播他人文字作品、音乐、电影、电视、录像作品、计算机软件及其他作品的行为，应当视为"复制发行"。

（2）对信息网络传播侵权作品案件入罪标准的理解问题

2011年最高人民法院、最高人民检察院、公安部年颁布的《关于办理侵犯知识产权刑事案件适用法律若干问题的意见》第13条对于通过信息网络传播侵权作品行为的定罪处罚标准有了明确的规定。但对于司法解释规定的"传播作品数量""作品实际点击量"等入罪的量化标准在司法实务中有不同的理解，具体如下：

第一，关于传播他人作品数量的司法认定。传播他人作品的数量合计达到500件（部）是构成侵犯著作权罪的追诉标准。作品的"件"和"部"如何理解一直存有争议。"500"是一个数字、一个量词，在具体的司法实践中正确理解网络著作权作品的"件"和"部"关系到入罪问题。侵犯信息网络传播权的案件中争议焦点主要有两个：一是"件"和"部"的认定依据。笔者认为，在没有出台更具体的司法解释和会议纪要明确定义时，还应从有利于犯罪嫌疑人的角度出发，暂不宜对"件"或"部"作过于宽泛的理解。对有版权登记的，按照登记号作为"件"或"部"的计量单位；对没有进行版权登记的，应结合具体案件情况作出对犯罪嫌疑人行为罪责刑相一致的司法判断。二是作品完整性对作品数量认定的影响。笔者认为，被侵犯著作权的对象是网络文学小说的，网络文字小说是一种新型的文字作品，并不是整个故事创作完成后才会在网络上传播，而是时时更新，通过网络不断更新上传新的内容。在互联网上传播的作品不论是一个完整的故事还是仅有若干的回合（部分）、章节都可以认定为一（件）部。因为这些内容都是著作权人享有独创性的智力成果，著作权自作品完成之日起就存在。作品是否创作（连载）完毕并不会影响到著作权的成立。只要有证据证实权利人享有涉案每个作品的著作权且涉案作品已经在网络上发表即可。

第二，关于传播他人作品的实际被点击数的司法认定。实际点击数在侵犯著作权犯罪中的意义是据以确定所传播人群的实际数量（即是著作权人的权益受损程度）。点击数这一概念前要加上"实际"两个字的目的就是要求司法机关能有效地对作品被点击数目的真伪性进行判断。有的网站经营方会在后台对网站的点击数进行一系列修改以提升人气和流量。有的网站在建站之初，按照建站模板操作会自动生成一系列点击数，另外，同一行为人的重复点击和转载后的点击数是否纳入计算也有一定争议。故网页所反映出的作品产生的点击数并不一定真实，不能直接推定为作品的实际被点击量。

第三，关于以会员制方式传播他人作品的注册会员的司法认定。实践中，注册会员人数的认定和理解也存在同样的困难。一方面，网页所反映出的注册会员数真实性有待考察。例如，在李某某等人侵犯著作权案中，被告人供述"私服"游戏网站上显示的会员人数并不是实际注册的游戏玩家，而是为了提高"私服"网站的知名度在架构网站时由被告人随意录入的。另外，在免费注册网站的注册会员中存在的一个用户多次注册或者重复注册的情况是否会对总数产生影响也需要考虑。另一方面，对注册会员应如何理解。不同种类或级别的注册会员是否需要进一步细化，不同种类会员是否会影响到注册会员人数的认定在实务界也有不同的看法。对注册会员中的活跃会员和沉睡会员、付费会员和普通会员等不同情况是否应该区别认定，以及对仅注册而没有实际进行浏览或下载的会员人数是否应计入定罪标准在实践中都存在一定争议。

综上，上述问题需要在司法实务中统一标准，结合具体案件的事实和证据进行认定。

2. 新型利用网络侵犯著作权罪中的问题

（1）关于侵犯著作权人作品电子版权认定问题

侵犯图书著作权已经不仅仅是采取传统盗印纸质图书的方式，而是转向了电子化的侵权行为。最高人民法院《关于审理涉及计算机网络著作权纠纷案件适用法律若干问题的解释》明确规定受著作权法保护的作品，包括《著作权法》第3条规定的各类作品的数字化形式。以海淀区检察院办理的花某某侵犯著作权案件为例。花某在经营某电子商务咨询有限公司期间，开发出标准自动更新管理软件进行销售，并对该软件进行了计算机软件著作权登记。该软件具有对建筑类等标准的管理和检索功能，但软件中没有标准、建筑图集等具体内容，软件里的具体内容会根据客户的个性化需求进行采集录入。花某自行或者安排员工，通过购买建筑行业出版社出版的标准纸质图书，通过扫描等方式形成电子数据，由技术人员将电子数据加入软件数据库，再通过软件实现服务器数据和标准自动更新管理软件客户端的数据同步。虽然软件开发商对其开发的软件本身享有著作权，但其未获得出版社授权和许可，以软件为载体将他人享有著作权的图书内容扫描成电子版而后销售，属于未经著作权人许可，侵犯了著作权人的复制、发行权的行为。

（2）提供搜索引擎服务行为的定性

在知识产权民事理论中，提供搜索引擎服务仅可能构成帮助侵权（或间接侵权），间接侵权行为能否被认定为刑事法律中的"通过信息网络传播他人作品的行为"争议较大。根据2011年最高人民法院、最高人民检察院和公安部出台的《关于办理侵犯知识产权刑事案件适用法律若干问题的意见》第15条的规定，明知他人实施侵犯知识产权犯罪，而为其提供互联网接入、网络存储空间等服务的，应以侵犯知识产权犯罪的共犯论处的规定。首先，判断行为人是否系明知，应结合在案的同案犯供述、证人证言、电子数据，以及行为人的从业经历等综合判断。其次，看行为人具体实施的侵权行为，如提供互联网接入，网络存储空间服务等行为。如行为人建立搜索引擎网站，依靠收取广告费营利，该搜索引擎网站表面上提供搜索引擎服务，对网络文学小说网站进行搜集和排名整合，实际上行为人在明知被链接网站是盗版网站的情况下仍为对方提供租赁服务器及链接服务，聚合了盗版资源，网络用户登录到该搜索引擎网站后，在搜索栏输入关键词，即可以根据需要进入相应的网站阅读网络小说，因此，可以认定行为人具有侵权的主观明知。

（3）将作品制作成"种子"文件发布在互联网上的行为是否属于通过信息网络传播他人作品的行为

"种子"是互联网用户利用P2P技术下载的必备文件，也是被下载文件的真正来源。如果用户未经权利人许可，在某个平台上发布受到著作权法保护的作品的"种子"文件，使不特定的公众能够通过网络获得该作品，根据相关法律规定构成对权利人信息网络传播权的侵犯。"种子"发布者可能会承担民事责任、行政责任，甚至触犯刑法。在中国数字高清第一门户网站"思路网"侵权案件中，行为人实施的具体行为有两种：一种是直接将作品制成"种子"文件上传至HDstar论坛，这种行为是他人在利用P2P技术下载时，技术上第一指向的定是被告人的服务器，被告人的服务器收到下载要求后，会复制侵权作品的数码资料，再传递到他人的电脑上。该行为在民事上属于直接侵权行为，刑事上符合"通过信息网络传播他人作品"特征。另一种是鼓励注册会员在其HDstar论坛上传侵权作品"种子"的行为。这种行为是指行为人专设"保种组"，确保"种子"文件处于有效状态，以使下载者得到完整的涉案作品。其主观上对他人上传的是侵权作品"种子"明知，客观上鼓励、纵容他人上传，并提供上传空间，聚合了侵权"种子"的数量，使侵权达到更为严重的程度。该行为同样具有严重的社会危害性，在民事上属于间接侵权行为，在刑事上仍符合"通过信息网络传播他人作品"。

（4）民刑交织案件的区分

新型民刑交织案件也给时间紧迫的审查逮捕工作带来了很大挑战。对于一些理论界和实务中存在较大争议的案件，检察机关一般会按照法律、司法解释规定进行严格把握。如侵犯著作权类案件中，由于作品类型不同、侵权手段不同，经常会出现新类型案件，在无成型案件参考、存在民刑交织问题的情况下，检察机关在短短的 7 日内仍要严格证据标准谨慎处理。如东某侵犯著作权案中，东某设立百度云论坛，使得网友拥有一个可以分享百度云链接的空间，论坛用户注册后可在其论坛上发帖上传相关百度云资源链接（网友个人注册的百度云），其他论坛用户可通过回帖等形式查看相关链接后，前往百度云进行播放、保存、下载。东某在论坛内开设《资源周刊》系列主题，将每周论坛各版块中最热门资源集中推荐给用户。公安机关以侵犯著作权罪对其提捕，海淀区检察院审查后认为，本案与传统侵犯著作权罪中所表现出的"以营利为目的，复制、发行他人作品"的客观行为不同；涉案论坛上的大部分链接资源均系论坛注册用户所发，且系大量分散的论坛用户基于娱乐等非营利目的上传少量他人作品，犯罪嫌疑人的行为主要是为上述用户提供了一个网络存储空间，并筛选、整理、推荐热门资源帖。对于该案，在取证上侦查思路、方向均不甚明确，亦无成型案件参考；在案件定性上，对于筛选、整理、推荐热门资源帖，是否可以被评价为侵犯著作权罪的实行行为也存在争议。因此，检察院认为，基于罪刑法定原则，并兼顾罪责刑相适应的标准，决定不批捕该犯罪嫌疑人。

第三节 典型案例评析

一、郑某甲等小说搜索引擎网站侵权案
——利用网络侵犯著作权的共犯认定问题

（一）被告人基本情况及诉讼过程

被告人郑某甲，男，案发时38岁。因涉嫌犯侵犯著作权罪，于2013年1月19日被北京市公安局海淀分局刑事拘留，于同年2月22日被北京市公安局海淀分局逮捕。

被告人邓某，男，案发时30岁。因涉嫌犯侵犯著作权罪，于2013年2月1日被北京市公安局海淀分局刑事拘留，于同年2月22日被北京市公安局海淀分局逮捕。

被告人黄某，男，案发时27岁。因涉嫌犯侵犯著作权罪，于2013年2月27日被北京市公安局海淀分局刑事拘留，于同年3月25日被北京市公安局海淀分局逮捕。

被告人郑某乙，男，案发时31岁。因涉嫌犯侵犯著作权罪，于2013年2月28日被北京市公安局海淀分局刑事拘留，于同年3月25日被北京市公安局海淀分局逮捕。

北京市海淀区人民检察院以京海检刑诉〔2013〕2578号起诉书指控郑某甲、邓某、黄某、郑某乙犯侵犯著作权罪，于2013年11月2日向人民法院提起公诉。

（二）检察机关认定的犯罪事实与意见

北京市海淀区人民检察院认定的犯罪事实：2006 年至 2013 年间，在未经相关著作权人许可的情况下，被告人郑某甲在本市海淀区等地，利用其经营的"快眼看书"网站，通过链接被告人黄某、郑某乙运营的"纵横书海"、被告人邓某运营的"万卷书库"及"五味文字"等网站，复制发行他人文字作品。经鉴定，其中 2500 余部作品同上海玄霆娱乐信息科技有限公司享有著作权的作品实质性相似。

2010 年至 2013 年间，在未经相关著作权人许可的情况下，被告人黄某、郑某乙在其经营的"纵横书海"网站上，复制发行他人文字作品。经鉴定，5900 余部作品同上海玄霆娱乐信息科技有限公司享有著作权的作品实质性相似。被告人郑某甲明知"纵横书海"网站侵权，仍向该网站出租服务器。

2009 年至 2013 年间，在未经相关著作权人许可的情况下，被告人邓某在其经营的"万卷书库"网站上，复制发行他人文字作品。经鉴定，1800 余部作品同上海玄霆娱乐信息科技有限公司享有著作权的作品实质性相似。被告人郑某甲明知"万卷书库"网站侵权，仍向该网站出租服务器。

2010 年 4 月 23 日，被告人郑某甲注册 58booker.com 域名。后在未经相关著作权人许可的情况下，被告人郑某甲在该域名下的"五味文字"网站上，复制发行他人文字作品。经鉴定，3400 余部作品同上海玄霆娱乐信息科技有限公司享有著作权的作品实质性相似。

2013 年 1 月 18 日被告人郑某甲被抓获。2013 年 2 月 1 日，被告人邓某被抓获。2013 年 2 月 27 日，被告人黄某被抓获。2013 年 2 月 28 日，被告人郑某乙被抓获。

北京市海淀区人民检察院当庭出示了以下证据：接受刑事案件

登记表、到案经过等书证，勘验、检查笔录，证人王某证言，被告人郑某甲、邓某、黄某、郑某乙供述和辩解及鉴定意见等证据材料。

北京市海淀区人民检察院认为：被告人郑某甲、邓某、黄某、郑某乙未经著作权人许可，复制发行他人文字作品。其中，被告人郑某甲、黄某、郑某乙情节特别严重，被告人邓某情节严重，其行为均触犯了《刑法》第25条第1款、第217条第1项之规定，犯罪事实清楚，证据确实、充分，应当以侵犯著作权罪追究其刑事责任。

（三）被告人辩解与辩护人意见

被告人郑某甲对公诉机关指控的事实和罪名提出异议，辩称：第一，"快眼看书"网是搜索引擎网站，与其他网站是框架链接的关系，没有任何作品的实际内容，网站数据库中只有链接地址而没有内容，没有复制发行行为，因此，不可能与被害单位的作品实质性相似；第二，"快眼看书"网收录的网站经过文化部门前置审批及通信管理部门批准接入互联网，且被收录网站给其发过版权声明，保证没有侵权作品，其不知道收录网站侵权，没有犯罪故意，且涉案网站使用的服务器不是其向对方出租的服务器；第三，"五味文字"网是其帮朋友注册的，其没有参与经营管理，也没有得到任何利益，没有营利的目的；第四，鉴定人没有鉴定资质，出具的是虚假的鉴定报告，没有证据证明被害单位享有涉案作品的著作权。

其辩护人发表的辩护意见为：第一，"快眼看书"网是搜索引擎，网络服务提供商提供定向搜索、定向链接服务，属于间接网络服务提供行为，不存在上传、下载、存储作品行为，"快眼看书"网没有存储被链接网站的内容，也未在被链接网站设置广告，仅向用户提供搜索结果，链接、阅读、下载作品的行为均在来源网站完成，不具有著作权法规定的复制发行行为，根据"服务器标准"不是信息网络传播行为。第二，"快眼看书"网收录电子书籍网站和作品数量大,对收录网站作品是否侵权不可能一一核实确认,被告人郑某甲对收录网站的权利状况进行了行业内通行的权利审核,且其通过帮助页面公示了网站声明、收录要求,尽到了善意提示义务。被告人郑某甲对出租出去的服务器的使用无权干涉也无法干涉。被告人郑某甲出租服务器给其他被告人,只是提供服务器托管服务,不对网站的内容进行任何操作。被告人郑某甲对"纵横书海"网、"万卷书库"网等网站的侵权情况不明知,不存在共同故意。"万卷书库"网域名解析 IP 地址在德国,故该涉案网站并未使用郑某甲出租的服务器,"纵横书海"网显示的 DNS 解析 IP 地址因解析失效已不能显示正确的 IP 地址,也不能证明与郑某甲出租的服务器有关。其他被告人在租用被告人郑某甲的服务器时付款账户名称和声明书签名不一致,恰说明郑某甲出租服务器的行为和收录行为相分离。被告人黄某、郑某乙供称郑某甲的服务器硬件设施和服务一流,价格适中。故被告人郑某甲对被告人邓某等被收录网站的侵权行为无须承担责任。第三,被告人郑某甲虽然注册了"五味文字"网的域名,但域名的注册人与域名下网站的所有者及经营者不存在对应关系。证据显示该网站的广告账户和实际运营人是江某霞,郑某甲的银行账户明细也显示是郑某甲给江某霞打款,而非江某霞给郑某甲打款,江某霞运营该网站的行为与郑某甲无关。第四,控方未依照法定程序收集证据,上海东方计算机司法鉴定所出具的鉴定报告不能作为证据使用,授权文件未经核实,报案人玄霆公司拥有涉案作品的排他性权利证据不足。综上,公诉机关指控被告人郑某甲构成侵犯著作权罪的指控罪名不能成立。

(四)法院裁判结果

2014 年 7 月 7 日,北京市海淀区人民法院依据《刑法》第 217 条第 1 项、第 25 条第 1 款、第 53 条、第 64 条,判处郑某甲构成侵犯著作权罪,判处有期徒刑4年,罚金人民币50万元。

(五)本案典型疑难问题法律适用解析

犯罪嫌疑人郑某甲作为提供小说搜索引擎网站的主体,是否与其收录小说网站的站长等人员构成侵犯著作权罪的共同犯罪?

第一种观点认为,二者不构成共同犯罪。首先,郑某甲与其收录小说网站的站长之间没有共同侵犯他人著作权的故意,郑某甲要求其收录小说网站的站长提供了"声明",声明中要求小说网站的站长应当收录正版的小说,小说网站的侵权行为与"快眼看书"无关。另外,郑某甲也尽到了作为互联网服务提供商应有的注意义务。其次,小说网站站长租用郑某甲的服务器是由于其服务器性能优良,并非郑某甲要求其租用该服务器。

第二种观点认为,二者构成共同犯罪。二者之间形成了共同的犯罪故意,郑某甲对小说网站站长收录盗版小说的事实明知。客观上郑某甲为其收录的小说网站提供支持,构成帮助犯。

笔者同意第二种观点,二者构成共同犯罪。

从客观上看,根据黄某、邓某等人的供述,"万卷书库""纵横书海"均链接在"快眼看书"中,且该两个网站均租赁了郑某甲的服务器,勘验笔录显示的二人向郑某甲支付宝打款记录,也与二人作出的向郑某甲每月支付租赁费1万元的供述吻合,同时犯罪嫌疑人郑某甲也作了相同内容的供述,能够认定郑某甲分别与黄某、邓某之间存在租赁服务器的事实。虽然郑某甲辩解其服务器上没有小说内容,其提供的仅是搜索引擎,但是从证据上看,其提供的实质是链接,且系主动链接到"万卷书库""纵横书海"等网站上的;虽郑某甲让对方提供过没有盗版的声明,且在"快眼看书"网的帮助页面登有收录网站要求,但上述仅仅是形式上的表现,而并未作出对应的审查工作。

从主观上看，郑某甲长期经营在线阅读类网站，其供称曾通过获取授权的方式链接"纵横中文"网，可见其知晓链接正版在线阅读网站时须获取对方授权。本案中郑某甲收录"纵横书海""万卷书库"等网站时要求对方按照其模板提供声明，但既不审查申请人材料真伪，也不要求提供著作权权利文件。"快眼看书"网上显示的作品是经被告人郑某甲主动挑选后添加。同时，被告人黄某在公安机关的供述证实其给被告人郑某甲提供了所租服务器的账号和密码，郑某甲可进入其租用的服务器；此外，被告人黄某、郑某乙、邓某均在公安机关指证被告人郑某甲知道"纵横书海""万卷书库"网站上的作品系盗版。综上可见，被告人郑某甲对其收录的"纵横书海""万卷书库"网站上的作品未经著作权人许可具有主观明知。

被告人黄某、郑某乙、邓某明知其复制发行他人文字作品未经著作权人许可，通过获取"快眼看书"网站收录来增加流量和获取广告收益，被告人郑某甲明知被告人黄某、郑某乙、邓某复制发行他人文字作品未经著作权人许可，通过收录"纵横书海""万卷书库"网实现更新作品和获取广告收益，相互之间通过收录网站的行为完成了主观共同故意见之于客观行为的过程，应当认定为共同犯罪。

二、赵某网络文学作品侵权案
——司法鉴定是否必须由司法机关委托或聘请

（一）被告人基本情况及诉讼过程

被告人赵某，男，案发时23岁。因涉嫌犯侵犯著作权罪，于2013年3月11日被北京市公安局海淀分局刑事拘留，同年4月16日被北京市公安局海淀分局逮捕。

北京市海淀区人民检察院以京海检刑诉〔2013〕2921号起诉书

指控赵某犯侵犯著作权罪，于 2013 年 12 月 24 日向人民法院提起公诉。

（二）检察机关认定的犯罪事实与意见

北京市海淀区人民检察院指控：2009 年以来，被告人赵某在其经营的"原点小说网""波西小说网"网站上，未经著作权人许可，使用采集软件在互联网上随机抓取他人享有著作权的文字作品存储在服务器上，通过信息网络传播他人文字作品，实施了复制发行行为。同时，网站通过与广告联盟合作的方式，在经营的网站上登载广告，按照广告的点击量收取广告费。经上海东方计算机司法鉴定所鉴定，上述两个网站上共有 3700 余部作品同上海玄霆娱乐信息科技有限公司（服务器所在地为本市海淀区）享有著作权的作品实质性相似。2013 年 3 月 11 日，被告人赵某被公安机关抓获归案。

北京市海淀区人民检察院当庭出示了以下证据：接受刑事案件登记表、到案经过、权属证明文件等书证，勘验、检查笔录，被告人赵某供述和辩解及鉴定意见等证据材料。

北京市海淀区人民检察院认为：被告人赵某未经著作权人许可，复制发行他人文字作品，情节特别严重，其行为已触犯《刑法》第 217 条之规定，犯罪事实清楚，证据确实、充分，应当以侵犯著作权罪追究其刑事责任。

（三）被告人辩解与辩护人意见

被告人赵某对公诉机关指控的罪名没有异议，对公诉机关指控的事实提出异议，认可公诉机关指控其经营的"原点小说"网上复制发行他人作品的事实，但辩称其尚未实际经营公诉机关指控的"波西小说"网，也未从中获利。其辩护人发表的辩护意见为，鉴定结论违法，不能作为证据使用，故公诉机关所指控的"原点小说"网上的侵权作品数量无法确定;"波西小说"网未投入运营,也没有盈利,不应认定被告人赵某构成侵犯著作权罪。综上,提请法庭判处被告人赵某无罪。

(四) 法院裁判结果

北京市海淀区人民法院判决认为北京市海淀区人民检察院指控被告人赵某犯有侵犯著作权罪的事实清楚,证据确实、充分,指控罪名成立。被告人赵某的行为不仅侵犯了著作权的人的著作权和与著作权相关的权益,也侵犯了国家的著作权管理制度,符合侵犯著作权罪的构成要件,其行为已构成侵犯著作权罪,应予惩处,依法判处赵某有期徒刑3年6个月,罚金人民币10万元。

(五) 本案典型疑难问题法律适用解析

本案存在如下争议问题:刑事诉讼中作为证据使用的司法鉴定意见是否必须由司法机关委托或聘请的机构作出?

第一种观点认为,刑事诉讼中作为证据所使用的鉴定意见的委托方或聘请方必须是司法机关。即必须由公安机关委托相应的司法鉴定机构对涉案作品存在实质性相似出具鉴定意见,否则司法鉴定意见的程序违法,不能作为定案的证据使用。

第二种观点认为,在刑事诉讼司法实践中,此类鉴定由司法机关委托占大部分,但我国法律并未限制鉴定必须由司法机关进行委托。

笔者同意第二种观点,理由如下:

第一,该份鉴定意见鉴定委托主体适格。《刑事诉讼法》第141条规定,为了查明案情,需要解决案件中某些专门性问题的时候,应当指派、聘请有关专门知识的人进行鉴定。这仅限于公安机关的办案程序,并不代表在刑事诉讼中所有的鉴定都需要由公安机关进行指派和聘请。同时，对比民事诉讼法、行政诉讼法中关于司法鉴定的表述，可以看出三大诉讼法在立法体例设计上的区别。民事诉讼中委托鉴定的主体可以是当事人，当法院认为有必要时，可以以自己名义委托司法鉴定。行政诉讼法对鉴定的表述，限定在"诉讼过程中"。而刑事诉讼对司法鉴定没有主体的限定，也没有诉讼阶段的限定。此外，2005年全国人大常委会颁布的《司法鉴定管理决定》和2007年出台的《司法鉴定程序通则》也均没有对鉴定的委托程序予以规定。由此看出，我国法律也并未限制鉴定应由司法机关委托，故司法鉴定的委托鉴定主体不一定是公、检、法机关，当事人或者代理人均有委托的资格。且在本案中，涉案网站上的小说由鉴定人而非委托人提取，鉴于鉴定机构与案件无利害关系，鉴定更加客观。

第二，该份鉴定意见完成了刑事诉讼证据的转化。根据《刑事诉讼法》第48条的规定，可以用来证明案件事实的材料都是证据。个人收集调取的证据本身也可以成为刑事诉讼中的证据，只要经过转化即可。证据只要符合合法性、客观性、真实性，就有相应的证明力。在这里需要说明的是，证据的合法性应作广义的理解，特别是针对没有纳入公安机关侦查活动中取得的证据，只要经过合理转化，是可以当作刑事诉讼中的证据使用的。本案指控所使用的司法鉴定意见是在公安机关立案之前由上海玄霆公司委托具有鉴定资质的鉴定所出具的专业鉴定，后提交给公安机关。只要符合证据合法性、客观性、真实性的本质要求，且可以用来证明案件事实，都可以作为证据使用。鉴定意见本质上属于言词证据。根据《刑事诉讼法》第57条的规定，人民检察院应当对证据收集的合法性加以证明。该份鉴定意见的鉴定人在庭审过程中已经出庭作证，对鉴定委托事由、鉴定的内容、鉴定的方法予以详细的说明，该份鉴定意见经过法庭的质证程序，同时，出具鉴定意见的鉴定人出庭作证，也排除了暴力胁迫取证的可能性。该份司法鉴定意见在起诉前由公安机关通过鉴定意见通知书的方式告知了被告人,已经完成了刑事诉讼证据的转化,在刑事诉讼程序上并无不合法之处。

第三,该份鉴定意见的鉴定方法科学合理。本案指控犯罪所使用的鉴定意见书中对鉴定规则有明确的解释,利用软件进行对比。因为网页的排版和显示问题,鉴定时已经充分考虑了比对文本之间在格式、行数、字符上的区别。错行但字句相同的软件判别为相同;错行但语言表达意思不一样的,判别为不相同。因为作品的实质性内容才是作者具有独创性的智力成果即需要保护的著作权,细微的用字差异、排版差别和格式差异并不能影响实质性相似的判断。认定实质性相似的重合比率以超过50%以上的同名电子小说数量为准,属于行业惯例亦是合理的。故上海东方计算机司法鉴定所出具的作品实质性相似的鉴定意见具有科学性。

综上,本案的鉴定意见在程序上符合法律规定,具有证据能力,在实质内容上客观、真实、有效,具有证明力。

三、上海某电子商务咨询有限公司侵犯著作权案
——"标准"的作品性质认定

(一)被告人基本情况及诉讼过程

被告单位上海某电子商务咨询服务有限公司,住所地为上海市杨浦区翔殷路×××号×××室。

被告人花某,男,案发时42岁。因涉嫌侵犯著作权罪,于2013年10月29日被北京市公安局海淀分局刑事拘留,经本院批准,同年12月5日被北京市公安局海淀分局逮捕。

北京市海淀区人民检察院以京海检刑诉〔2014〕0252号起诉书指控上海某电子商务咨询有限公司、花某犯侵犯著作权罪,于2014

年 8 月 19 日向人民法院提起公诉。

(二) 检察机关认定的犯罪事实与意见

北京市海淀区人民检察院指控：2005 年，犯罪嫌疑人花某在上海注册某电子商务咨询有限公司。其间，开发出标准自动更新管理软件，并对该软件进行了计算机软件著作权登记。该软件具有对建筑类等标准的管理和检索功能，但软件中没有标准、建筑图集等具体内容，具体内容需根据客户的个性化需求进行采集录入。

2007 年，该软件正式投入市场销售，软件销售定价构成为：软件费用 2800 元，数据（图集或标准）费每条 35 元，维护费用每条 5 元。该公司通过销售人员反馈的客户信息，按照客户提出的标准图集、标准信息数据需求清单，由犯罪嫌疑人花某自行或安排员工，通过购买中国建筑标准设计研究院（以下简称建研院）编制出版的图集和中国计划出版社（以下简称计划社）、中国建筑工业出版社（以下简称建工社）出版的标准等纸质图书并进行扫描等方式形成电子数据，由技术人员将电子数据加入软件数据库，再通过软件实现服务器数据和标准自动更新管理软件客户端的数据同步，以软件的形式打包对外销售。截至 2013 年 10 月，该公司向中国中轻国际工程有限公司、北京城建勘测设计研究院有限公司等多家单位销售多套标准自动管理系统。

2013 年 10 月 21 日，经中国建筑标准设计研究院报案，公安机关将犯罪嫌疑人花某抓获归案。经对该公司服务器进行勘验检查，由中国版权保护中心版权鉴定委员会将上海某电子商务咨询有限公司服务器中的文件内容与建研院编制的图集、建工社、计划社出版发行的标准，进行内容的异同性鉴定，该公司有 839 个文件内容分别与建研院 350 部图集、建工社 357 部标准、计划社 132 部标准的内容相同。

经调取著作权证、出版合同、函等相关文件：（1）建研院350部图集中有264部有著作权证、24部有委托设计合同、2部系自编类图集、35部系合编类图集）。（2）建工社357部标准中强制性行业标准有6部，强制性国家标准有6部，全部强制性条文标准有3部。未注明标准属性情况1部。（3）计划社132部标准中强制性国家标准有2部，推荐性国家标准有1部。

北京市海淀区人民检察院当庭出示了以下证据：接受刑事案件登记表、到案经过、扣押笔录、扣押清单、作品登记证书、委托设计合同、图书出版合同等书证，证人于超某等人的证言，被告人花某的供述和辩解，中国版权保护中心版权鉴定委员会鉴定意见，勘验、检查笔录等证据材料。

北京市海淀区人民检察院认为，被告单位上海某电子商务咨询服务有限公司及直接负责的主管人员被告人花某，以营利为目的，未经著作权人许可，复制发行他人作品700余部，其行为已触犯了《刑法》第217条之规定，犯罪事实清楚，证据确实、充分，应当以侵犯著作权罪追究被告单位上海某电子商务咨询服务有限公司及被告人花某的刑事责任。被告人花某如实供述自己的罪行，依据《刑法》第67条第3款之规定，可以从轻处罚。

（三）法院裁判结果

2014年10月27日，北京市海淀区人民法院以侵犯著作权罪，判处被告单位上海某电子商务咨询服务有限公司罚金人民币10万元，被告人花某有期徒刑1年，罚金人民币5万元。后被告单位不服一审判决提起上诉。2015年3月4日，北京市第一中级人民法院驳回上诉，维持原判。

(四) 本案典型疑难问题法律适用解析

本案存在如下两个争议焦点：其一，本案中"标准自动更新管理软件"已获得了软件类著作权登记，对软件进行数据录入后再行销售的行为如何评价。其二，建工社与计划社出版的"标准"中包含强制性标准、推荐性标准、推荐性标准（含部分强制性条文）等种类，上述标准是否均为受著作权法保护的作品。

1. 关于第一个争议焦点

笔者认为，本案上海某电子商务咨询有限公司通过对他人作品进行电子化采集后录入合法软件并对外销售的行为，未经录入作品版权方的授权或许可，该复制发行属于侵权行为。

从法律规定方面看，2011年1月10日最高人民法院、最高人民检察院、公安部《关于办理侵犯知识产权刑事案件适用法律若干问题的意见》第11条"关于侵犯著作权犯罪案件'未经著作权人许可'的认定问题"规定，"未经著作权人许可"一般应当依据著作权人或者其授权的代理人、著作权集体管理组织、国家著作权行政管理部门指定的著作权认证机构出具的涉案作品版权认证文书，或者证明出版者、复制发行者伪造、涂改授权许可文件或者超出授权许可范围的证据，结合其他证据综合予以认定。第12条"关于刑法第二百一十七条规定的'发行'的认定及相关问题"规定，"发行"，包括总发行、批发、零售、通过信息网络传播以及出租、展销等活动。上述规定明确了"通过信息网络传播"属于复制发行的范畴，对作品内容进行电子化采集并录入软件形成数据库，将软件对外销售后通过在计算机上安装实现内容的传播，应当属于通过信息网络传播类的"复制发行"行为。

从本案证据来看，虽犯罪嫌疑人花某称上海某公司销售的"标准自动更新管理系统"的软件进行了著作权登记，但该登记仅针对软件本身，而不涉及内容的版权来源。在案证据可以证明，建设部主管的工程建设国家标准、行业标准和经济定额的出版发行工作，已分别委托建工社和计划社；此外，计划社也与住房和城乡建设部签订了图书出版合同，在案发期间对国务院各部委（不含建设部）所属单位主编的工程建设国家标准等享有专有出版权。本案中上海某公司数据库中涉及上述三家权利公司的图集、标准信息数据，系通过购买纸质图书扫描等方式得来，未经版权方授权或许可，形成软件数据库，并在销售软件时以35元一条数据（即一本图书）对外出售，软件销售价格包括内容的价格，其收录采集建研院、建工社、计划社等单位出版的图书。上述以软件为载体通过信息网络传播他人作品并销售的行为，属于通过信息网络传播的"发行"行为，该发行行为并未获得任何授权许可，应当认定为侵权行为。

2. 关于第二个争议焦点

笔者认为，涉案"标准"应区分性质。推荐性标准属于自愿采用的标准，在制定过程中投入了创造性的劳动，应当认定为著作权法意义上的作品；而强制性标准具有法规性质，应在作品认定数量中扣除。

从法律规定角度看，1999年8月4日国家版权局版权管理司《关于标准著作权纠纷给最高人民法院的答复》（权司〔1999〕5号）中明确，"强制性标准是具有法规性质的技术性规范，推荐性标准不属于法规性质的技术性规范，属于著作权法保护的范围"；关于标准的著作权归属，仍应"根据著作权法及实施条例关于法人作品规定的精神，从谁投资谁受益的原则出发"。此外，1999年11月22日最高人民法院知识产权审判庭《关于中国标准出版社与中国劳动出版社著作权侵权纠纷案的答复》（〔1998〕知他字第6号函）中也明确了对标准性质区分认定：（1）推荐性国家标准，属于自愿采用的技术性规范，不具有法规性质；（2）国家标准化管理机关依法组织制定的强制性标准，是具有法规性质的技术性规范，由标准化管理机关依法发布并监督实施。上述两个答复均明确了推荐性标准属于著作权法保护对象，强制性标准是具有法规性质的技术性规范。

根据 1990 年国家技术监督局发布的《中华人民共和国标准化法条文解释》，"标准"的含义是，对重复性事物和概念所作的统一规定。它以科学、技术和实践经验的综合成果为基础，经有关方面协商一致，由主管机构批准，以特定形式发布，作为共同遵守的准则和依据。从理论角度看，根据标准的属性，可以分为强制性和推荐性标准，推荐性标准和强制性标准的推荐性条文在制定过程中需要付出创造性劳动，涉案标准在制定过程中亦付出了创造性的编排劳动，应当认定为整部作品具有著作权。因此，推荐性标准和强制性标准中的推荐性条文符合作品的条件，属于著作权的保护范围。

因此，本案中被害单位主张的标准作品中，应区分对待，在认定侵权数量中将强制性标准扣除。根据本案中建工社及计划社提供证据材料，建工社 357 部标准中 6 部强制性行业标准、6 部强制性国家标准应予扣除；计划社 132 部标准中有 2 部强制性国家标准应当予以扣除。

四、张某视频网站侵权案

——以营利为目的认定

（一）被告人基本情况及诉讼过程

被告人张某，男，案发时 24 岁。该人因涉嫌犯侵犯著作权罪，于 2013 年 7 月 31 日被北京市公安局海淀分局刑事拘留，于同年 9 月 6 日被北京市公安局海淀分局逮捕。

北京市海淀区人民检察院以京海检刑诉〔2013〕2922 号起诉书

指控张某犯侵犯著作权罪，于 2013 年 12 月 24 日向人民法院提起公诉。

（二）检察机关认定的犯罪事实与意见

北京市海淀区人民检察院指控：2013 年 3 月起，张某租用服务器，先后建立"2345 热播"（网址为 www.2345rb.com）和"星级 S 电影"（网址为 www.xjsdy.com）两个视频网站。视频网站在运行过程中，通过易酷 CMS 程序、飞飞 CMS 程序两个采集软件，经过一定的编程设置后自动在互联网上搜索"种子"资源存储在服务器上。互联网用户在观看视频影片时必须使用特定的服务器，且用户在观看时网页不需要跳转，直接点击网站内相应的链接即可观看。张某同时与多家广告联盟合作，在广告联盟注册成为会员后，将广告编程码输入自己建立的网站上预留的相应广告位，网页便会自动生成相应的广告，按照网站内广告的点击量或展示量收取费用的方式来营利。

经审查，涉案两个网站未经著作权人许可，通过信息网络传播的电影、电视剧、漫画剧、综艺节目等影视作品侵犯了乐视网信息技术（北京）股份有限公司、合一信息技术（北京）有限公司及北京搜狐互联网信息服务有限公司享有独占性信息网络传播权的影视作品共计 623 部，包含电影作品 221 部、电视剧作品 392 部（12856 集）、动漫作品 9 部（915 集）、综艺作品 1 部。

北京市海淀区人民检察院当庭出示了以下证据：接受刑事案件登记表、到案经过、声明书、权利证明文件等书证，证人刘某等人证言，勘验、检查笔录以及被告人张某供述及辩解等证据材料。

北京市海淀区人民检察院认为，被告人张某以营利为目的，未经著作权人许可，发行他人影视作品，情节严重，其行为已触犯《刑法》第 217 条之规定，犯罪事实清楚，证据确实、充分，应以侵犯著作权罪追究其刑事责任。

(三) 法院裁判结果

北京市海淀区人民法院认为，张某的行为构成侵犯著作权罪，依法判处其有期徒刑6个月，罚金人民币2万元。该案系全国首例打击视频侵权网站获得成功判决的刑事案件，也是公安部开展"剑网"行动以来北京市检察机关所办理的第一起网络视频侵权案件。

(四) 本案典型疑难问题法律适用解析

本案争议焦点在于侵犯著作权罪中"以营利为目的"是否需要行为人实际营利。

第一种观点认为：《汉语词典》中将"营利"解释为谋取利益。在侵犯著作权罪中所谓"以营利为目的"，是指行为人实施侵权行为的意图是获取商业性的物质利益。"以营利为目的"作为侵犯著作权罪的主观构成要件，必须有充分的证据证明行为人具有营利的行为，营利的行为具体应包括以何种方式进行营利、是否实际营利以及营利多少。

第二种观点认为：侵犯著作权罪中的"以营利为目的"只要求行为人意图获取经济利益即可，即使实施的侵权行为实际上并没有带来实际利益，甚至是亏损，都不会影响其行为构成本罪。即只要求有证据证明行为人在主观上具有营利的目的即可，至于其采用何种营利方式以及是否实际营利并不影响对"以营利为目的"的认定。

笔者同意第二种观点，理由如下：

第一，从法律规定角度分析。对于通过信息网络传播他人作品的行为如何判断是否具有"以营利为目的"已有明确的法律规定。

早在 2004 年最高人民法院、最高人民检察院出台的《关于办理侵犯知识产权刑事案件具体应用法律若干问题的解释》第 11 条就规定了以刊登收费广告等方式直接或者间接收取费用的情形，属于《刑法》第 217 条所规定的"以营利为目的"。该条肯定了以刊登收费广告的方式收取费用属于"以营利为目的"。随着时代的发展，著作权的传播方式已经从实体出版发行转向网络出版发行。著作权人会将其作品授权给一家或者多家网站发行，只有获得著作权人授权和许可的网站才可以播放著作权人的作品。信息网络传播权是著作权中专用权（财产权）中的一种，根据《信息网络传播权保护条例》的规定，信息网络传播权是指以有线或者无线的方式向公众提供作品，使公众可以在其个人选定的时间、地点获得作品的权利。在 2011 年最高人民法院、最高人民检察院、公安部出台的《关于办理侵犯知识产权刑事案件适用法律若干问题的意见》第 12 条明确了通过信息网络传播属于刑法意义中侵犯著作权中规定的"发行"行为。同时，其第 10 条第 2 项也对通过信息网络传播他人作品的行为中属于"以营利为目的"进一步予以确认，即在网站或者网页上提供刊登收费广告服务，直接或者间接收取费用。本案中，被告人张某通过与广告联盟进行合作，在其经营的网站上投放广告，按照广告的点击量获取广告费的方式完全符合司法解释中关于"以营利为目的"的规定。

第二，从证据角度分析。行为人实施了具有"以营利为目的"的相关行为——运营提供刊登收费广告服务的网站并收取广告费。首先，在本案中根据张某本人的供述、公安机关现场勘验、检查笔录证实网站页面两侧可见商业性广告，足以证实张某在自己建立的网站上传播他人视频作品时通过投放广告的方式进行营利。其次，被告人张某可以指认出其银行账户交易明细中某些钱款的账目往来信息系其所经营的视频网站的广告收入。虽然无法调取被告人张某所经营的网站与广告联盟之间合同、合作协议等书证以及广告联盟方提供的证言，无法证实该人经营的视频小说网站的广告获利的具体金额，但上述证据已经形成完整的证据链条，证实了涉案网站的经营方式具有明显的营利性。

故在网络环境中不管行为人通过什么途径营利，只要其实施了侵犯他人著作权的行为，并把该行为作为营利的一种手段，就足以认定其具有营利的目的。

五、黎某销售广联达加密锁程序案
——销售加密锁程序的定性问题

（一）被告人基本情况及诉讼过程

被告人黎某，男，案发时 24 岁。因涉嫌犯侵犯著作权罪，2014 年 6 月 27 日被北京市公安局海淀分局刑事拘留，2014 年 8 月 2 日被北京市公安局海淀分局逮捕。

北京市海淀区人民检察院以京海检知产刑诉〔2014〕99 号起诉书指控黎某犯侵犯著作权罪，于 2015 年 12 月 24 日向人民法院提起公诉。

（二）检察机关认定的犯罪事实与意见

北京市海淀区人民检察院认定的犯罪事实：广联达软件股份有限公司是一家国内建设领域提供信息化服务的企业，主要产品包括广联达计价软件 GBQ4.0、广联达钢筋抽样软件 GGJ2013、广联达土建算量软件 GCL2013 等。自 2013 年 6 月起，黎某在淘宝网开设店铺，销售盗版广联达公司软件的加密锁（加密锁是安装程序的指令密码），购买者可以自行在广联达公司的网站上下载相关软件并安装，然后使用加密锁写入驱动程序后，便可正常使用广联达公司的软件。2014年6月，公安机关在湖南省某县将黎某抓获，通过对上述淘宝店铺进行现场勘验，黎某销售广联达软件加密锁的经营数额共计人民币10万余元。

北京市海淀区人民检察院当庭出示了以下证据：（1）物证——扣押物品（附照片）；（2）书证——扣押笔录、扣押决定书、扣押清单、广联达软件股份有限公司报案材料、情况说明、计算机软件著作权登记证书、谅解函、收据、受案登记表、到案经过、身份证明等；（3）证人证言——宋某等人证言；（4）被告人黎某的供述和辩解；（5）鉴定意见——中国版权保护中心版权鉴定委员会出具的鉴定意见；（6）现场勘验、检查工作记录。

北京市海淀区人民检察院认为：被告人黎某以营利为目的，未经著作权人许可，发行其计算机软件，情节严重，其行为触犯了《刑法》第217条第1项之规定，犯罪事实清楚，证据确实、充分，应当以侵犯著作权罪追究其刑事责任。

（三）法院裁判结果

2015年5月13日，北京市海淀区人民法院一审以侵犯著作权判处黎某有期徒刑1年，罚金人民币6万元。该人未上诉，检察机关未提出抗诉，判决发生法律效力。

（四）本案典型疑难问题法律适用解析

本案的争议焦点在于黎某向他人提供非法破解程序（如本案的加密锁），使他人得以复制、使用软件的，能否认定为未经著作权人许可的复制发行行为？

第一种观点认为：黎某仅提供破解程序，并未向公众提供安装载体，也未提供安装服务，相关软件的复制行为由公众完成，黎某并未实施未经授权软件的复制行为，因此不构成侵犯著作权罪。

第二种观点认为：对于计算机软件来说，其发行和销售实际上就是软件著作权人允许他人对软件进行安装并使用的许可行为，因此本案中黎某的行为应属于未经著作权人许可的复制发行行为。

关于争议问题，笔者同意第二种观点，理由如下：

计算机软件是按照特点顺序组织的计算机数据和指令的集合，一个或多个程序的结合体。随着时代的发展，计算机软件已经从以软盘、光盘为载体体现的模式演变到以安装程序同运行驱动程序相结合的模式，软件作为数字产品，判断软件是否为正版，即是否获得合法授权，应以是否取得了代表著作权人许可的安装程序或运行驱动程序为标准。在软件的安装程序可以在官方网站下载或免费获得的情况下，软件购买方所购买的实质上就是一种能够使软件正常运行的驱动程序。软件著作权人所销售的含有软件著作权的标的，也正是具有经济价值能够使软件正常运行的驱动程序。

本案中，软件著作权人所销售的加密锁，就是使软件正常运行的驱动程序，可以理解为使软件正常运行的"密码"。加密锁等技术措施的应用是为了禁止他人未经许可，运行和使用著作权人的软件。根据《信息网络传播保护条例》第 26 条规定，技术措施是指用于防止、限制未经权利人许可浏览作品的有效技术、装置或者部件。技术措施是一种接触控制措施，是指防止他人未经许可运行计算机软件的技术措施。加密锁技术措施符合法定保护条件，故意避开或破坏该措施的行为构成侵权。

无论计算机软件的载体是光盘还是多个程序（安装、运行程序）的结合体，侵害的法益都是著作权人的著作权。计算机软件的载体的形式要求在不断淡化，但保护的实质并未发生变化。本案中，通过对黎某销售的盗版广联达公司加密锁进行鉴定，可以看到修改了的广联达软件的加密程序，解除广联达软件的加密功能，从而实现了对广联达软件的破解使用。根据《计算机软件保护条例》

第24条第3项的规定,故意避开或者破坏著作权人为保护其软件著作权而采取的技术措施的,构成侵犯著作权罪的,依法追究刑事责任。因此,可以证实黎某的行为应属于未经著作权人许可的复制发行行为。

六、王某、何某漫画网站侵权案
——刑法意义上作品数量的认定

(一) 犯罪嫌疑人基本情况及诉讼过程

犯罪嫌疑人王某,男,案发时37岁。因涉嫌犯侵犯著作权罪,于2013年10月13日被北京市公安局海淀分局刑事拘留。

犯罪嫌疑人何某,男,案发时27岁。因涉嫌犯侵犯著作权罪,于2013年10月13日被北京市公安局海淀分局刑事拘留。

(二) 检察机关认定的犯罪事实

2012年3月至2013年10月,犯罪嫌疑人王某伙同犯罪嫌疑人何某建立"漫画家"网站(网址为http://www.manhuajia.cn)免费提供漫画作品给互联网用户观看,并通过同百度广告联盟合作的方式按照用户点击量收取广告费用的方式进行营利。具体分工如下:网站的ICP备案号(以北京拓浪科技有限责任公司名义申请)、提供服务器、域名注册以及广告外联工作由王某完成;网站的技术工作由何某负责,利用"火车头"采集软件从www.7k7k.com、www.imanhua.com等其他网站上直接下载漫画作品上传至服务器上。经核实,"漫画家"网站内的漫画作品未获得著作权人授权,侵犯腾讯公司拥有独占性信息网络传播权的漫画作品共计8部(1973集,82卷)。公安机关于2013年10月12日将犯罪嫌疑人王某抓获,后在王某的配合下,于当日在海淀区牡丹园地铁口附近将何某抓获归案。

(三) 案件处理结果

海淀区人民检察院依照《刑事诉讼法》第 88 条之规定，建议不予批准逮捕犯罪嫌疑人王某、何某。公安机关对海淀区人民检察院作出的不予批准逮捕决定提出复议，后上一级检察机关维持了海淀区人民检察院作出的不予批准逮捕的决定。

(四) 本案典型疑难问题法律适用解析

本案的争议焦点在于：传播他人作品的数量合计在 500 件（部）以上是构成侵犯著作权（信息网络传播权）罪的追诉标准，刑法意义上"件"和"部"应如何认定？

第一种观点认为，作品数量必须依据版权登记机关出具的发行许可证等版权登记证明来认定，即一个许可登记号认定为"一部"或"一件"作品。

第二种观点认为，应该根据著作权授权的具体"单位"来认定作品数量。即在本案中应当按照日本株式会社集英社授权给著作权权利方腾讯公司授权书中约定的具体"单位"来认定。双方合同以每"话"为单位进行授权，故应该以"话"作为认定"件"或"部"的依据。

笔者同意第一种观点，理由如下：在具体的司法实践中如何正确理解网络著作权作品的"件"和"部"，关系到入罪标准问题。对于漫画作品的数量如何认定，现无明确的司法解释或者会议纪要文件予以解释。虽然作品自创作完成之日起就当然地享有著作权，著作权登记并不是权利有无的象征，更不会影响到权利数量的认定，但是依据著作权授权的具体"单位"来认定作品数量在漫画作品的认定上是不合理的。漫画属于受著作权保护的美术作品（美术作品包括绘画作品,绘画作品包括连环画)。不否认连环画中的每一幅图画都是作者智力成果的体现,不能因为篇幅大小就否认每一幅图画的独创性和作者的智力成果。但连环画不同于一般的绘画作品,连环画的连载性赋予了其所必须要承载的故事性和情节性,如果将每一幅插画认定为"一部"或"一件"作品是不合适的。但如果每"话"为单位认定作品"件"和"部"的数量,在此案中仅《火影忍者》一种漫画被侵权的数量就达到627"话"。按照上述计算方法,涉案"漫画家"网站侵犯腾讯公司拥有独占性专有信息网络传播权的8种漫画作品共计侵权数量为1973"件"(部)。此种认定方法将会导致刑事打击面过大。综上,笔者认为在没有出台更具体的司法解释和会议纪要明确定义时,还应从有利于犯罪嫌疑人的角度出发,暂不宜对"件"或"部"做过于宽泛的理解。对有版权登记的,按照登记号作为"件"或"部"的计量单位;对没有进行版权登记的,应结合具体案件情况作出对犯罪嫌疑人行为罪责刑相一致的司法判断。

七、何某甲、厉某侵犯著作权案
——私自架设网络游戏服务器行为的认定

(一)被告人基本情况及诉讼过程

被告人何某甲,男,案发时35岁。因涉嫌侵犯著作权罪,2014年4月18日被北京市公安局海淀分局刑事拘留,2014年5月21日被北京市公安局海淀分局取保候审,2014年9月3日被北京市公安局海淀分局逮捕。

被告人厉某,男,案发时32岁。因涉嫌侵犯著作权罪,2014年4月18日被北京市公安局海淀分局刑事拘留,2014年5月21日被北京市公安局海淀分局取保候审,2014年9月3日被北京市公安局海淀分局逮捕。

北京市海淀区人民检察院以京海检公诉刑诉〔2015〕374号起诉书指控何某甲、厉某犯侵犯著作权罪,于2015年2月13日向人民法院提起公诉。

(二)检察机关认定的犯罪事实与意见

北京市海淀区人民检察院认定的犯罪事实:"笑傲江湖OL"网络游戏软件V1.0系完美世界(北京)网络技术有限公司原始取得的互联网游戏,获得国家版权局计算机软件著作权登记证书。

2013年10月底,何某甲、厉某、罗某(未到案)从他人处购买"笑傲江湖OL"网络游戏程序,由何某甲负责运营和版本修改,罗某负责程序编写、修改,厉某负责修改原始密码、上传服务端、调试客户端登录游戏等,何某乙负责客户服务等。后何某甲等人租用美国服务器,并安装修改后的"笑傲江湖"游戏程序,通过私服论坛进行推广吸引玩家。因北美服务器经常受到攻击,何某甲等人转至国内租赁服务器,架设两个服务器:一是6笑傲私服(网址为www.6xiaoao.com,服务器在香港),二是乐乐私服(网址为www.llxiaoao.com,服务器在江苏),并通过论坛(网址为www.mcncc.com)进行推广,通过收发邮件等方式为网络游戏玩家提供客户服务。

2013年11月起,何某甲等人运营"笑傲江湖"私服并通过销售元宝(游戏币)进行营利,玩家充值元宝的方法是通过购买盛大一卡通,移动、联通、电信的电话卡,通过第三方支付平台"易宝平台"进行充值,易宝平台扣除手续费后进行结算划款。据易宝平台出具的交易明细,何某甲在易宝支付平台上所使用的商户进款总额共计人民币316461元。

2014年2月,经完美世界(北京)网络技术有限公司报案,公安局于2014年2月21日立案侦查,并先后将何某甲、厉某抓获,其余两人在逃。

福建中证司法鉴定中心将从厉某处勘验所得的游戏程序与完美世界官方游戏程序进行了比对。一是对文件夹目录结构进行比对，文件夹名称和路径相同比例为96.67%；二是对文件进行比对，95.31%文件名一致且文件所在路径一致，其中94.47%文件内容完全一致，两个游戏服务端程序存在实质性相似。

北京市海淀区人民检察院当庭出示了以下证据：（1）书证——企业法人营业执照、计算机软件著作权登记证书、交易记录、银行交易明细、网页截图、受案登记表、到案经过等；（2）证人证言——周某等人证言；（3）被告人何某甲、厉某的供述和辩解；（4）鉴定意见；（5）勘验、检查笔录等。

北京市海淀区人民检察院认为：被告人何某甲、厉某以营利为目的，未经著作权人许可，通过信息网络发行其计算机软件，情节特别严重，其行为均触犯了《刑法》第217条、第25条第1款之规定，犯罪事实清楚，证据确实、充分，应当以侵犯著作权罪追究其刑事责任。

（三）法院裁判结果

2015年11月2日，北京市海淀区人民法院以侵犯著作权罪判处被告人何某甲有期徒刑3年，缓刑4年，并处罚金人民币16万元；判处厉某有期徒刑3年，缓刑4年，并处罚金人民币16万元。二人均未上诉，检察机关未提出抗诉，判决发生法律效力。

（四）本案典型疑难问题法律适用解析

本案存在如下两个焦点问题：其一，如何认定私自架设网络游戏服务器行为的性质；其二，如何认定私自架设网络游戏服务器行为的情节。

1. 如何认定私自架设网络游戏服务器行为的性质

关于"私服"的性质认定，2003年12月23日新闻出版署、信息产业部、国家工商行政管理总局、国家版权局、全国扫黄打非工作小组办公室在《关于开展对"私服"、"外挂"专项治理的通知》中有明确规定："私服""外挂"违法行为是指未经许可或授权，破坏合法出版、他人享有著作权的互联网游戏作品的技术保护措施、修改作品数据、私自架设服务器、制作游戏充值卡（点卡），运营或挂接运营合法出版、他人享有著作权的互联网游戏作品，从而谋取利益、侵害他人利益。"私服""外挂"违法行为属于非法互联网出版活动，应依法予以严厉打击。

由此定义出发，"未经许可或授权"是基础要件，"破坏游戏作品的技术保护措施""修改作品数据""私自架设服务器"是行为要件，"制作游戏充值卡（点卡）"是后续营利行为认定要件，"运营或挂接运营合法出版、他人享有著作权的互联网游戏作品"是对客观行为的综合性规定。

从本案证据看，首先，完美公司对其"笑傲江湖OL"网络游戏软件V1.0享有完整的著作权，且并未许可或授权本案被告人何某甲等人运营。其次，综观被告人厉某、何某甲供述与辩解，二人关于游戏服务器程序的获得，私服的运营时间、运营私服的数量，参与犯罪行为的人员等方面均能相互印证，可以证明：（1）来源不合法。被告人何某甲等人通过私人途径购买游戏软件服务器终端，来源不合法。（2）内容实质性相似。被告人何某甲等人对软件程序进行了数据修改，租用服务器上传修改后的游戏程序并进行推广运营，经鉴定与官方服务器上游戏程序具有实质性相似。最后，被告人何某甲等人通过销售游戏币——元宝营利，在私服游戏端中，1元人民币等于400元宝（官方兑换比例为1∶10），玩家通过购买盛大一卡通，移动、联通、电信的电话卡，通过第三方平台——易宝平台进行交易，吸引了大量玩家，直接分流了权利公司利润。

综上分析，被告人何某甲等人以不正当手段获得游戏服务器端安装程序之后进行修改数据，通过租用网络服务器上传改后程序进行营利的行为，属于网络侵权，应当认定为侵犯著作权的行为。

2. 如何认定私自架设网络游戏服务器侵权行为的情节

2011年1月10日最高人民法院、最高人民检察院、公安部《关于办理侵犯知识产权刑事案件适用法律若干问题的意见》对通过信息网络传播侵权作品行为的定罪处罚标准明确，以营利为目的，未经著作权人许可，通过信息网络向公众传播他人文字作品、音乐、电影、电视、美术、摄影、录音录像制品、计算机软件及其他作品，具有下列情形之一的，属于《刑法》第217条规定的"其他严重情节"：（1）非法经营数额在5万元以上的；（2）传播他人作品的数量合计在500件（部）以上的；（3）传播他人作品的实际被点击数达到5万次以上；（4）以会员制方式传播他人作品，注册会员达到1000人以上的；（5）数额或者数量虽未达到第（1）项至第（4）项规定标准，但分别达到其中两项以上标准一半以上的；（6）其他严重情节的情形。实施前款规定的行为，数额或者数量达到前款第（1）项至第（5）项规定标准5倍以上，属于《刑法》第217条规定的"其他特别严重情节"。

根据上述规定，关于网络游戏服务端程序的追诉标准，常用的有两个：一是"非法经营额"。非法经营数额在5万元以上属于"有其他严重情节"，应入罪；25万元为"其他特别严重情节"，应上量刑档，即依法应处3年以上7年以下有期徒刑，并处罚金。二是"注册会员数"。以会员制方式传播他人作品，注册会员达到1000人以上的，属于"有其他严重情节"，应入罪；注册会员达到5000人以上的，属于"其他特别严重情节"，应上量刑档。

私自架设网络游戏服务器的侵权行为人往往采用提供游戏币或游戏装备等有偿网络服务进行营利,通过第三方交易平台代收费用,由第三方扣除部分手续费后进行钱款交割。本案中即采用了"非法经营额"的追诉标准,从本案证据来看,被告人何某甲在第三方平台易宝支付平台进行注册,并绑定户名为"陈某娟"的银行账户,根据该平台调取的钱款交易记录,易付宝自 2013 年 11 月 10 日至 2014 年 3 月 5 日,收到充值款共计人民币 316461 元,被告人何某甲、厉某非法经营数额已达到人民币 25 万元以上。本案中被告人何某甲、厉某非法经营数额人民币 316461 元,属于"其他特别严重情节",依法应处 3 年以上 7 年以下有期徒刑,并处罚金。

八、杨某、唐某销售微软光盘案
——销售计算机软件的定性及同一性司法鉴定问题

(一)被告人基本情况及诉讼过程

被告人杨某,男,案发时 34 岁。因涉嫌犯侵犯著作权罪,于 2013 年 8 月 6 日被北京市公安局海淀分局刑事拘留,同年 9 月 11 日被北京市公安局海淀分局逮捕。

被告人唐某,男,案发时 28 岁。因涉嫌犯侵犯著作权罪,于 2013 年 8 月 6 日被北京市公安局海淀分局刑事拘留,于 2013 年 8 月 6 日被北京市公安局海淀分局决定取保候审,同年 11 月 18 日被本院决定继续取保候审。

北京市海淀区人民检察院以京海检刑诉〔2014〕0252 号起诉书指控杨某、唐某犯侵犯著作权罪,于 2014 年 12 月 24 日向人民法院提起公诉。

（二）检察机关认定的犯罪事实与意见

北京市海淀区人民检察院认定的犯罪事实：杨某一直在本市海淀区中关村经营电脑及相关配件，因销售盗版微软计算机软件利润丰厚，自 2013 年起，杨某雇用唐某在海淀区某小区内通过淘宝网销售微软公司计算机软件。杨某以人民币 40 元至 80 元不等价格购进 Windows 7、Windows Server 2008、Office 2010 等微软公司计算机软件后加价销售，唐某负责送货。2013 年 8 月，民警将二人抓获归案，并在上述地点起获微软计算机软件 4600 余张。经微软公司出具证明，起获的计算机软件均属于未经微软公司授权且非法使用微软公司注册商标软件，且均系非法复制的侵权产品。

北京市海淀区人民检察院当庭出示了以下证据：接受刑事案件登记表、到案经过、扣押清单、照片等书证，证人王某等人证言，被告人杨某、唐某供述和辩解等证据材料。

北京市海淀区人民检察院认为：被告人杨某、唐某销售盗版计算机软件，情节特别严重，其行为已触犯了《刑法》第 217 条之规定，犯罪事实清楚，证据确实、充分，应当以侵犯著作权罪追究其刑事责任。被告人杨某在共同犯罪中起主要作用，根据《刑法》第 26 条第 1 款、第 4 款之规定系主犯，应当按照其所参与的或者组织、指挥的全部犯罪处罚。被告人唐某在共同犯罪中起次要作用，根据《刑法》第 27 条之规定系从犯，应当从轻、减轻处罚。

（三）被告人辩解与辩护人意见

被告人杨某对公诉机关指控的事实提出异议，辩称公诉机关指控的光盘数量高于公安机关起获的光盘数量；对于公诉机关指控的罪名，其承认自己的行为构成犯罪，但因不懂法律，其不知道自己是何罪名。其辩护人发表的辩护意见为：第一，对公诉机关指控被告人杨某销售盗版计算机软件的事实不持异议；第二，起诉书指控的罪名有误，本案应以销售侵权复制品罪追究刑事责任；第三，被告人杨某带领民警将被告人唐某抓获，具有立功表现；第四，被告人杨某未进行交易就被抓获，住所起获的光盘也未销售，系犯罪未遂；第五，被告人杨某一贯表现良好，没有前科，犯罪时主观恶性较小，其到案后能如实供述自己的罪行，有坦白情节。综上，提请法庭对被告人杨某适用缓刑。

（四）法院裁判结果

2013年7月19日，北京市海淀区人民法院以侵犯著作权罪判处杨某判处有期徒刑3年，罚金人民币4万元；判处唐某有期徒刑有期徒刑2年，缓刑2年，罚金人民币1万元。二人均未上诉，检察机关未提出抗诉，判决发生法律效力。

（五）本案典型疑难问题法律适用解析

本案存在如下争议问题：

其一，应认定为侵犯著作权罪，还是销售侵权复制品罪？第一种观点认为，侵犯著作权罪的"销售"与销售侵权复制品罪的"销售"实质内涵不同。侵犯著作权罪的"销售"不能脱离"发行""复制发行"的语境，"销售"必须和"复制"相联系。因此，本案应认定为销售侵权复制品罪。第二种观点认为，根据相关司法解释的规定，"发行"包括总发行、批发、零售、通过信息网络传播以及出租、展销等活动，非法出版、复制、发行他人作品，侵犯著作权构成犯罪的，按照侵犯著作权罪定罪处罚。本案中，杨某、唐某购进盗版计算机软件后予以销售，系以营利为目的、未经软件著作权人许可而擅自发行他人作品，其行为完全符合侵犯著作权罪的犯罪构成。

其二，在犯罪嫌疑人住所起获的微软计算机软件是否需要与微软公司的产品进行同一性司法鉴定？第一种观点认为，需要逐一对起获的微软计算机软件与微软公司的产品进行同一性司法鉴定；第二种观点认为，不需要对起获的微软计算机软件与微软公司的产品进行同一性司法鉴定。

1. 关于第一个争议问题

笔者同意第二种观点，理由如下：

判断本案的定性应从刑事司法政策和现行法律规定综合予以考虑。目前，在我国刑法所有惩治销售行为的犯罪中，销售侵权复制品罪是唯一一个以"违法所得数额"作为定罪情节的。但从侦查取证角度看，要查明售侵权复制品的违法所得数额巨大是很困难的。违法所得数额要求经营者将销售金额扣除一切成本，但很多经营者不记账，或者只记录一些数字，很难查清购买、销售的数量和金额，这在某种程度上宣布销售侵权复制品罪是"死亡条款"。因此，若要求侦查机关取得对这种销售侵权复制品的行为入罪所要求的违法所得数额巨大标准的证据，司法实践不可避免产生刑法对知识产权保护力度不够，对打击贩卖盗版计算机软件现象不利的弊端，这与我国目前界定和打击侵犯知识产权犯罪"犯罪门槛降低、打击力度增大"总体趋向明显不符。

同时我们注意到，2007年最高人民法院、最高人民检察院颁布的《关于办理侵犯知识产权刑事案件具体应用法律若干问题的解释（二）》第2条规定，"刑法第二百一十七条侵犯著作权罪中的'复制发行'，包括复制、发行或者既复制又发行的行为"；2011年最高人民法院、最高人民检察院、公安部印发《关于办理侵犯知识产权刑事案件适用法律若干问题的意见》第12条"关于刑法第二百一十七条规定的'发行'的认定及相关问题"规定，"'发行'，包括总发行、批发、零售、通过信息网络传播以及出租、展销等活动。

非法出版、复制、发行他人作品,侵犯著作权构成犯罪的,按照侵犯著作权罪定罪处罚,不认定为非法经营罪等其他犯罪"。将批发、零售等行为解释为"发行"行为,使得销售侵权复制品的行为符合《刑法》第 217 条侵犯著作权罪的犯罪构成。笔者认为,问题的根源来自于《刑法》第 218 条定罪情节的不科学性,而司法解释作出了恰当合理的补充。

因此,本案依法应定性为侵犯著作权罪。

2. 关于第二个争议问题

笔者同意第二种观点,理由如下:

依照现有证据足以认定杨某、唐某销售的为盗版微软计算机软件。首先,杨某此前一直在中关村地区经营电脑及相关配件,其对微软的相关计算机软件理应十分清楚,知道也应当知道正版软件和盗版软件的区别,综合涉案微软计算机软件的进货渠道、进货和销售价格、销售方式和嫌疑人本身的经营资质等方面,可以认定其销售的为盗版的微软计算机软件。

其次,从公安机关移送的侦查卷宗所附照片及搜查录像可知,起获的计算机软件大部分含有微软公司的相关标识,且本案涉案软件已经由微软公司出具相关鉴定证明,能够证实公诉机关认定的涉案软件均为盗版微软公司的计算机软件。

最后,根据一般社会常识可知,目前市面上主流计算机操作软件和文档处理软件均为微软公司生产,犯杨某、唐某只是一般学历,没有知识能力独立开发新的计算机软件或对微软计算机软件进行实质性再开发。

因此,尽管本案没有对起获的计算机软件逐一进行同一性司法鉴定,但依据现有证据足以认定现场起获的软件均为盗版微软计算机软件,侵犯微软公司的著作权。

九、王某小说网站侵权案
——网络文字作品同一性司法鉴定问题

(一) 犯罪嫌疑人基本情况及诉讼过程

犯罪嫌疑人王某,男,案发时34岁。因涉嫌犯侵犯著作权罪,于2013年3月13日被北京市公安局海淀分局刑事拘留,同年4月17日被北京市公安局海淀分局逮捕。

(二) 检察机关认定的犯罪事实与意见

北京市海淀区人民检察院认定的犯罪事实:2011年6月起,王某未经著作权人许可,在其经营的"文轩阁"网站(网址为http://www.wed874.com)复制发行他人文学作品。其在未取得上海玄霆娱乐信息科技有限公司(服务器所在地在海淀)许可的情况下,运用"关关采集"自动采集软件,大量复制"起点中文网"各类小说存储在其服务器上供用户免费浏览,并通过同百度广告联盟合作的方式按照广告点击量收取广告费,共计人民币37074.62元。

2013年3月,王某在云南省宣威市某小区被民警抓获。经公安机关勘验,"文轩阁"网站内有作品20334部,但只将作品名称勘验保存,未对网站服务器内的作品内容进行保全。上海玄霆娱乐信息科技有限公司经过比对"作品名称"和"作者笔名",主张"文轩阁"网站侵犯该公司享有独家信息网络传播权的作品共3843部。

(三) 案件处理结果

该案证据不足、事实不清,不能形成完整的证据链,不能排除合理怀疑。因此,依据《刑事诉讼法》第171条第4款规定,北京市海淀区人民检察院依法对王某作存疑不起诉处理。

(四) 本案典型疑难问题法律适用解析

本案的争议问题在于：同一性司法鉴定是否是办理网络文字作品类著作权刑事案件的关键证据？

第一种观点认为：在通过网络侵犯文字作品著作权的刑事案件中，涉案网站通常都是盗版小网站，没有ICP备案和《互联网出版许可证》等经营许可资质，犯罪嫌疑人按月租赁服务器，并通过与广告联盟合作的形式赚取广告费。公安机关能够勘验到涉案网站运用自动采集软件在互联网复制作品，并且将涉案网站侵权作品的目录进行了勘验保存，同时权利人通过比对"作品名称"和"作者笔名"能够认定一定数量的侵权作品，因此，即使不对涉案作品与权利人作品的内容进行同一性比对，也可以认定犯罪嫌疑人侵权的事实。

第二种观点认为：对作品进行同一性司法鉴定是该类案件定罪量刑的关键证据，如果不能作出司法鉴定，即使犯罪嫌疑人承认侵权事实，也不能认定犯罪嫌疑人构成犯罪。

笔者同意第二种观点，理由如下：

第一，对作品进行同一性司法鉴定是该类案件定罪量刑的关键证据。公安机关在前期勘验、检查中对"文轩阁"网站进行了勘验，勘验到该网站拥有2万余部作品名称及每部作品的作者、点击量、网站会员人数、网站收入及网站采集软件，但一直未对该网站的服务器进行勘验或司法鉴定。虽然公安机关勘验到"文轩阁"网站使用"关关采集软件"，据王某供述"关关采集软件"自动采集其他网站上的作品，并将自动采集后的作品复制到王某网站的服务器内，由此可以推断王某网站上的作品是包含实质性内容的。但由于目前无法实际获得上述作品内容，也无法将涉案网站作品与权利公司作品进行同一性比对，以确定在"作品名称"和"作者笔名"上存在相似性的涉案作品与权利公司享有独家信息网络传播权作品的内容是否完全相同或具有实质性相似。由于公安机关没有及时取证，现已无法打开"文轩阁"网站，该项工作无法补充。

第二，虽然权利公司上海玄霆公司通过比对"作品名称"和"作者笔名"，认定涉案网站侵犯该公司享有独家信息网络传播权的作品共 3843 部，但实践中文学作品存在同名情况不在少数，且由于权利公司与本案存在利害关系，仅有这份证据无法实际查清涉案网站作品的实际内容，也难以作为定罪量刑的依据。

因此，现有证据无法证实涉案网站上的文学作品与权利公司享有独家信息网络传播权作品的内容完全相同或具有实质性相似。

第四章　假冒专利罪案件办理实务

· **刑法核心法条** ·

第二百一十六条　假冒他人专利，情节严重的，处三年以下有期徒刑或者拘役，并处或者单处罚金。

第一节　假冒专利罪的证据审查

一、假冒专利罪的证明对象与证明标准

假冒专利行为侵害了国家专利管理制度，违背了专利权人的意志，更侵犯了专利权人的专利权，同时假冒专利产品对使用该产品的消费者的人身财产权益也造成了危害，刑法对假冒专利犯罪作出规定，正体现了对专利权的法益保护。作为假冒专利罪的犯罪对象，专利具体包括了发明权、实用新型专利权、外观设计专利权，具备新颖性、创造性和实用性的特点。专利产品在公众中有较高的信誉，行为人利用公众对专利产品的信任感，假冒专利，使公众相信自己的产品是专利权人生产、使用或者销售的，或者是经专利权人许可生产、使用或销售的，从而牟取巨额的非法利益。具体应注意审查以下几个方面：

（一）证明对象与证明标准

1. 客观方面

（1）未经专利权人许可

作为本罪侵犯对象的专利必须是已向国家专利管理机关提出申请并经专利管理机关审核批准的。申请的方式必须是文字的，口头申请无效。其中，申请发明或者实用新型专利，应当提交申请书、说明书及其摘要和权利要求书等文件；申请外观设计专利的，应当

提交申请书以及该外观设计的图片或者照片等文件，并应当写明使用该外观设计的产品及其所属类别。未提出过申请，以口头方式提出申请，以及虽然以文字方式提出申请，但未经有批准权限机关批准的专利，不受法律保护。与此同时，专利权作为一种无形财产权，可以有偿或无偿转让，也可以通过签订实施许可合同许可他人使用。如果行为人已经得到专利权人同意，只是未按法定程序办理有关手续或者未向专利权人支付使用费，只是一般形式上的违法问题或者属于专利实施许可合同纠纷，不构成本罪。因此，在审查犯罪嫌疑人是否取得专利权人的许可方面，要针对专利申请文件、专利申请方式、涉案专利证书权利许可范围、专利转授权情况等方面进行重点核实。

（2）假冒专利的行为必须是发生在专利权期限内

根据我国法律的规定，专利权人只能在法定的期限内享有对其发明创造专有利用的权利。《专利法》第42条对专利权的期限作了具体的规定。发明专利权的期限为20年，自申请之日起计算；实用新型和外观设计专利的期限为10年，自申请之日起计算。因此，在审查专利权期限时，要首先明确专利权的内容系发明专利还是实用新型和外观设计专利，进而核实专利权的申请时间和有效期。

（3）犯罪嫌疑人实施了假冒专利的行为

根据最高人民法院、最高人民检察院《关于办理侵犯知识产权刑事案件具体应用法律若干问题的解释》第10条的规定，"假冒他人专利"的行为包括：

①未经许可，在其制造或者销售的产品、产品的包装上标注他人专利号的；

②未经许可，在广告或者其他宣传材料中使用他人的专利号，使人将所涉及的技术误以为是他人专利技术的；

③未经许可，在合同中使用他人的专利号，使人将合同涉及的

技术误认为是他人专利技术的;

④伪造或者变造他人的专利证书、专利文件或者专利申请文件的。

具体办案中,针对犯罪嫌疑人假冒专利行为的考察,要结合犯罪嫌疑人的供述和辩解、权利公司及购买者的证言等方面,通过对具体行为方式进行实质分析来加以判定。

(4) 假冒专利罪必须情节严重

这是构成此罪的法定要件之一,如果尚未达到情节严重的程度,则只属于一般违法侵权行为,不构成犯罪。实践中如何认定情节严重,应结合犯罪主客观因素和后果进行综合分析和判断。需要说明的是,最高人民法院、最高人民检察院《关于办理侵犯知识产权刑事案件具体应用法律若干问题的解释》第4条对"情节严重"作了如下规定:

①非法经营数额在20万元以上或者违法所得数额在10万元以上的;

②给专利权人造成直接经济损失50万元以上的;

③假冒两项以上他人专利,非法经营数额在10万元以上或者违法所得数额在5万元以上的;

④其他严重的情形。

在核实非法经营数额、违法所得数额方面,要充分结合购买人、权利公司的证言、犯罪嫌疑人的供述和辩解以及侵权人的进货及销售账目、订购合同、交易流水等相关书证综合认定。对于能查找到明确购买者和支付交易记录的,以实际销售价格计算。若在案证据均无法体现销售价格,应要求价格鉴定部门对假冒专利产品进行价格鉴定。

在核实直接经济损失方面,要调取权利公司能够证明损失情况的相关书证,必要时要求审计部门予以审计。

2. 主观方面

本罪主观方面要求犯罪嫌疑人具有故意。在具体办案中，除犯罪嫌疑人自认外，可以结合客观证据认定犯罪嫌疑人的主观故意，具体体现为：

（1）犯罪嫌疑人使用专利号的行为未得到专利权人的许可，或者许可系伪造、变造的；

（2）犯罪嫌疑人向购买人表明自己系授权使用他人专利号，或者在产品包装、宣传材料上使用他人专利号的；

（3）以明显低于市场价格销售的；

（4）案发后转移、销毁物证或者提供虚假证明、虚假情况的；

（5）曾收到专利权人、消费者警告或投诉仍继续实施侵权行为的；

（6）从事该行业工作的时间，即有无类似从业经历，时间长短、业务知识及从业经验等。

（二）常见证据种类及审查要点

1. 犯罪嫌疑人供述和辩解

（1）犯罪嫌疑人是否经过专利权人许可及许可的内容，专利许可是否系伪造、变造，专利许可取得是否有威胁、诱骗或强迫等因素；

（2）犯罪嫌疑人有无在制造或者销售的产品、产品的包装上或广告等宣传材料上标注他人专利号的行为；

（3）犯罪嫌疑人有无在签订合同中使用他人的专利号的行为；

（4）犯罪嫌疑人是否伪造或者变造他人的专利证书、专利文件或者专利申请文件；

（5）犯罪嫌疑人用于生产、制造假冒专利产品的原材料、专利号、专利标识的来源、价格、数量，有无进货凭证、进货单据、打款记录等支付结算方式；

（6）犯罪嫌疑人假冒专利的地点、时间和生产的产品数量、种类、价格，有无销售单据、账本等记录；

（7）其他同案犯罪嫌疑人参与的时间、所起的作用。

2. 被害人陈述

（1）专利权的有效期、许可范围及专利转授权的情况；

（2）是否授权犯罪嫌疑人使用其专利的情况；

（3）发现犯罪嫌疑人犯罪行为的过程；

（4）是否购买过假冒专利产品，购买的时间、地点、价格，犯罪嫌疑人是如何介绍产品的；

（5）是否与犯罪嫌疑人进行过交涉，如书面通知、传真警告函等。

3. 证人证言

（1）购买人证言，核实购买人购买产品的时间、地点、数量、价格，犯罪嫌疑人如何向购买人介绍产品的；

（2）知情人证言，核实原材料的购进、上家信息、购进金额等信息，了解销售渠道、时间、地点、价格等，审计人员对公司年审的情况、缴税证明等；

（3）房东证言，核实犯罪嫌疑人租住房间的时间、租期、缴费方式、缴费人，调取租赁合同、缴费单据等。

4. 物证、书证

（1）假冒的专利号、专利标识；

（2）专利证书、专利文件、专利申请文件等相关材料，被害人及代理公司报案材料；

（3）现场起获的假冒专利产品、包装、数量，与产品生产、销售相关的厂房、店铺、设备、半成品、原材料等；

（4）销售广告及相关的宣传资料、产品使用说明书，核实是否存在使用他人专利号的情况；

（5）调取犯罪嫌疑人与购买人签订的合同，核实是否存在使用他人专利号的情况；

（6）调取报价单、进货单、订购合同、出货单、销售合同、账本等，查看假冒专利产品是否有价签，核实涉案产品的销售价格；

（7）犯罪嫌疑人与权利人签署的和解书，权利人出具的谅解书、赔偿证明材料等。

5. 鉴定意见

（1）对涉案专利号、专利标识进行真伪鉴定；

（2）对假冒专利产品进行价格鉴定；

（3）对有关书证的文检、痕检鉴定意见，证明专利权人签章、许可协议等是否是伪造、编造或虚假的；

（4）对涉案专利证书、专利文件或专利申请文件进行鉴定，证明上述文件是否系伪造、变造的。

6. 勘验、检查笔录和电子数据

（1）对假冒他人专利的现场进行勘验、检查；

（2）若涉及网络销售，应提取网店销售记录、网店商品及价格截图，并需通过勘验检查笔录来说明提取的过程，并用电子数据形式固定证据。

二、假冒专利罪证据审查常见问题

（一）关于权利公司及侵权公司主体身份及专利产品情况的证据审查

关于主体身份方面，应重点核实权利公司的营业执照、组织机构代码及税务登记证，侵权公司确切的名称、地址、企业性质、注册资金及经营范围等。关于专利产品的情况方面，需要核实侦查机关是否调取到专利产品的权利要求书、说明书，专利的授权状态及专利登记情况，特别是权利公司申请专利时的相关附图及说明以及专利证书、专利年费缴纳单据。

（二）对侵权人主观方面的证据审查

在审查此类案件中，要通过审查侵权人的供述及辩解、相关证人证言，并结合侵权人的客观行为及危害后果等方面进行主观上的推定。特别要明确假冒专利罪与未经专利权人许可，实施其专利的侵权行为在主观方面有着明显不同。后者大致包括以下情况：实施人因缺乏有关法律知识而实施某项专利；实施人虽然懂得专利保护的有关知识，但出于早生产、早赢利思想的支配，先上马，后协商；实施人业已与专利权人协商，但意见不一，未达成协议，即先上马生产或者使用。

而假冒专利犯罪行为则不同，行为人主观上一开始就企图以假充真，采用模拟、仿造等假冒手段，在非专利产品或其包装上标明专利标记或专利号，而事败之后多数当事人则不承认其过错，或最多承担一部分经济赔偿责任，以逃避刑事制裁。

未经专利权人许可，实施其专利的侵权行为与假冒专利罪的根本区别是，前者是在未经专利权人许可情况下实施了专利权人的权利，后者则是假冒专利人的专利，主观上有假冒他人专利的故意，用假冒手段实施以假充真的所谓"专利产品"，甚至为达到挤垮同类的专利产品的目的，故意生产一部分劣质产品假冒他人专利产品投放市场，损害专利产品的声誉。在一些案件中，经查证属实后仍拒不交代其犯罪行为或不积极给予专利权人（利害关系人）赔偿损失的，也可推定其具有主观恶性。

（三）对侵权时间和侵权内容的证据审查

在审查假冒专利罪的司法实践中，要与同专利有关的侵权行为做到明确区分。因此，在审查证据时，要特别注意到专利权人何时取得专利权，侵权行为发生在专利申请期间还是专利权授予后，侵犯的是专利权人的标记权还是处分权、独占权及收益权。

专利申请过程中发生的侵犯专利申请权的行为，不具有假冒他人专利、侵犯专利标记管理制度和专利权人的专利标记权的性质。因为假冒他人专利行为成立的前提条件是有效专利的存在，一项发明创造在被专利主管机关确认为专利之前，该发明创造还不是"专利"，不受专利法保护，因此，在专利申请过程中发生的侵犯专利申请权的行为不是假冒专利行为、不形成对专利标记管理制度和专利权人的专利标记权的侵犯，当然也就不会构成假冒专利罪。

在专利权授予后的专利侵权行为。专利权人以外的其他人对专利权人专利权的侵犯包括对独占权、处分权、标记权和收益权的侵犯。根据《专利法》第11条的规定，专利权人享有的独占权包括制造权、使用权、许诺销售权、销售权、进口权以及禁止权。任何人未经专利权人许可，擅自制造、使用、许诺销售或销售专利产品或利用专利方法生产出来的产品的行为都是对专利权人独占权的侵犯。专利权人的处分权，包括转让权、许可权和放弃权，侵犯专利权人的转让权、许可权和放弃权的行为是侵犯专利权人处分权的行为。专利权人的标记权，是专利权人在其专利产品或该产品的包装上注明专利标记和专利号的权利，如果擅自在未取得专利权的产品上标注他人已经取得的专利标记和专利号，则构成对专利权人标记权的侵犯。专利权人的收益权，是指专利权人有权通过对自己专利产品或专利方法的使用和处分获取报酬，如果职务发明人所在单位不按规定给予职务发明人奖励和报酬，被许可实施人或专利受让人违反法律规定或双方约定，拒不给付专利权人报酬，或以欺诈手段拖延给付或减少给付数额，都属于对专利权人收益权的侵犯。

需要注意的是，上述专利权授予后的各种专利侵权行为中只有对专利标记管理制度和专利权人标记权的侵犯才是假冒他人专利的行为；并且根据《刑法》第216条的规定，假冒他人专利的行为只有情节严重的，才能以犯罪论处，追究行为人的刑事责任，否则只能是一般专利侵权行为。如果行为人只是侵犯了专利权中的独占权、处分权、收益权，那么也都只是一般意义上的侵犯专利权的行为，属于一般违法行为，行为人只能承担民事或行政责任，即使这些行为的性质和情节再严重也与假冒专利罪无关；只有在行为人侵犯了专利权中的专利标记权才有可能构成假冒他人专利的行为，此行为只有在情节严重的情况下才可能构成假冒专利罪，这是明确假冒专利罪的关键之处。

（四）对非法经营数额或违法所得数额的证据审查

假冒专利罪的最直接目的，就是假冒他人专利牟取非法暴利，获取经济利益。因此，在审查假冒专利犯罪案件时首先要考虑侵权人非法经营数额或违法所得数额。在审查此类案件时，要通过调取侵权公司的销售记录或账本、网络交易信息，提取购买者的证言及购买记录，结合侵权人的供述，核实确定具体的销售单价及数量，以此来确定涉案专利产品的非法经营数额。针对一些案件中，提取到的财务账册等书证不规范，无法明确经营数额时，也可以采用计算违法所得数额的方式，一般根据侵权产品的销售量乘以每件侵权产品的利润确定。侵权人因侵权所获得的利润一般按照侵权人的营业利润计算，对于完全以侵权为业的侵权人，可以按照产品销售利润计算，但考虑到财务费用、管理费用一般在企业支出中占有相当大的比例，因此，应当将其从侵权所获利润中相应减掉，即按照营业利润计算。在许多案件中，侵权人除生产侵权产品外还有其他产品，但其财务账册中反映的费用是企业支出的总费用，这就需要根据实际情况从中划分出合理分摊到侵权产品上的费用，必要时委托审计部门进行审计。同时，还应当注意专利在侵权产品中所起的作用或所占的位置，若专利只在侵权产品的某一小部分上被实施的，则不宜将销售该产品的所有利润都确定为侵权违法所得数额。针对此，笔者认为，一方面需要调取权利公司专利研发人员及负责生产的员工证言，另一方面要求委托审计部门针对专利所占份额进行审计，实现计算侵权违法所得数额的科学化。

（五）对给专利权人或利害关系人造成损害情况的证据审查

假冒专利行为抢占专利产品市场，影响专利产品销售，给专利权人或利害关系人造成的不仅是直接经济损失。不同于其他财产犯罪，假冒专利犯罪造成的犯罪损害并非直接表现为有形财产的损坏或减少；在绝大部分情况下，假冒专利行为对专利权人造成的损害都表现为显性损失和隐性损失并存。就目前的有关司法解释和司法实践来看，损失数额的计算方法主要有以下几种：其一，专利权人因被侵权而实际受到的经济损失，包括显性损失和隐性损失，此种方法适用于两种损失均比较容易计算的情况。其二，以合理的专利使用费作为损失标准，即以专利权人合理转让某一区域专利使用费为参照值，追偿侵权行为人在同等范围内侵权造成的损失。这种计算方法适用于侵权行为人的侵权产品销售比较集中，且同等区域专利权有合理转让标准的案件。其三，以侵权人因侵权而获得的全部利润作为专利权人的损失，这是对侵权人因侵权行为获利的全额追偿，换言之，侵权人以侵权期间的全部利润赔偿专利权人的损失。这种方法适合于侵权产品销路较广，且管理比较正规、账目比较清楚、利润计算比较合理的案件。

（六）关于对鉴定意见的证据审查

在办理假冒专利罪案件时，要特别注意对鉴定主体及鉴定内容的审查。因为假冒专利罪涉及复杂的专利方案及技术特征对比问题，涉嫌假冒的专利是否与具有专利权的专利具有相同性，是罪与非罪的关键证据，需要权威鉴定机构对涉嫌侵权的假冒专利进行鉴定。当前国内具有鉴定资格的鉴定机构较多，但对其权威性却没有统一规定。既有社会民间鉴定机构，也有法院以及公安机关各自认可的司法鉴定机构。现实中，公安机关在案件侦查阶段，可能指定其自身认可的鉴定机构作出鉴定；然而在法院审理阶段，如果被告人质疑公安机关所指定的鉴定机构的权威性以及鉴定结论的效力，请求法院重新作出鉴定，则有可能出现鉴定结论前后不一致的情况。原因是不同的鉴定机构对于所确认的专利技术特征的对比点可能不同，可能导致无法定罪。因此，在办理此类案件的过程中，应首先确定公、检、法三家均认可的具有较强权威性的鉴定机构，以做到鉴定结论的前后一致。

第二节　假冒专利罪的法律适用

一、假冒专利罪的定罪量刑标准

假冒专利罪的法定刑只有一档：行为人假冒他人专利，情节严重的，处3年以下有期徒刑或拘役，并处或者单处罚金。

以下情形属于情节严重：

（1）非法经营数额在20万元以上或者违法所得数额在10万元以上的；

（2）给专利权人造成直接经济损失50万元以上的；

（3）假冒两项以上他人专利，非法经营数额在10万元以上或者违法所得数额在5万元以上的；

（4）其他情节严重的情形。

罚金数额标准：一般在违法所得1倍以上5倍以下，或者按照非法经营数额的50%以上1倍以下确定。

二、假冒专利罪的犯罪构成及疑难问题解析

（一）假冒专利罪的犯罪构成要件

1. 客观方面

根据我国《刑法》第216条的规定，假冒专利罪就是指假冒他人专利、情节严重的行为。假冒专利罪的客观方面是基于刑法对法

益的保护，而确立的此罪所必须具备的客观事实特征包括假冒专利行为、犯罪对象、危害结果等。

(1)"专利"的认定

专利，是指通过法定程序申请，并经国家批准，申请人因而对之享有独占权的发明创造，包括发明、实用新型、外观设计三种。根据《专利法实施细则》的规定，发明，是指对产品、方法或者其改进所提出的新的技术方案；实用新型，是指对产品的形状、构造或者其结合所提出的适于实用的新的技术方案；外观设计，是指对产品的形状、图案或者其结合以及色彩与形状、图案的结合所作出的富有美感并适于工业应用的新设计。

本罪的对象还包括专利权人的专利标记和专利号。专利标记是国家规定或专利权人设计的用于表明是专利产品的图形（文字）；专利号是专利局对取得专利权的专利所授予的一种序号，这个序号是唯一的，每个序号对应一种专利，每件专利对应一个序号。专利标记和专利号只能依法由专利权人在其专利产品或专利产品包装上使用，任何单位和个人都不得在非专利产品或包装上使用，或以其他非法形式使用。

(2)"假冒他人专利行为"的认定

行为人必须有假冒他人专利的行为。所谓假冒他人专利，是指在自己的产品、方法或者外观设计上标明他人已取得专利权的专利标记和专利号，冒充他人专利的产品、方法或外观设计的行为。它包括假冒他人的发明专利、假冒他人的实用新型专利、假冒他人的外观设计专利三种。

假冒他人专利的行为表现形式如下：第一，未经许可，在其制造或销售的产品、产品的包装上标注他人的专利号；第二，未经许可，在广告或其他宣传材料中使用他人的专利号，使人将所涉及的技术误认为是他人的专利技术；第三，未经许可，在合同中使用他人的专利号，使人将合同涉及的技术误认为是他人的专利技术；第四，使用伪造、变造的他人的专利证书、专利文件。

如果不是假冒他人的专利，而是把自己生产的非专利产品凭空捏造一个不存在的专利标记或专利号，谎称为专利产品，则不构成本罪，而是冒充专利的行为。如果假冒他人已过期的专利，也不能构成本罪，因为专利超过了法律规定的有效期限后，就不再受法律保护。

（3）"情节严重"的认定

根据2004年12月8日最高人民法院、最高人民检察院《关于办理侵犯知识产权刑事案件具体应用法律若干问题的解释》，假冒他人专利，下列情况属于情节严重：一是非法经营数额在20万元以上或者违法所得数额在10万元以上的；二是给权利人造成直接经济损失在50万元以上的；三是假冒两项以上专利，非法经营数额在10万元以上或者违法所得数额在5万元以上的；四是其他情节严重的情形。

2. 主观方面

（1）关于"故意"或"过失"的认定

本罪的主观方面为故意，即行为人明知未经他人许可，并且对自己的假冒他人专利、侵犯专利标记管理制度和专利权人的专利标记权的行为的后果已经预见，但仍然希望或放任该种结果的发生，包括直接故意和间接故意。如果是由于过失而在专利产品上标错了专利标记或专利号，或者在非专利产品上误用了他人的专利标记或专利号，则不构成本罪。

实践中发生的假冒他人专利行为多是在一定利益驱动下的能动的行为，这就决定了在通常的情况下，假冒专利罪的罪过只能是直接故意。行为人明知是他人有效的专利标记或专利号，明知自己未征得专利权人的同意，为了获取非法利益或损害专利权人的声誉，仍然实施假冒他人专利、侵犯专利标记管理制度和专利权人的专利标记权的行为,此为行为人假冒他人专利之直接故意的心理状态。但是,间接故意的罪过形式也不能绝对排除。当行为人在实施冒充专利的行为过程中,明知其虚构的专利号有可能与专利权人在同类产品上标记的专利号相吻合,从而导致他人的专利被假冒、专利标记管理制度和专利权人的专利标记权被侵害,却放任这一危害结果的发生,此为行为人假冒他人专利之间接故意的心理状态。

如果行为人是出于过失,即由于疏忽大意而在其产品上或产品包装上错印了自己的专利号而造成与他人的专利号相同,此时,行为人不具有任何目的,主观恶性很小甚至没有,此行为不具有或仅有很小的社会危害性,因此,对此行为不能认定犯罪而予以处罚。

(2) 关于"共同故意"的认定

所谓共同的犯罪故意,是指各行为人通过意思的传递、反馈而形成的,明知自己是和他人配合共同实施犯罪,并且明知共同的犯罪行为会发生某种危害社会的结果,而希望或放任这种危害结果发生的心理态度。当然,由于本罪在主观方面大多数情况下只能是直接故意,就要求行为人主观上希望这种危害结果的发生。一个专利的出现,由于其潜在的经济价值,往往会吸引不少非法之徒进行仿冒、伪造;同时由于专利技术的公开性,更使许多人有了可乘之机,可以轻而易举地获得专利技术的资料。

司法实践中要结合具体案件认定是否构成共同犯罪,关键在于行为人之间是否有共同的犯罪故意。因为可能有几个侵权人联合共同生产假冒专利权的产品,但也有可能是各侵权人自己进行生产,谋求非法利润。所以,即使这数个侵权人都实施了假冒的行为,如果他们之间没有共同的犯罪故意,就应该分别对他们定罪量刑,而不作共同犯罪论处;反之,则以共同犯罪处理。

(3) 关于"目的"的认定

本罪的主观方面是否包括以非法营利为目的，笔者认为目的和动机只具有量刑的参考价值，不是定罪的要件之一。因为在实践中发生的假冒专利案件，行为人有的是为了非法营利，有的是为了报复竞争对手、损害专利权人的声誉，因此，目的和动机如何不影响本罪的成立。

(二) 疑难问题解析

1. 划清本罪与正当行为的界限

专利制度的本质在于以法律制度的形式促进科学技术的发展，所以一方面以法律手段确认对技术实施的垄断，另一方面以书面的方式实现对技术信息及技术权利状态的公开。然而，专利制度为了平衡个人利益与社会利益，在赋予专利权人一定的专利垄断权的同时又对专利权人的权利作了一些限制，即规定了一些有益于社会公共利益的合理使用行为。

对专利的合理使用行为是一种正当行为，该正当行为是依法作出的不具有社会危害性的合法行为，一般不会对专利标记管理制度和专利权人的专利标记权造成侵害。有些行为虽然给专利权人造成了损失，但也是在法律允许的范围之内的。根据我国《专利法》第69条的相关规定，下列行为属于正当行为：一是专利用尽后的使用和销售；二是先用权人的制造、使用和销售；三是临时通过我国的外国运输工具运行中专利的使用；四是非营利实施，即专为科学研究和实验而使用有关专利的；五是善意第三人的使用和销售，即"为生产经营目的使用或销售不知道是未经专利权人许可而制造并售出的专利产品或者依照专利方法直接获得的产品，能证明其产品来源的，不承担赔偿责任"；六是强制许可，即根据《专利法》第六章的规定获得专利实施强制许可的。此六种正当行为都不构成对专利标记管理制度和专利权人的专利标记权的侵犯，所以不能构成假冒专利罪。

而假冒专利罪则是单位或个人故意违反专利标记管理制度，谎称自己已获得某些发明创造的专利权，而该专利权实为他人享有，从而侵犯他人的专利标记权，情节严重的行为。由此，假冒专利罪与正当行为之间的界限应当是非常明显的。

2. 划清本罪与冒充专利行为的界限

假冒专利罪中假冒他人专利的行为不应该包括冒充专利的行为，即冒充专利的行为不能构成假冒专利罪。这是因为假冒他人专利的行为与冒充专利的行为具有本质的区别。

所谓冒充专利，是指将非专利产品冒充专利产品或者将非专利方法冒充专利方法的行为。冒充专利的行为最根本的特征在于行为人所冒充的专利根本不存在，正是由于冒充专利行为中的"专利"实际并不存在，因而就不会发生对他人专利权的侵犯。这种行为会对国家有关专利管理制度造成侵害，而且在某种程度上对公众的欺骗以及对国家和社会公共利益损害更大，从本质上说这种行为纯粹是对消费者的欺骗行为，而不是对他人专利权的直接侵害。此外，对于冒充专利的行为，我国专利法及专利法实施细则均明文规定由专利管理机关责令停止冒充，消除影响，情节严重的，给予一定的行政处罚。也就是说，我国相关法规并没有为冒充专利的行为设定刑事责任。

综上，假冒专利的行为侵犯的是国家的专利管理制度和他人的专利专用权，因此该行为成立的前提是存在合法有效的专利。而冒充专利的行为是以非专利产品冒充专利产品、以非专利方法冒充专利方法，由于其所冒充的专利根本就不存在，因而不发生对他人专利权的侵犯。因此，冒充专利的行为不构成本罪。

3. 假冒专利罪的既未遂问题

所谓犯罪既遂，是指行为人所着手实行的犯罪行为具备了具体犯罪构成全部要件的情况。这就是说，既遂与未遂区别的标志，就是犯罪实行行为是否具备了犯罪构成的全部要件，具备的是既遂，未能完全具备的是未遂。根据《刑法》第216条之规定，假冒专利罪是情节犯。刑法理论界普遍认为，对于情节犯只有是否到达情节严重的标准、是否构成犯罪之说，不存在区分既未遂形态的问题。赵秉志教授认为："在具备实行行为的基础上若又具备了法定的'情节'要件，不但标志着构成犯罪，而且也符合了犯罪构成的全部要件，达到了法定的完成犯罪的状态，由于法定的'情节'要件既是构成这类犯罪的必备要件，同时又是既遂与未遂的区别。"陈兴良教授也指出："情节犯是指以一定的严重或恶劣的情节作为犯罪构成必备要件的犯罪。在立法上，以情节作为区分罪与非罪的界限，主要是为限制定罪的范围，因而具有收缩犯罪圈的功能。"综上，笔者认为，假冒专利罪不存在既遂与未遂之分，也就是说，不存在犯罪未遂。

4. 自诉程序问题

依据最高人民法院、最高人民检察院《关于办理侵犯知识产权刑事案件具体应用法律若干问题的解释》，假冒他人专利的行为必须达到"情节严重"。对于严重危害社会秩序和国家利益的侵犯知识产权行为，被害人可以向专利行政部门报案，如果侵权行为已经达到刑法的"情节严重"标准，专利行政部门则应将案件移送公安机关，公安机关经过补充侦查后正式向人民检察院依法移送审查起诉。被害人有证据证明的侵犯知识产权刑事案件，可以直接向人民法院起诉的，人民法院应当受理。

然而受制于提起刑事自诉的能力和条件的限制，知识产权权利人可以提起刑事自诉的规定形同虚设。其主要原因在于法律赋予专利权人在满足法定条件的情况下启动自诉的权利,但同时也要求权利人负担自己举证的义务。刑事案件适用"排除合理怀疑原则",即法官对于定罪有任何合理怀疑,都无法定罪。通常的刑事公诉案件,法官据以定案的证据是由国家权力机关行使公权力获得的,但是权利人仅仅是普通公民而已,没有逮捕权,也没有搜查权,相比国家权力机关而言,其收集、固定证据的能力及可能性显然就会低得多。

第三节　典型案例评析

一、周某某等假冒专利案
——假冒专利罪的构成要件之认定

（一）被告人基本情况及诉讼过程

周某某，男，1965年4月4日出生于湖北省荆沙市，汉族，高中文化，成都市武侯区乐凯保温制品厂（个体性质）负责人，住四川省成都市锦江区纯阳观街75号。1999年9月16日被拘留，同年10月5日被逮捕，后羁押于阳谷县看守所。

（二）检察机关认定的犯罪事实及意见

1999年5月至9月，被告人周某某未经中国ZL-95229146.0号实用新型专利权人卢某某许可，擅自组织生产侵犯该专利权的乐凯牌双层艺术玻璃口杯，并分别销至河北、江西、成都等地，共销售3168只，非法经营数额281673.5元。阳谷县人民检察院认为，被告人周某某的行为已构成假冒专利罪。

（三）被告人辩解与辩护人辩护意见

被告人周某某辩解称，自己是合法生产乐凯口杯，并未假冒卢某某的专利，公诉意见指控其犯假冒专利罪不能成立，其不应承担任何刑事、民事责任。

辩护人辩护意见：(1) 被告人周某某是合法生产销售乐凯口杯，没有假冒卢某某的专利。成都市武侯区乐凯保温制品厂是合法注册的个体企业，乐凯口杯用"乐凯"牌商标是由商标所有人河北开元实业有限公司授权使用，生产乐凯口杯使用的杯体是自滕州天元瓶盖厂购进的，被告人周某某也是按与河北开元实业有限公司的协议生产、销售乐凯口杯。(2) 山东省专利管理局的专利侵权咨询鉴定书不能作为认定被告人周某某侵犯卢某某专利的证据使用。一是因为该鉴定书只是将乐凯口杯的说明书、技术特征与卢某某专利的发明目的、技术特征、保护范围作了对比，而没有反映乐凯口杯的技术来源。二是因为鉴定书使用假言判断等不确切的语句，不符合证据的要求。(3) 1999 年 5 月 13 日被告人周某某向中国专利局专利复审委员会请求宣告卢某某专利无效，是依专利法享有的权利，不能因此推断被告人周某某生产销售乐凯口杯就是使用、侵犯了卢某某的专利。(4) 乐凯口杯没有冒用或实施（包括生产销售）卢某某的姓名、专利名称、专利号或专利标记，被告人周某某不具备假冒专利罪的客观要件，鉴于被告人周某某没有侵犯专利权的行为，不应承担民事赔偿责任。

（四）法院裁判结果

根据《专利法实施细则》规定的专利侵权损害赔偿计算方法，一审法院以被告人周某某的非法获利作为损失赔偿额，根据《刑法》第 216 条、第 52 条、第 53 条、第 64 条、第 36 条和 1986 年《民法通则》①第 118 条之规定，作出刑事附带民事判决：以假冒专利罪判处被告人周某某有期徒刑 2 年，并处罚金 5 万元；被告人周

---

① 已被 2009 年《民法通则》修改，之后又被 2017 年 10 月 1 日施行的《民法总则》修改。

某某非法获利 76446.52 元予以追缴，赃物乐凯口杯 300 只予以没收；被告人周某某赔偿附带民事诉讼原告人山东省阳谷玻璃工艺制品厂经济损失 76446.52 元。

后被告人周某某提出上诉，此案经山东省聊城市中级人民法院二审审理，认为原判决认定事实清楚，证据确实、充分，定罪准确，量刑、赔偿数额适当，审判程序合法，应予维持。中级人民法院依照 1996 年《刑事诉讼法》第 189 条第 1 项之规定，作出驳回上诉、维持原判的终审裁定。

（五）本案典型疑难问题法律适用解析

1. 被告人主观上是否具备认识因素

假冒专利罪主观方面的特征是故意。就该案而言，周某某主观认识因素的内容是其明知其假冒专利的行为会发生侵犯专利权人的合法权益、损害国家专利管理制度的社会结果。周某某虽没有主动表示其在"明知"的情形下实施了"假冒专利"的行为，但其在四川省专利管理局检索出山东阳谷玻璃工艺制品厂生产的"诺亚"口杯系专利产品后，为规避法律制裁，向专利复审委员会申请宣告卢某某的 95229146.0 号专利无效，在未得到正式决定前，即开始实施、制造、销售乐凯口杯的行为，恰恰证明了周某某了解其行为的性质、内容及结果。因此，周某某在主观上具备了"明知"。

2. 如何认定客观构成要件

本案中，周某某合法注册成立了乐凯保温制品厂，并与河北天元实业有限公司就"乐凯"商标的使用达成协议，以及从滕州定作结构及外形与"诺亚"口杯相一致的杯体的一系列行为，正说明了周某某是采用典型的不正当竞争方法，在技术方案、技术指标、外形及结构上模仿"诺亚"专利产品，并在仿造的产品上标注自己的"乐凯"商标，达到以假乱真的效果，其行为的实质就是假冒专利产品的行为方式之一。

3. 山东省专利管理局出具的专利侵权咨询鉴定书能否作为证据使用

鉴定书虽然只是咨询性质,不属直接具有法律效力的文书,但该鉴定书对周某某生产、销售的乐凯口杯是否属于侵犯卢某某专利权行为的表述是科学、严谨的,符合专利法的规定,与本案查证的其他证据相结合,起到了证明案件事实的作用,故该鉴定可以作为证据使用。

综上,专利制度的关键环节在于保护专利人对其发明创造的独占和垄断权,促进科学技术的推广运用,同商标权、著作权一样,专利权也是一种无形财产,通过对专利的使用,可以创造很大的经济效益。专利权人以其对专利的独占和垄断对抗第三人,他人不得未经专利人许可使用其专利而获得非法经济利益。

二、 仇某某等假冒注册商标案
——关于罪数之认定

(一)被告人基本情况及诉讼过程

被告人仇某某,男,1973年2月25日出生,汉族,河南省南乐县人,小学文化。2008年7月23日因涉嫌犯假冒注册商标罪被呼和浩特市公安局刑事拘留,同年8月30日被逮捕。后羁押于呼和浩特市第三看守所。

被告人崔某某,男,1965年5月23日出生,汉族,河南省南乐县人,初中文化。2008年9月21日因涉嫌犯假冒注册商标罪被呼和浩特市公安局刑事拘留,同年10月28日被逮捕。后羁押于呼和浩特市第三看守所。

被告人闫某甲,男,1964年7月26日出生,汉族,河南省南乐县人，中专文化。2008年9月21日因涉嫌犯假冒注册商标罪被呼和浩特市公安局刑事拘留，同年10月28日被逮捕。后羁押于呼和浩特市第三看守所。

被告人闫某乙，男，1968年8月14日出生，汉族，河南省南乐县人，初中文化。2008年9月11日呼和浩特市公安局以其涉嫌犯假冒注册商标罪决定对其刑事拘留，2010年5月31日被执行拘留，同年6月25日被逮捕。后羁押于呼和浩特市第三看守所。

被告人闫某丙，男，1973年7月20日出生，文盲，汉族，河南省南乐县人。2008年9月21日因涉嫌犯假冒注册商标罪被呼和浩特市公安局刑事拘留，同年10月28日被逮捕。后羁押于呼和浩特市第三看守所。

被告人黄某某，男，1960年1月24日出生，汉族，天津市河西区人，高中文化。2008年7月23日因涉嫌犯假冒注册商标罪被呼和浩特市公安局刑事拘留，同年8月30日被逮捕。后羁押于呼和浩特市第三看守所。

（二）检察机关认定的犯罪事实与意见

呼和浩特市人民检察院指控：2008年4月至7月间，被告人仇某某与崔某某、闫某甲、闫某乙在河南省某地合作生产假冒内蒙古伊利实业集团股份有限公司（以下简称伊利公司）产品。仇某某负责提供原料及销售，崔某某、闫某甲、闫某乙负责投资建厂及日常管理，仇某某指派黄某某监督生产、发运货物并记账。经查，上述四被告人共生产假冒伊利"巧乐兹"注册商标的雪糕120271件（箱），假冒伊利"大布丁"注册商标的雪糕3947件（箱），非法经营数额达3190158元。

2008年4月至7月间，被告人仇某某与闫某丙合作，利用闫某丙在河南省某地没有任何证照的加工厂生产假冒内蒙古蒙牛乳业

（集团）股份有限公司（以下简称蒙牛公司）的产品。仇某某负责提供原料及销售，闫某丙负责提供厂房及日常生产管理。经查，上述二被告人共生产假冒蒙牛"绿色心情"注册商标的雪糕119635件（箱），非法经营数额达1914160元。

(三) 被告人辩解与辩护人辩护意见

被告人仇某某辩称，闫某丙所开的冷饮厂与其没有任何关系，而对崔某某、闫某甲、闫某乙合伙开办冷饮厂生产的产品，其只负责联系销售渠道，并未参与合伙，并对鉴定报告中认定的涉案产品生产数量提出异议，认为有重复计算的数额，应予核减。

被告人崔某某辩称，其生产过假冒产品，但没有直接销售过，仅起到从犯作用。

被告人闫某甲辩称，其只是出资办厂，并不参与生产管理和产品销售，生产假冒注册商标产品的行为也与其无关。

被告人闫某乙辩称，其发现厂里生产的产品是假冒伊利雪糕后曾提出撤股，并由闫某甲和崔某某在撤股欠条上签字，其后也没有参与工厂经营活动和分得利润。其辩护人提出的辩护意见是：（1）被告人闫某乙仅是入股者，不参与工厂经营，在发现工厂生产的是假冒雪糕后，要求撤出入股，并有欠条证明，闫某乙不应该对2008年4月20日以后生产的假雪糕承担法律责任。（2）被告人闫某乙的行为符合法律关于犯罪中止的规定。（3）被告人闫某乙能主动中止自己的犯罪行为并当庭如实供述，确有悔罪表现，其行为没有造成严重后果。故请求对被告人闫某乙从轻或减轻处罚。

被告人闫某丙辩称，其冷饮厂生产过假冒蒙牛注册商标的产品，但生产的数量没有起诉书指控的那么多。

被告人黄某某辩称：（1）其为下岗职工，生活困难，并且患有脑溢血后遗症。（2）其在厂里从事的工作是替仇某某监督工厂的资金支出情况,并负责产品售后记账,至于产品的生产、销售等都不由其负责。(3) 其没有参与厂里投资,也没有分得利润,仅是一个被雇用者,对工厂生产假冒注册商标的产品也不知情,不构成共同犯罪。

(四) 法院裁判结果

呼和浩特市中级人民法院作出如下判决:(1) 被告人仇某某犯假冒注册商标罪,判处有期徒刑 5 年,并处罚金人民币 2446839 元。(2) 被告人崔某某犯假冒注册商标罪,判处有期徒刑 4 年,并处罚金人民币 1559999 元。(3) 被告人闫某甲犯假冒注册商标罪,判处有期徒刑 4 年,并处罚金人民币 1559999 元。(4) 被告人闫某乙犯假冒注册商标罪,判处有期徒刑 4 年,并处罚金人民币 1559999 元。(5) 被告人闫某丙犯假冒注册商标罪,判处有期徒刑 3 年 6 个月,并处罚金人民币 886840 元。(6) 被告人黄某某犯假冒注册商标罪,判处有期徒刑 2 年 6 个月,并处罚金人民币 311999.8 元。

(五) 本案典型疑难问题法律适用解析

本案的关键问题在于正确区分假冒专利罪与假冒注册商标罪的界限。假冒专利罪与假冒注册商标罪都属于《刑法》分则第三章第七节规定的侵犯知识产权犯罪。两罪具有很多相似之处,主要表现在以下几个方面:(1) 犯罪同类客体相同,都侵害了知识产权。(2) 犯罪主体都是一般主体,既可以是自然人,也可以是单位。(3) 犯罪主观方面都是故意,且都是具有明确犯罪目的的直接故意犯罪。(4) 犯罪客观方面都具有采用假冒的非法手段的行为。(5) 从犯罪形态上讲都属于情节犯,以"情节严重"为构成犯罪的必备要件。假冒专利罪与假冒注册商标罪的不同之处主要表现在以下几个方面:(1) 犯罪侵犯的直接客体不同。假冒专利罪侵害的直接客体是专利权人的专利权和国家对专利的管理制度,假冒注册商标罪侵害的直接客体是注册商标所有人的商标专用权和国家对注册商标的管理制度。(2)犯罪对象不同。假冒专利罪的犯罪对象是他人的专利号、专利标记,而假冒注册商标罪的犯罪对象是他人的注册商标。(3)犯罪客观方面的表现形式不同。假冒专利罪表现为行为人违反专利管理法律、法规的规定,未经专利权人许可,在其产品或者包装上,标注专利权人的专利标记或专利号,或者在其产品的广告或说明书中谎称是某专利号的专利产品,或者谎称其方法是专利权人的专利方法;而假冒注册商标罪表现为行为人违反商标管理的法律法规,未经注册商标所有人许可,在同一种商品上使用与他人注册商标相同的商标。

《刑法》第213条规定,未经注册商标所有人许可,在同一种商品上使用与其注册商标相同的商标,情节严重的,处3年以下有期徒刑或者拘役,并处或者单处罚金;情节特别严重的,处3年以上7年以下有期徒刑,并处罚金。第216条规定,假冒他人专利,情节严重的,处3年以下有期徒刑或者拘役,并处或者单处罚金。

需要特别注意这样的情况,即行为人不仅未经注册商标所有人许可,在同一种商品上使用与其注册商标相同的商标,而且未经专利权人许可,在该商品上标注其专利标志,同时实施了两罪的客观方面的行为。此种情况下应当如何定性,司法实践中存在一定争议。

一种观点认为,行为人受两个不同犯意的支配,分别实施了两个犯罪行为,侵害了不同的客体,分别构成假冒注册商标罪和假冒专利罪,应当实施二罪并罚。

另一种观点认为,根据刑法基本理论,行为人基于一个罪过,实施一个犯罪行为,同时侵犯数个犯罪客体,触犯数个罪名的,为想象竞合犯。根据实质一罪说理论,想象竞合只是形式上的数个罪名,应当择一重罪处罚。因此,行为人在同一种商品上使用与权利人的注册商标相同的商标和外观设计专利相同的外观设计的，构成想象竞合犯，应当择重罪处罚。笔者同意该观点，且认为对行为的刑法评价要作为整体对待，不能割裂开来。

第五章　侵犯商业秘密罪案件办理实务

·刑法核心法条·

第二百一十九条 有下列侵犯商业秘密行为之一,给商业秘密的权利人造成重大损失的,处三年以下有期徒刑或者拘役,并处或者单处罚金;造成特别严重后果的,处三年以上七年以下有期徒刑,并处罚金:

(一)以盗窃、利诱、胁迫或者其他不正当手段获取权利人的商业秘密的;

(二)披露、使用或者允许他人使用以前项手段获取的权利人的商业秘密的;

(三)违反约定或者违反权利人有关保守商业秘密的要求,披露、使用或者允许他人使用其所掌握的商业秘密的。

明知或者应知前款所列行为,获取、使用或者披露他人的商业秘密的,以侵犯商业秘密论。

本条所称商业秘密,是指不为公众所知悉,能为权利人带来经济利益,具有实用性并经权利人采取保密措施的技术信息和经营信息。

本条所称权利人,是指商业秘密的所有人和经商业秘密所有人许可的商业秘密使用人。

第五章 侵犯商业秘密罪案件办理实务

第一节 侵犯商业秘密罪案件的证据审查

一、侵犯商业秘密罪的证明对象与证明标准

侵犯商业秘密罪,是指以盗窃、利诱、胁迫、披露、擅自使用等不正当手段,侵犯商业秘密,给商业秘密的权利人造成重大损失的行为。此罪构成要件的内容为实施侵犯商业秘密的行为,并且给权利人造成了重大损失。侵犯商业秘密罪的实行行为系盗窃、利诱、胁迫、披露、擅自使用。行为对象为商业秘密。商业秘密,是指不为公众所知悉,能为权利人带来经济利益,具有实用性并经权利人采取保密措施的技术信息和经营信息,具体包含以下特征:第一,商业秘密是一种技术信息与经营信息。包括设计、程序、产品配方、制作工艺、制作方法、管理诀窍、客户名单、货源情报、产销策略、招投标中的标底及标书内容等信息。既可能以文字、图像为载体,也可能以实物为载体,还可能存在于人的大脑或操作方式中。第二,商业秘密是不为公众所知悉、仅限于一定范围内的人知悉的事项。第三,商业秘密能为权利人带来经济利益。权利人,是指商业秘密的所有人和经商业秘密所有人许可的商业秘密使用人。第四,商业秘密具有实用性,即具有直接的、现实的使用价值,权利人能够将商业秘密直接运用于生产、经营活动。第五,商业秘密经权利人采取了保密措施。此外,商业秘密还具有使用权可以转让、没有固定的保护期限、内容广泛等特点。在办理侵犯商业秘密

罪案件中，审查证据时，应当着重审查以下几点：

（一）证明对象与证明标准

1. 客观方面

本罪犯罪构成的客观方面为犯罪嫌疑人实施了侵犯商业秘密的行为，给商业秘密的权利人造成重大损失。

（1）被侵犯的信息属于商业秘密

根据《刑法》第219条之规定，本条所称商业秘密，是指不为公众所知悉，能为权利人带来经济利益，具有实用性并经权利人采取保密措施的技术信息和经营信息。如前文所述，商业秘密具有以下特征：

①商业秘密应具有非公知性、价值性、实用性。

②商业秘密被采取了合理保密措施。

③商业秘密内容为技术信息或经营信息。

④权利人明确。

（2）发生了侵犯商业秘密的犯罪事实

侵犯商业秘密的具体行为方式包括：

①以盗窃、利诱、胁迫或者其他不正当手段获取权利人的商业秘密；

②披露、使用或者允许他人使用以前项手段获取的权利人的商业秘密；

③违反约定或者违反权利人有关保守商业秘密的要求，披露、使用或者允许他人使用其所掌握的商业秘密；

④明知或应知前三种行为，获取、使用或者披露他人的商业秘密的，以侵犯商业秘密论。

（3）给商业秘密的权利人造成重大损失

根据2010年5月7日最高人民检察院、公安部《关于公安机关管辖的刑事案件立案追诉标准的规定（二）》第 73 条，侵犯商业秘密，涉嫌下列情形之一的，应予立案追诉：

①给商业秘密权利人造成损失数额在 50 万元以上的；

②因侵犯商业秘密违法所得数额在 50 万元以上的；

③致使商业秘密权利人破产的；

④其他给商业秘密权利人造成重大损失的情形。

2. 主观方面

本罪的主观方面是故意，直接故意与间接故意均可构成本罪，即明知自己实施了侵犯他人商业秘密并会造成他人重大损失，仍希望或者放任结果的发生。《刑法》第 219 条第 2 款"以侵犯商业秘密论"要求犯罪嫌疑人"明知或者应知"该商业秘密系非法手段获取的或者系被非法披露、使用、允许他人使用的，仍然获取、使用或者披露他人的商业秘密。其中，"应知"是一种推定的主观状态。认定主观上明知，除通过犯罪嫌疑人的自认等直接证据外，需结合证明犯罪嫌疑人的客观行为的证据综合判断，运用法律逻辑进行推定。

（二）常见证据种类及审查要点

1. 犯罪嫌疑人供述和辩解

（1）商业秘密的权利人情况，犯罪嫌疑人与权利人之间有无合作或聘用关系，在公司有无技术入股。

（2）技术信息商业秘密的内容、载体、来源，犯罪嫌疑人如何接触到涉案商业秘密，是否参与技术开发，如何获取，有无采取盗窃、利诱、胁迫的方式，获取后的存储位置、接触人群等。

（3）经营信息商业秘密的内容、载体，犯罪嫌疑人如何接触到涉案商业秘密，是否参与了客户名单的确定，是否接触有关客户，客户的名称、地址、联系方式、交易习惯、意向、内容、价格、品质要求、技术标准、需求类型等信息。

(4) 犯罪嫌疑人与权利人之间有无保守商业秘密方面的约定,是否签有保密协议或带有保密条款的书面文件;若是单位员工,核实公司有无保密方面的规章制度等。

(5) 如采取盗窃、利诱、胁迫等不正当手段获取,获取后是否披露、使用或者允许他人使用;披露的对象、方式、范围、场合等;使用的方式、场合;有无获利,获利的计算方式及具体金额。

(6) 是否对获取的商业秘密进行加工、修改以及加工、修改的具体情况,能否区分加工、修改内容与原始内容。

(7) 有无其他人参与获取、使用商业秘密。

(8) 如何通过商业秘密获利,相关银行账户信息,获利去向。

(9) 关于商业秘密价值的陈述。

2. 被害人陈述

(1) 案发情况,被害人报案情况。

(2) 商业秘密的内容、形成过程、具体秘密点、保存形式及载体。

(3) 能够接触商业秘密的人员名单及具体范围,是否采取了保密措施,有无保密规章制度。

(4) 与犯罪嫌疑人之间的关系,是否存在合作或聘用关系,有无保密约定,犯罪嫌疑人是否属于研发、制作商业秘密的人员,有无接触商业秘密的机会和条件。

(5) 商业秘密投入的人力、物力、财力成本情况,商业秘密价值评估,有无相关审计报告。

(6) 使用商业秘密的经营状况、经营时间、收入、客户情况、公司账目及银行账户情况。

(7) 发现商业秘密被侵犯的经过,造成损失的计算方式及具体数额。

(8) 其他被允许使用商业秘密的人员情况,是否与犯罪嫌疑人之间有合作关系等。

3. 证人证言

（1）犯罪嫌疑人所在单位的员工、技术人员、销售人员的证言，核实案发的情况。

（2）商业秘密制作、开发人员的证言，核实商业秘密开发过程及周期、参与人员、秘密点情况、保密措施、投入成本、开发后的使用及营利情况。

（3）专家证人证言，商业秘密的非公知性，技术信息一致性，商业秘密价值评估方法、过程和结果。

（4）权利人所在单位员工的证言，核实接触商业秘密的人员范围、公司或权利人采取的保密措施，是否有相应保密规章制度，劳动合同中是否有保密条款等。

（5）商业秘密的直接接触人和使用人的证言，核实具体使用商业秘密的营利情况及金额。

（6）被利诱、胁迫的人员的证言，核实与犯罪嫌疑人之间的关系，接触商业秘密的机会和条件，具体被胁迫的过程，向犯罪嫌疑人提供商业秘密的方式、载体，是否收取好处费等。

（7）客户或合作伙伴的证言，核实与权利人之间业务关系的具体情况及时间，购买或使用商业秘密产品的时间、数量、金额，是否存在长期的业务关系。

（8）被授权许可使用商业秘密人员的证言，核实与权利人的关系，被授权许可使用的时间、权限、授权费用，是否曾再次授权他人使用，是否认识犯罪嫌疑人，与犯罪嫌疑人之间有无业务关系等。

（9）非法披露、非法使用商业秘密者的证言，核实商业秘密的来源、取得方式、披露场合、存储载体，是否使用、使用方式，是否用于营利，是否明知不得非法使用仍予以披露等。

4. 物证、书证

（1）关于涉案信息属于商业秘密的物证、书证

①关于经营信息商业秘密本身，主要包括记载客户名称、地址、联系方式、交易习惯、意向、价格、品质要求、技术标准、需求类型等客户信息的纸质、电子载体；记载货源情报、销售策略、招投标中的标底及标书内容等的纸质、电子载体。

②关于技术信息商业秘密本身，主要包括关于研发等商业秘密形成过程的书证或说明，存储商业秘密的纸质、电子载体；投入成本会计账簿、审计报告等。

③关于非公知性，主要包括研发材料、技术类申报材料、技术查新报告、相关专业领域的获奖证书、知识产权检索报告等。

④关于保密性，主要包括公司关于保密方面的规章制度，劳动合同中的保密条款、保密协议、竞业限制协议，公司采取的限制来访、设置密码、加锁、警示提示和标注等保密手段。

⑤关于实用性，主要包括销售合同、记账凭证、财务报表、审计报告等。

（2）关于权利人系商业秘密的所有人和合法使用人的物证、书证

主要包括商业秘密授权使用合同，权利人的设计、实验、研发等文本资料，经营信息文本资料。

（3）关于犯罪嫌疑人实施侵犯商业秘密行为的物证、书证

①侦查机关出具的案发情况说明；

②查获的犯罪嫌疑人记载商业秘密的文本、电子存储介质、电脑、服务器等载体，使用商业秘密生产的产品，以及相应的搜查、扣押清单、物证照片等；

③犯罪嫌疑人披露商业秘密的网站截图、网贴、邮件、出版物等；

④使用商业秘密营利的商业合同、票据账簿、银行交易记录等；

⑤犯罪嫌疑人与第三方签署的许可使用商业秘密的合同、银行交易记录等。

（4）关于重大损失的物证、书证

①权利人的损失：一是由于被侵犯商业秘密造成了收入减少，包括销售合同、公司账本、权利人被侵权前后的销售数额凭证、审计报告、银行交易记录等，权利人授权他人有偿使用商业秘密的合同、会计凭证、银行交易记录等；二是关于商业秘密本身的价值，包括研发期间投入成本的会计支出账目、审计报告、申报材料等，资产评估公司的价值评估报告等。

②犯罪嫌疑人的违法所得：一是犯罪嫌疑人使用商业秘密进行经营活动的销售合同、会计账簿、银行交易记录、审计报告等；二是犯罪嫌疑人对外销售商业秘密的合同、银行交易记录等。

③权利人破产：权利人的破产申请材料、法院的破产裁定等。

（5）其他物证、书证

①证明案发情况的证据，包括受案登记表、到案经过，权利人的报案材料（包括营业执照、组织机构代码、报案人委托手续等），及相关公证材料；

②犯罪嫌疑人与权利人签署的和解书，权利人出具的谅解书、赔偿证明材料等。

5. 鉴定意见

（1）非公知性鉴定：主要针对技术信息，应聘请具有专业资质的机构对涉案技术信息在某个时间点之前是否具有"非公知"性进行鉴定，说明鉴定依据、方法、过程。

（2）"同一性"鉴定：应聘请具有专业资质的机构对犯罪嫌疑人获取或使用的信息与权利人的商业秘密进行"同一性"比对，核实二者是否具有同一性，相同部分占整个商业秘密的比重及内容情况。

（3）商业秘密价值评估：一是对商业秘密的开发成本进行审计；二是对商业秘密的市场价值评估。

6. 勘验、检查笔录

对犯罪嫌疑人使用的电脑、网络账号（包括电子商务、即时通讯等）、租用的服务器等进行勘验。

（1）对犯罪嫌疑人实施犯罪所使用的计算机进行勘验，核实计算机内是否保存有涉案商业秘密，有无与披露、使用商业秘密的相关材料，核实商业秘密的来源。

（2）如果犯罪嫌疑人通过计算机披露商业秘密，需对涉案计算机进行勘验，核实披露的方式、披露内容、载体、被浏览的具体情况等；通过互联网披露商业秘密的，对披露互联网平台进行勘验，核实账号的注册信息、通过互联网商业秘密的上传时间、披露时间、被浏览的情况等。

7. 视听资料、电子数据

（1）从存储介质（光盘、硬盘等）中提取出的记载客户名称、地址、联系方式、交易习惯、意向、价格、品质要求、技术标准、需求类型等客户信息的文件；记载货源情报、销售策略、招投标中的标底及标书内容的文件；从存储介质（光盘、硬盘等）中提取出的设计图纸、源代码、工程设计方案、电路布图等。

（2）证明犯罪嫌疑人实施犯罪行为过程的录音、录像材料；披露、使用或者允许他人使用以盗窃、利诱、胁迫手段获取的权利人的商业秘密的相关录音、录像材料；保守商业秘密的要求、约定的录音、录像资料。

（3）抓获现场、起赃录像等。

二、侵犯商业秘密罪证据审查常见问题

（一）结合在案证据，综合认定"商业秘密"

1. 对技术信息类商业秘密的非公知性，应证明该信息是所属技术或经济领域中，权利人独有而非一般常识或行业惯例的信息。如果所涉产品技术信息仅涉及产品尺寸、结构、材料部件的简单组合等内容，进入市场后相关公众通过观察可直接获得，则不应认定为商业秘密。对于"非公知性"不易认定的，应由公安机关聘请专业机构进行"非公知性"鉴定，鉴定意见应明确商业秘密的"秘密点"，并说明鉴定依据、方法、过程等。对于软件类商业秘密，鉴定对象应为公安机关调取的软件源代码，不能以被害人提供的经过反编译获得的源代码为鉴定对象。

2. 对经营信息类商业秘密，一般需要结合经营信息的形成过程，是否具有客户的独有特征、特定需求、交易习惯等综合判断。

3. 对犯罪嫌疑人与权利人之间商业秘密的同一性鉴定，应列明相同的内容及相同内容的占比情况。

4. 不属于商业秘密的情形。对于通过正常智力劳动、知识经验技能开发的技术信息，或者通过反编译等反向工程获得的信息，即使经过鉴定与他人商业秘密具有同一性，不能认定为侵犯他人商业秘密。但对于此种情况，需由犯罪嫌疑人提供证明开发过程的详细材料。

下列情况一般被认为不属于侵犯商业秘密的行为：一是经独立开发获得。例如，商业秘密权利人以外的人经独立的技术开发研究获得与权利人相同或近似的商业秘密不构成侵权。将此类独立开发获得的商业秘密排除在侵犯他人商业秘密的行为之外，是从公平合理的角度出发。二是通过反向工程获得。公众通过正常途径获得产

品，他人运用现代高科技的研发手段从该产品中获得相同信息的，也具有独立的技术价值。三是商业秘密权利人自己泄露而被他人获得。权利人未对其所拥有的商业秘密采取严格的保密措施，或将商业秘密随意泄露他人，则该商业秘密将失去法律保护，他人获得后加以利用，则不构成对商业秘密的侵犯。例如，权利人自己发表文章，或是通过学术交流会、技术展览会透露了商业秘密的相关信息，被他人获知，则不能追究其刑事责任。

5. 关于保密措施，应证明权利人采取了适当有效的保密措施，对所期望保密的信息载体采取了物理保密措施或者采取的措施应当足以防止信息泄露。应仔细审查劳动合同、商事合同中的保密条款设定的保密范围是否明确，竞业限制协议效力、保密条款是否有效（劳动合同法规定如因保密期限超过3年且没有对价等而无效），有无相关劳动仲裁裁定、人民法院判决等。

应当根据所涉信息载体的特性、权利人保密的意愿、保密措施的可识别程度、他人通过正当方式获得的难易程度、权利人为防止信息泄露所采取的保护措施与其商业价值是否相适应等因素，认定权利人是否采取了合理的保密措施。不能仅凭有关资料、合同上写有保密字样或者在厂房车间等门口写有"非工作人员禁止入内"等字样就认为采取了合理的保密措施。

6. 商业秘密的实用性。应证明商业秘密是一种现在或者将来能够应用于生产经营或者对生产经营有用的具体技术方案或经营方案。

7. 善意第三人的使用。第三人不知道对方侵犯他人的商业秘密，而与其订立经济合同，并使用了该商业秘密的，不承担侵犯该商业秘密的法律责任。例如，某人窃取了他人的商业秘密，或者擅用本单位的商业秘密，以其名义转让给另一企业，而该企业并不知道也不可能知道对方商业秘密的来源，则不属于对商业秘密的侵犯。这种规定就如同表见代理行为，不能苛责善意第三人来承担侵权责任。但是如果此双方是恶意串通的，或第三人知道该商业秘密的不正当来源，而订立合同，则构成对商业秘密的共同侵权。

8. 正当的非职务技术研究。技术人员在从事业余技术研究中，如仅用自己的专业技术知识或本单位已经公开的技术资料，获取了某项商业秘密，则不属于对本单位商业秘密的侵权。

（二）注意"重大损失"的计算方法

1. "重大损失"的金额计算，包括给权利人造成的损失、侵犯商业秘密的违法所得、商业秘密本身的价值。

2. 权利人的损失，应与被侵权行为之间有直接、必然的因果关系。对于已经产生的损失，应确定被侵权前后的收入差额。损失应是商业秘密本身的经营价值，如果商业秘密只占产品的一部分，需单独计价或区分比例；对于尚未发生的损失，应确定该损失是未来可预期的必然发生的损失。

3. 关于犯罪嫌疑人的违法所得，如果是非法获取后进行营利活动的，应注意扣除犯罪嫌疑人的成本投入，计算因获取、使用商业秘密的利润情况，并且应注意商业秘密在整个产品中的占比，单独计价或者区分比例；如果是授权他人使用，则应核实许可使用费等。

4. 关于商业秘密本身的价值，可以通过研发成本费用、确定的市场价值、许可使用费等综合认定，但如果将商业秘密本身的价值作为"重大损失"的金额，在犯罪嫌疑人将商业秘密披露导致"非公知性"被破坏的情形下可以考虑适用，其余情形需严格把握。

（三）侵犯商业秘密罪中鉴定意见的审查与鉴定意见的采信

1. 鉴定内容

根据我国刑法的规定，商业秘密是指不为公众所知悉，能为权利人带来经济利益，具有实用性并经权利人采取保密措施的技术信息和经营信息。可见，一项商业秘密应当满足四个构成要件，即"非公知性""价值性""实用性""保密性"。

商业秘密包括技术信息和经营信息。这两类信息是否有必要进行鉴定，要看该信息是否涉及专业技术知识，经营信息通常不需要鉴定。如涉及专业技术的信息，结合全案证据仍无法确定其是否构成商业秘密的，则需要委托鉴定。而且鉴定范围应当限定为专业性、技术性的问题，以弥补办案人员相关专业技术知识方面的不足，主要包括涉案的信息是否具备非公知性、侵权人的技术或信息与被害人的是否具有同一性以及"重大损失"额的确定三方面。

非公知性即不为公众所知悉。最高人民法院《关于审理不正当竞争民事案件应用法律若干问题的解释》第9条对"非公知性"进行了阐释："有关信息不为其所属领域的相关人员普遍知悉和容易获得，应当认定为反不正当竞争法第十条第三款规定的不为公众所知悉。"此司法解释也从反面规定了若干种不具备非公知性的六种情况。如果有证据能够证明这六种情况，应当认定涉案的信息不属于商业秘密。但是，导致信息丧失非公知性的原因是多种多样的，上述司法解释规定的六种不认定为不为公众所知悉的情况并未穷尽所有情况。法律及相关司法解释并没有规定具体的非公知性判断方法，这就需要办案人员对涉案信息作出综合的判断，一份专业的鉴定意见有助于补充办案人员认识能力的不足。

实践中，有鉴定机构直接判定某技术或信息是否属于商业秘密，即直接由鉴定机构对"非公知性""价值性""实用性""保密性"作出鉴定。实际上，这种做法已经将某些非技术性的问题交由鉴定机关判断，比如，"价值性""实用性"和"保密性"，此"三性"一般情况下不涉及专业的技术知识，可由办案人员依据全案证据作出判断，无须鉴定机构出具鉴定。鉴定机关直接出具的"某技术或某信息构成商业秘密"的鉴定意见不宜直接采纳。

2. 鉴定意见的证明力

鉴定人应当具有专业的技术背景,但是不同的鉴定人的水平、素养良莠不齐,导致鉴定意见的结论也不尽相同。在实践中,案件的受害人或侵权人在相关技术领域的知识可能比鉴定人更加精通,导致个别案件中,公安、司法机关委托了鉴定,而鉴定意见不被案件当事人认可,甚至当事人会提出截然相反的意见。另外,在侵犯商业秘密犯罪中,案件的当事人基于自身利益的考量,可能不提供足够完备的材料,导致鉴定意见的客观性大打折扣,特别是在对侵犯商业秘密罪中"重大损失"的认定上,对于损失数额的评估或审计往往依据权利人或侵权人单方提交的证据作出,而依其作出的鉴定往往不被对方认可。

依据相关法律的规定,委托鉴定的权力主要归属于公、检、法机关,基于刑事诉讼公平对抗的机制,允许被告人提出合理的抗辩。在侵犯商业秘密案件中,往往因为鉴定意见得不到另一方的认同而不断地提出新意见,导致案件久拖不决。

提高鉴定意见的证明力,首先应当保证鉴定主体适格,应当委托具有知识产权司法鉴定资格、列入鉴定人名册的鉴定人进行鉴定,而不能是社会上一般的某些行业协会或者组织。另外,检材的选定应当合理,送检程序、鉴定程序应当合法,保证鉴定意见的合法性、客观性和关联性。

3. 多重鉴定

多重鉴定,指对案件同一个专门性的问题,由多个鉴定机构出具了鉴定意见的情况,多个鉴定意见的产生是由于多方委托鉴定引起的。鉴定意见之间产生了矛盾,对案件的办理带来不便,影响办案人员的判断,增加了办案难度。

依据法律的规定,公安机关、检察机关、法院都可以启动鉴定和重新鉴定程序，被害人、犯罪嫌疑人、被告人依法可以要求重新鉴定，如此一来，针对同一个专门性的问题便会产生多份鉴定意见。

法律和相关司法解释未对多份鉴定意见的处理给出方法，实践中做法不一，有依据时间顺序以最后一份鉴定意见为准的，有根据鉴定机构的权威性高低来采信的，也有依据全案证据不采信鉴定意见的或者部分采信鉴定意见的。

笔者认为，在审查起诉阶段，如遇到多重鉴定的问题，承办人应当对多个鉴定意见一一进行全面审查，围绕证据的合法性、客观性和真实性进行审查，必要的时候，应当询问鉴定人，由其对多重鉴定中存在矛盾的结论分别予以解释，最终采信证明力更强的鉴定意见，或者部分采信鉴定意见中的结论。

4. 商业秘密的评估和审计

商业秘密的评估和审计也属于专业鉴定，评估主要涉及被侵害的商业秘密的价值或者是被侵害的商业秘密由于侵权而导致的价值损失，审计主要涉及权利人的"重大损失"数额。

评估或审计得出结论后，办案人员应当对其报告进行审查，尤其是审计所得的"损失"或"利润"是否系犯罪嫌疑人侵犯商业秘密所致，即重点关注其"关联性"。比如，某产品被侵犯商业秘密后，销量下滑，权利人的营业额减少。此时需要考虑销量下滑是否完全系商业秘密被侵犯所致，应当排除市场因素、其产品本身竞争力下降、竞争产品的竞争力上升等干扰因素。

5. 同一性鉴定

在侵犯商业秘密案件中，判定犯罪嫌疑人的技术是否与权利人的技术具有同一性，也是司法鉴定中的重要工作。如果两个鉴定的样本是通过"复制"得来，则其相似性很容易判断，但是如果二者之间存在区别，则需要鉴定其技术是否"实质性相似"，即通过证明双方技术的核心部分具有同一性,进而推定双方的技术具有同一性。实践中,不同的技术信息,其核心部分不同,不同的鉴定人对同一个技术信息如何选取核心部分也会有不同的看法,这给同一性鉴定增加了难度,也正是侵犯商业秘密案件疑难的原因之一。

常有犯罪嫌疑人对同一性鉴定提出"反向工程"抗辩,即其技术资料是通过对合法渠道取得的产品进行分析,从而掌握其构造或者制造的方法等信息获得的。要注意的是,"反向工程"实施的时间必须是在实际使用商业秘密之前,在使用了权利人的商业秘密后再实施"反向工程"的,抗辩不应采信。笔者认为,犯罪嫌疑人提出"反向工程"抗辩,应当对其提出的抗辩进行审查,具体包括犯罪嫌疑人能否证明其取得的产品是通过合法的渠道得来的,其是否通过正当的手段,投入了足够的研发力量和时间等。以单片机产品中的反向工程抗辩为例,如果犯罪嫌疑人通过反向工程制造了实现相同功能的单片机产品,其硬件电路布线、元器件的选取可以通过观察、测量、测试而得到,但其控制程序中必然存在大量的区别点,特别是对具体函数的表达,变量、特征值的选取,不可能存在大量的相似。如果犯罪嫌疑人仅提出"反向工程"抗辩,而不能提供相应的证据,则不能采信其抗辩。

第二节　侵犯商业秘密罪案件的法律适用

一、侵犯商业秘密罪的定罪量刑标准

（一）刑事立案追诉标准

根据《刑法》第 219 条之规定，侵犯商业秘密罪，是指以盗窃、利诱、胁迫、披露、擅自使用等不正当手段，侵犯商业秘密，给商业秘密的权利人造成重大损失的行为。从构成要件来看，侵犯商业秘密罪是数额犯，即只有给权利人造成"重大损失"才能达到立案追诉标准。那么，什么情形属于重大损失呢？根据最高人民法院、最高人民检察院《关于办理侵犯知识产权刑事案件具体应用法律若干问题的解释》第 7 条之规定，实施《刑法》第 219 条规定的行为之一，给商业秘密的权利人造成损失数额在 50 万元以上的，属于"给权利人造成重大损失"。

根据最高人民检察院、公安部《关于公安机关管辖的刑事案件立案追诉标准的规定（二）》第 73 条的规定，侵犯商业秘密，涉嫌下列情形之一的，应予立案追诉：

（1）给商业秘密权利人造成损失数额在 50 万元以上的；

（2）因侵犯商业秘密违法所得数额在 50 万元以上的；

（3）致使商业秘密权利人破产的；

（4）其他给商业秘密权利人造成重大损失的情形。

(二) 量刑标准

根据《刑法》第219条之规定,侵犯商业秘密罪存在两个量刑档:给商业秘密的权利人造成重大损失的,处3年以下有期徒刑或者拘役,并处或者单处罚金;造成特别严重后果的,处3年以上7年以下有期徒刑,并处罚金。根据最高人民法院、最高人民检察院《关于办理侵犯知识产权刑事案件具体应用法律若干问题的解释》第7条之规定,实施《刑法》第219条规定的行为之一,给商业秘密的权利人造成损失数额在50万元以下的,属于"给权利人造成重大损失",应当以侵犯商业秘密罪判处3年以下有期徒刑或者拘役,并处或者单处罚金;给商业秘密的权利人造成损失数额在250万元以上的,属于《刑法》第219条规定的"造成特别严重后果",应当以侵犯商业秘密罪判处3年以上7年以下有期徒刑,并处罚金。

罚金数额标准:一般在违法所得1倍以上5倍以下,或者按照非法经营数额的50%以上1倍以下确定。

二、侵犯商业秘密罪的犯罪构成及疑难问题解析

(一) 侵犯商业秘密罪的犯罪构成要件

1. 客观方面

(1) 被侵犯的信息属于商业秘密

①商业秘密,是指不为公众所知悉,能为权利人带来经济利益,具有实用性并经权利人采取保密措施的技术信息和经营信息。

商业秘密的内容为技术信息或经营信息。技术信息和经营信息包括设计、程序、产品配方、制作工艺、制作方法、管理诀窍、客户名单、货源情报、产销策略、招投标中的标底及标书内容等信息。商业秘密应具有非公知性、价值性、实用性,且采取了合理保密措施。

②商业秘密应具有非公知性、价值性、实用性。

认定商业秘密,首先应满足非公知性的要求。法律所规定的"不为公众所知悉"就是对秘密性的要求,这里要明确两个概念,即"公众"和"知悉"。这里的"公众",不应解释为所有的自然人和法人。按 TRIPs 协议对商业秘密的保密效果的要求,"公众"指的是"通常涉及该类信息的同行业中的人",即具有相同、相近行业或者专业背景,存在现实与潜在商业竞争利害关系的人。因此,法律对商业秘密的秘密性要求是相对的,而不是绝对的。秘密性的相对性在实践中具体表现为两个方面:一方面,除了秘密的所有人之外,在商业秘密的利用过程中接触它们的职工、政府部门的视察人员,以及与之有业务联系的原料供应商、销售商,按行业惯例或按保密约定对权利人的商业信息有保密义务。比如,厂商召开产品订货会,只要没有同行参加,那么无论与会人员多少,无论是否要求到会销售商予以保密,在会上散发的材料或所作的宣讲都不会破坏权利人商业信息的秘密性。因为,销售商不是与其竞争的同行。另一方面,同样的商业信息,在一个行业里可能是尽人皆知的公开信息,但在另一行业里并不为人知晓,这样的信息如能被独具慧眼的"识货者"发现其利用价值,也可以成为商业秘密。比如,常见的利用其他行业的下脚料制备另一种新产品,在军工行业中将普通技术应用于民用领域等。这里的"知悉",既包括同行能通过传播方式的得知、获悉,也包括同行自己在生产经营活动中轻易悟出而得知。因此,商业秘密的秘密性还应考虑其创造的难度,不应是本行业中现成的普通信息,有的学者称之为新颖性要求。

商业秘密应当是能为权利人带来经济利益,而且具有实用性的商业信息,可以称之为商业实用性,有的学者主张称为实用性和价值性。这里的经济利益并不只是现实或潜在的经济收益,还应包括竞争优势。竞争也不仅是工业、商业上的竞争,还包括科研、文化、教育、体育各个领域的竞争。竞争优势意味着在本领域内处于领先地位。强调商业秘密的实用性，主要是为了将已完成的成果与正在构思研究中的成果加以区别。尚未完成的成果或仅有构思的表达是不应享有商业秘密权的，否则将不利于他人的创新与社会的进步。商业秘密的实用性，即商业秘密的确定性和可应用性。商业秘密应当是完整的确定的方案或信息，抽象的原理和概念，法律不予保护，任何人都有利用的自由，构思必须有确定的形式才能享受法律保护。商业秘密的可应用性不限于工业上和商业上的应用，也包括其他领域的应用。例如，某杂志社一编辑提出对栏目设计的创新思路，并无完整的方案，如果其他同行受此启发设计了基本符合该思路的栏目并加以应用，则不属于涉嫌商业秘密侵权。

③商业秘密被采取了合理保密措施。

按照法律规定，商业信息除了要满足秘密性、商业实用性要求外，还必须是经权利人采取了保密措施的技术信息和经营信息。因此，对商业信息采取保密措施也是商业秘密的构成要件之一。前面提到的"不为公众所知悉"，可以理解为商业信息在客观上的保密效果。如果商业信息在客观上不具有秘密性，那么商业秘密就无从谈起，这是首要条件。但是，仅有客观上的保密效果，还不能满足商业信息作为商业秘密享有法律保护的全部条件，还需要权利人主观意愿的充分表示。如果商业秘密所有人主观上未将"不为公众所知悉"的商业信息视为商业秘密，没有通过合理的保密措施来证明其对商业秘密权利的明确主张，则该商业秘密所有人就不能成为商业秘密的权利人。

法律对采取保密措施无详细规定，TRIPs协议中对商业秘密的主观保密措施要求是"合法支配该信息的人采取了为具体情况所需的合理措施来保守秘密"。结合实际情况分析，大多数专家学者和实际案例都认为保密措施在当时的条件下具有合理性即可。从理论上分析，采取保密措施是主体对商业秘密权明确主张的证明，如果已经采取了合理的保密措施，即使在执行中有失误，也不能否定其商业秘密权。比如，在新产品图纸上忘记加注"保密"字样，但按企业规章规定，未经许可，技术负责人之外的任何人不得接触该图纸，而且图纸保存由专人负责。这时候，未加注"保密"字样的图纸仍然属于采取了合理的保密措施。总之，法律的宗旨是保护商业秘密所有权人对商业秘密的合法独占，反对竞争者用不正当手段获取他人的商业秘密，并不要求权利人的保密措施在任何标准下都万无一失，而只要求采取合理措施。一般来说，权利人可以采取下列几种保密措施：

第一，制定保密规章。作为现代企业或事业单位，内部规章制度应当健全，尤其是对商业秘密的保密要求、商业秘密的管理办法等应尽可能全面、详细。对于门卫职责、接待参观等方面应当给予足够的重视，来访者必须有专人全程陪同，还应强调来访者不得拍照、录像。

第二，签订保密协议。单位与正式职工、临时雇工，甚至试用期的人员都要签订保密协议，对于可能接触秘密的人员离职时应要求其出具保守秘密的保证书。

第三，秘密内容分散控制。将商业秘密的内容分割为若干部分，分别由不同的人员进行管理，尽量避免让一两个人掌握商业秘密的全部内容。

第四，采取保密技术。权利人应对商业秘密采取合理的技术性保密手段，如含有秘密的文件应加设密码，并注意每日更新；通过电子途径传输有秘密内容的文件要改变惯用的传送频率。

第五，设置保密设施。设置保密设施，如保险柜、隔离区、监视荧光屏，专用设备所在车间应定为保密车间等。

第六，建立保密标识。在秘密文件、秘密厂区明确标明"保密"或"车间重地,他人不得擅自入内"等字样。

(2) 犯罪嫌疑人客观实施了侵犯商业秘密的行为

①以盗窃、利诱、胁迫或者其他不正当手段获取权利人的商业秘密。盗窃,一般是指通过窃取商业秘密的载体而获取商业秘密,如盗窃存有商业秘密的电脑存储介质。利诱,是指以金钱、物品或者其他利益为诱饵,使知悉商业秘密内容的人提供商业秘密。胁迫,是指对知悉商业秘密的人进行恐吓、威胁,迫使他人提供商业秘密。其他不正当手段,是指除盗窃、利诱、胁迫以外的其他不正当手段,如抢夺载有商业秘密的图纸。

②披露、使用或者允许他人使用以上述第一种手段获取的权利人的商业秘密,这是上述第一种行为的继续。披露,是指将其非法获得的商业秘密告知权利人的竞争对手或其他人,或者将商业秘密内容公布于众;使用,是指将自己非法获取的商业秘密用于生产或者经营;允许他人使用,是指允许他人将自己非法获取的商业秘密用于生产或者经营,包括有偿与无偿两种情况。

③违反约定或者违反权利人有关保守商业秘密的要求,披露、使用或者允许他人使用其所掌握的商业秘密。这是指合法知悉商业秘密内容的人披露、使用或者允许他人使用商业秘密的行为,包括公司、企业内部的工作人员,曾在公司、企业内工作的调离人员、离退休人员以及与权利人订有保守商业秘密协议的有关人员。

④明知或应知前述第一种至第三种违法行为,而获取、使用或者披露他人商业秘密。这是间接侵犯商业秘密的行为,即第三者明知或者应知向其传授商业秘密的人具有上述违法行为,仍获取、使用或者披露他人的商业秘密。

(3) 犯罪嫌疑人实施的侵犯商业秘密的行为给权利人造成重大损失

重大损失,是指经济方面的重大损失,包括减少盈利、增加亏损、引起破产、在竞争中处于不利地位等。根据司法实践，给商业秘密权利人造成直接经济损失数额在 50 万元以上的，致使权利人破产或者造成其他严重后果的，应当追诉。值得注意的是，必须查明行为人所实施的侵犯商业秘密的行为与权利人遭受重大损失之间的因果关系。如果行为人实施了盗窃商业秘密等行为，但该行为本身并没有造成权利人重大损失的，不成立侵犯商业秘密罪。在计算财产损失时，要考虑权利人取得商业秘密的成本（包括采取保密措施的成本），权利人的商业秘密被侵犯前后的利润差额，侵权人在侵权期间"因侵权"所获得的利润（非侵权期间的全部利润）等。商业秘密本身的价值原则上不能作为被害人的损失数额，但是，如果该侵犯商业秘密的行为导致被害人丧失了商业秘密（不可能再利用该商业秘密）的，可以将该商业秘密本身的价值作为损失数额。

2. 主观方面

本罪的主观方面是故意，既可以是明知并希望结果发生的直接故意，也可以是明知并放任结果发生的间接故意，过失不构成本罪。行为人的动机不影响本罪的成立，只是量刑时可考虑的情节。实践中，该罪的犯罪动机表现为：（1）为了交换利益而披露商业秘密；（2）为自己从事不正当竞争而使用商业秘密；（3）为击败同业竞争对手而以盗窃、利诱、胁迫或者其他不正当手段获取商业秘密；（4）为出卖而以盗窃、利诱、胁迫或者其他不正当手段获取商业秘密；（5）为报复或泄愤而披露商业秘密。

（二）疑难问题解析

根据 2017 年修订、2018 年 1 月 1 日起施行的《反不正当竞争法》第 17 条的规定，"经营者违反本法规定，给他人造成损害的，应当依法承担民事责任。经营者的合法权益受到不正当竞争行为损害的，可以向人民法院提起诉讼。因不正当竞争行为受到损害的经营者的赔偿数额，按照其因被侵权所受到的实际损失确定；实际损失难以计算的，按照侵权人因侵权所获得的利益确定。赔偿数额还应当包括经营者为制止侵权行为所支付的合理开支。经营者违反本法第六条、第九条规定，权利人因被侵权所受到的实际损失、侵权人因侵权所获得的利益难以确定的，由人民法院根据侵权行为的情节判决给予权利人三百万元以下的赔偿"。最高人民法院《关于审理不正当竞争民事案件应用法律若干问题的解释》第 17 条规定："确定反不正当竞争法第十条规定的侵犯商业秘密行为的损害赔偿额，可以参照确定侵犯专利权的损害赔偿额的方法进行；因侵权行为导致商业秘密已为公众所知悉的，应当根据该项商业秘密的商业价值确定损害赔偿额。商业秘密的商业价值，根据其研究开发成本、实施该项商业秘密的收益、可得利益、可保持竞争优势的时间等因素确定。"可见，因侵犯商业秘密，导致商业秘密被公开的情况，可以由资产评估机构结合上述要点，评估得出商业秘密的价值，进而对"重大损失"作出认定，但是，对于其他情况，法律及司法解释均未给出具体的计算方法。

在司法实践中，计算权利人的损失数额主要有三种标准：一是依权利人因侵权遭受的损失计算，二是依侵权人因侵权所得的利润计算，三是依据商业秘密本身的价值综合计算。依据立法精神，应当先计算权利人因侵权遭受的损失，在损失无法计算时才能以侵权人因侵权所得的利润计算。以商业秘密本身的价值计算重大损失仅限于特殊的情况。

1. 计算权利人的损失

直接计算权利人的损失最直观的方法是依据权利人收入的减少额来计算。在实践中，证明权利公司收入的减少是由于被侵犯商业秘密而引起是比较复杂的，即要证明被侵权人的损失与侵权行为具有因果关系,否则不能认定。如北京市海淀区人民检察院受理的马某侵犯商业秘密案,权利人在被马某窃取商业秘密之前,公司的收入已经在逐年减少,其收入减少可能并不完全因为商业秘密被侵犯。笔者认为,依据权利人收入减少量计算损失时应当考虑以下要点:一是商业秘密权利人的数量,商业秘密的所有者可以将商业秘密许可他人使用,在计算损失时应当明确各商业秘密权利人的市场份额,而不应当以其共同的市场份额来计算;二是应当考虑权利人的市场占有情况,如果能够证明权利人生产的产品一直有稳定的市场占有率,而由于侵权产品的出现,导致权利人的市场占有率的下降,就可以通过计算权利人收入的减少来确定损失。此处需要说明的是权利产品损失的市场占有率并不一定绝对等于侵权产品的市场占有率,因为权利人被侵犯商业秘密后,由于其竞争优势的减少可能会使其损失大于侵权人所得之利益。

在计算权利人收入减少额时可以参照侵犯专利权的损害赔偿额的方法进行,即根据权利人的产品因侵权所造成销售量减少的总数乘以每件权利人产品的合理利润之积来计算,权利人产品的销售量减少总数难以确定的,以侵权产品的销售总数乘以每件权利人产品的合理利润所得之积计算。

直接依据权利人收入的减少额来计算权利人的损失只能适用于少数的案件,而多数情况下,侵犯商业秘密案件的案情复杂,造成权利人收入减少的原因多样,这就需要综合考虑多种因素。《刑法》第219条将侵犯商业秘密的行为分为三类:第一类是非法获取商业秘密,造成权利人重大损失的,此时商业秘密仍处于不为公众所知悉的状态,其价值并未完全丧失。如北京市海淀区人民检察院受理的王某侵犯商业秘密案,由于侵权人获取了权利人的商业秘密(某种税控加密算法),权利人产品的核心加密算法被侵权人知悉,使得权利人不得不投入大量的资金对已经销售的产品进行被动的加密算法升级，使公司蒙受重大损失。在这种情况下，可以直接确定其损失，即将权利人额外的投入认定为损失。在其他非法获取权利人商业秘密的情况下，如不能直接确定权利人的损失，则以商业秘密的转让费用或商业秘密本身的价值认定权利人的损失。第二类是披露权利人的商业秘密的，由于商业秘密失去保密性而失去其价值，应当以商业秘密本身的价值（综合考量研究开发成本、实施该项商业秘密的收益、可得利益、可保持竞争优势的时间等因素）确定其损失。第三类是使用了非法手段获取的商业秘密的情况，应当考量其行为造成的种种后果，综合计算其损失。如果依据权利人收入的减少额可以客观评价权利人的损失，可以依权利人收入的减少额来确定权利人的损失。如果侵权人在非法获取商业秘密后披露并使用的，应当以行为人的数种行为损失之和为基础，以不重复计算同项内容为原则来计算。

2. 计算侵权人所获取的非法利润

直接评估权利人受到的损失往往比较困难，在无法确定权利人所受损失数额的情况下，依照法律的规定，可以计算侵权人所获取的非法利润，这实际上属于一种推定计算，即从法律上将侵权人的利润视为被侵权人的损失。在计算时应当避免因推定计算而加重侵权人的责任，如果侵权人所得的利润包含了其他的营销要素而使得其利润大于权利人的实际损失时，以侵权人的利润计算"重大损失"是不公平的。在计算损害后果时，应当以权利人的损失为基础，考虑侵权人的利润，结合案情得出一个适当的数额。特别在侵犯技术信息类商业秘密的案件中，侵权人往往不会制造与权利人完全相同的产品，这就对因侵权所获利润的认定带来麻烦。在民事审判实践中，有通过计算商业秘密部分在整个产品中所占的比重来认定侵权人的赔偿数额的判例，如江苏省机电研究所诉徐州天地机械制造公司等侵犯商业秘密纠纷案。在刑事案件中可以借鉴这种方法。

在具体计算侵权人因侵权所得利润时可以依据该侵权产品在市场上销售的总数乘以每件侵权产品的合理利润之积计算。侵权人因侵权所得利润一般按照侵权人的营业利润计算，对于完全以侵权为业的侵权人，可以按照销售利润计算。

3. 结合商业秘密自身的价值综合认定损失

在权利人的实际损失额和侵权人所得利润均无法认定权利人因被侵犯商业秘密的损失时，应当结合商业秘密自身的价值（研究开发成本、实施该项商业秘密的收益、可得利益、可保持竞争优势的时间等因素）综合认定权利人的损失。但是不能简单地将商业秘密自身的价值等同于权利人的损失。因为侵犯商业秘密罪是数额犯，如果简单地将商业秘密自身的价值等同于权利人的损失，则商业秘密自身价值低于50万元的，即使权利人遭受重大损失，侵权人也不可能构成犯罪，有违罪刑法定原则。或者对于自身价值很高的商业秘密，权利人未受到重大损失而对侵权人科以刑罚则有违罪责刑相适应原则。

以商业秘密自身的价值综合认定损失方法应当综合考虑其现有利益的减少和可得利益的损失。在披露商业秘密的行为中，侵权人将商业秘密公开，使商业秘密几乎完全失去经济价值，这种行为类似于故意毁坏财物，使财物的价值丧失，对此，可以按照侵权人所泄露的商业秘密的自身价值来计算。在侵权人通过非法手段取得商业秘密而给权利人造成损失的情况类似于侵权人未缴纳转让费用的情况下使用了商业秘密，此种情况可以结合商业秘密的转让费用来认定损失数额。

4. 总结

在计算"重大损失"时，应当遵循"排除一切合理怀疑"的原则，用多种方法，综合考量其损失数额。综上所述，对于非法获取和非法获取后披露权利人商业秘密类型的犯罪，可以直接确定权利人损失的，则直接确定；不能确定的，应当对商业秘密本身的价值或者其价值的减少量进行评估，依其得出损失数额。对于非法获取后使用权利人的商业秘密类型的犯罪，首先需要判断权利人的损失是否完全是由于侵权人侵犯商业秘密造成或者侵权人所得之利润是否全部是由于侵犯商业秘密所得。如果能够完全评价，则对其数值作出计算即可确定"重大损失"。如果不能完全评价，则确定权利人因被侵犯商业秘密部分的损失在总损失中的比重，或确定侵权人因侵犯商业秘密所得之利润在其总利润中的比重。如能确定，则可计算出"重大损失"。如不能确定其比重，则考虑其商业秘密的转让费用，以商业秘密的转让费用推定权利人所受的损失；如无法确定其转让费用，则应当对商业秘密的经济价值进行评估，综合考虑商业秘密的研究开发成本、实施该项商业秘密的收益、可得利益、可保持竞争优势的时间等因素，综合确定一个损失数额。这一损失数额应当是小于该商业秘密的经济价值的。

第三节 典型案例评析

一、伍某等侵犯商业秘密、侵犯著作权案
——盗窃软件及源代码后使用的行为如何定性

（一）被告人基本情况及诉讼过程

被告人伍某，男，广州市某科技有限公司珠海分公司软件工程师。因涉嫌侵犯商业秘密罪，于2012年3月1日被北京市公安局海淀分局刑事拘留，经北京市海淀区人民检察院批准，同年4月1日被北京市公安局海淀分局逮捕。

被告人李某，男，某动漫科技有限公司副总经理。因涉嫌侵犯著作权罪，于2012年1月15日，被北京市公安局海淀分局刑事拘留，经北京市海淀区人民检察院批准，同年2月16日被北京市公安局海淀分局逮捕。

被告人孙某，男，因涉嫌侵犯著作权罪，于2012年1月11日经北京市海淀区人民检察院批准，同年2月16日被北京市公安局海淀分局逮捕。

被告人宋某，男，因涉嫌侵犯著作权罪，于2012年1月12日经北京市海淀区人民检察院批准，同年2月16日被北京市公安局海淀分局逮捕。

被告人袁某，男，因涉嫌侵犯著作权罪，于2012年2月25日

被北京市公安局海淀分局刑事拘留，经北京市海淀区人民检察院批准，同年4月1日被北京市公安局海淀分局逮捕。

被告人熊某，男，因涉嫌侵犯著作权罪，于2012年2月25日被北京市公安局海淀分局刑事拘留，经北京市海淀区人民检察院批准，同年4月1日被北京市公安局海淀分局逮捕。

（二）检察机关认定的犯罪事实与意见

被告人伍某利用工作便利，违反公司规定私自下载并保存金山公司《剑侠世界》网络游戏的源代码，并将该源代码通过网络同被告人李某持有的游戏引擎进行交换。后被告人李某、孙某、宋某三人利用该源代码运营《剑侠世界》游戏的私服游戏。其间，注册会员1万余人，运营金额达人民币1172748.41元。

被告人李某将其掌握的《剑侠世界》网络游戏的源代码销售并获利人民币9万元。2011年11月，被告人孙某、宋某二人将私服游戏以人民币58万元的价格销售给被告人袁某、熊某、袁某二（在逃）、袁某三（在逃）四人。被告人袁某、熊某、袁某二（在逃）、袁某三（在逃）继续运营该私服游戏。其间，注册会员达4万余人，运营金额达人民币429466.79元。

（三）法院裁判结果

（1）被告人伍某犯侵犯商业秘密罪，判处有期徒刑2年，罚金人民币20万元。

（2）被告人李某犯侵犯著作权罪，判处有期徒刑5年6个月，罚金人民币100万元。

（3）被告人宋某犯侵犯著作权罪，判处有期徒刑4年6个月，罚金人民币90万元。

（4）被告人孙某犯侵犯著作权罪，判处有期徒刑3年，罚金人民币30万元。

(5) 被告人袁某犯侵犯著作权罪，判处有期徒刑3年，罚金人民币30万元。

(6) 被告人熊某犯侵犯著作权罪，判处有期徒刑3年，罚金人民币30万元。

(7) 在案冻结及扣押赃款人民币173213.58元及其孳息一并予以没收，上缴国库。

(四) 本案典型疑难问题法律适用解析

1. 损失数额计算问题

根据追诉标准，因侵犯商业秘密给权利人造成重大损失的情形应予以立案追诉。商业秘密权利人提供了价格评估证明和损失说明，包括游戏的开发费用、投入费用、游戏的年收入情况、游戏源代码的市场评估价值以及被侵权期间按照月平均玩家的流失情况，并计算出8个月私服运营给权利方造成的收入损失为388.8万元和8个月以来权利方授权第三方的应获得的授权分成费用约为376万元，权利方至少损失400万元。但是司法机关没有确定统一的重大损失的计算标准，根据2004年12月22日施行的最高人民法院、最高人民检察院《关于办理侵犯知识产权刑事案件具体应用法律若干问题的解释》第7条的规定，经济损失、重大损失的认定标准是损失数额，既包括直接经济损失，也包括间接经济损失。在办理具体案件中，对于商业秘密的被获取使用，但尚未丧失秘密价值的，应当计算损失额为已经、必然造成的损失和合理的预期利润之和。对于商业秘密被披露，完全丧失秘密价值的，还应当将商业秘密的研发费用、本身价值计算在内，对于商业秘密的转让、许可及调查费用，应当根据具体侵犯商业秘密案件的不同情况而定。

实践中有以下几种计算方式：商业秘密权利人收入的减少额；侵权人因侵权行为获利的利益额；商业秘密的研发费用；商业秘密的自身价值。实践中可以根据案情，具体选择以下几种方法确定权利人的损失：用侵权行为给权利人造成的损失认定损失，用权利人的利润认定损失，用商业秘密许可使用费认定权利人损失。认定侵犯商业秘密行为给权利人造成重大损失时，可以根据案情具体情况选择采用不同方法。

该起侵犯商业秘密案件不同于以往的侵犯商业秘密案件（因侵权行为导致业内竞争，抢占市场份额，从而给权利人带来的合同签订的损失或者客户的流失），而是利用权利人的商业秘密架设私服，运营网络游戏，通过第三方支付平台以低廉的价格销售游戏道具获利。私服游戏在场景、界面和人物设计方面跟官方游戏无区别且可以跟官方游戏界面进行链接，私服网游主要利用私服游戏的游戏道具的价格优势吸引广大玩家（私服网游中游戏道具比正版游戏便宜50倍）。

商业秘密权利人提供的损失数据、开发费用，预期收益和授权许可费用有一定的参考价值，但是从有利于犯罪嫌疑人的角度出发，不能单纯依据权利方即金山公司出具的损失情况来认定。承办人认为，在无第三方出具的司法损失鉴定的情况下，应依据被告人获利计算更为适宜。关于犯罪嫌疑人租用服务器及支付房租的费用应为犯罪成本不应该予以扣除，且犯罪成本方面的证据材料只有被告人的供述，并无其他明确的书证予以佐证。

2. 侵犯著作权犯罪认定问题

根据《计算机软件保护条例》第 8 条之规定，信息网络传播权属于计算机软件著作权的一种，金山公司的《剑侠世界》游戏软件获得计算机软件版权登记证，该款游戏软件的共同著作权人为成都金山互动娱乐科技有限公司和珠海金山软件有限公司，以上两家公司作为游戏软件的共同著作权人共同委托北京金山数字娱乐科技有限公司作为该款游戏的出版商，取得了《互联网出版许可证》。互联网游戏软件的运营方必须具有互联网出版资质证明，北京金山数字娱乐科技有限公司享有该项资质，接受委托，北京金山数字娱乐科技有限公司作为该款游戏软件的经营者。涉案被告人侵犯了成都金山互动娱乐科技有限公司和珠海金山软件有限公司的计算机软件著作权。

二、王某甲等侵犯商业秘密案
——商业秘密案件中鉴定意见的采信问题

（一）被告人基本情况及诉讼过程

被告人王某甲，男，北京A科技有限公司工程师。
被告人王某乙，男，北京A科技有限公司法人代表、总经理。
被告人王某丙，男，北京A科技有限公司股东。

上述三人因涉嫌犯侵犯商业秘密罪，于2006年12月21日被北京市公安局海淀分局民警抓获，于2006年12月22日被海淀分局刑事拘留。2007年1月16日北京市海淀区人民检察院因本案证据不足作出不予批准逮捕决定，2007年4月20日海淀分局再次提请逮捕。2007年5月10日，经北京市海淀区人民检察院批准，三人被海淀分局逮捕。

（二）检察机关认定的犯罪事实与意见

被告人王某丙原为北京B电子技术有限公司（经营范围为喷码机的研发、生产和销售，以下简称B公司）股东（持有股份占公司股份44.5%），担任法人代表、董事长；被告人王某乙原为B公司股东，任副总经理（主管营销工作），二人系叔侄关系。张某系B

公司另外一名股东（持有股份占公司股份46.5%），任总经理，系王某乙舅舅。2005年12月，三人因经营策略不同导致分家，王某丙与王某乙二人将所持股份以现金形成转让予张某，双方达成协议：王某丙和王某乙退股，B公司支付给王某丙人民币1240万元、王某乙人民币270万元，并约定股权转让方退出公司后不得利用B公司现有的技术秘密、专利技术生产、制造产品。

2006年2月，王某乙、王某丙等人注册成立北京A科技有限公司（以下简称A公司），王某乙为法人、任总经理，王某丙系最大股东（占公司股份44%），A公司亦从事喷码机的研发、生产和销售。A公司筹备期间，急于生产，但缺少软件开发工程师，此时，王某丙和王某乙想到了B公司的软件工程师王某甲。2006年1月，王某丙先后数次通过电话和登门拜访王某甲，要求其到A公司工作，但王某甲担心与B所签的劳动合同中有关"竞业禁止""保密条款"等内容会产生纠纷。王某丙和王某乙对王某甲许以高薪，并承诺让其入股A公司（后王某甲以其妻子乔某某的名义入股A公司，占公司股份2%）。后王某甲同意上述条件，在B公司未允许其离职的情况下，于2006年2月即开始在A公司上班。由王某乙直接负责喷码机的研发和生产工作，王某甲主要负责喷码机软件程序的开发。

2006年2月，王某甲违反与原工作单位B公司劳动合同及保密条款约定，在为A公司研发G100、G200型喷码机过程中，使用B公司研发的、应用于多种型号喷码机的技术秘密——从CPU软件程序；王某乙、王某丙在明知上述事实的情况下，仍然使用B公司的技术秘密用于生产，并将包含有上述技术秘密的G100、G200型喷码机上市销售。经审计，至当年9月，A公司销售G100、G200型喷码机所得共计人民币1673889.66元。

2006年9月，B公司向海淀分局报案称：A公司王某甲、王某乙、王某丙侵犯其公司的商业秘密，要求公安机关介入调查。公安机关提取了 A 公司喷码机的从 CPU 软件程序与 B 公司提交的喷码机从 CPU 软件程序，进行电子数据鉴定，鉴定结果是两家公司的喷码机从 CPU 软件源代码相似度达到 99% 以上。

在公安机关侦查期间，王某乙、王某丙让王某甲重新编写喷码机软件，要求区别于 G100 软件，王某甲重新编写软件后，A 公司委托某鉴定中心对其前后两个版本的软件程序进行鉴定，鉴定结论为上述两个软件不构成实质性相似。后 A 公司利用新编的软件再次生产 G100A、G200A 型喷码机，2006 年 10 月至 2007 年 5 月间销售所得为人民币 470 万元。

B 公司继续举报 A 公司侵犯其商业秘密，公安机关对 A 公司重新开发的软件程序进行鉴定，鉴定结论是上述软件的源代码功能相似度达到 90% 以上。

（三）被告人辩解与辩护人辩护意见

王某丙委托的辩护人认为被告人王某丙不构成侵犯商业秘密罪，本案应作为民事纠纷进行处理。理由如下：（1）北京 B 电子技术有限公司的 SUPER200、KN304、KN380 软件并不符合法律规定的商业秘密的构成要件，不应以侵犯商业秘密罪追究涉案人员的刑事责任；（2）起诉意见书中的第二起事实，即 A 公司生产和销售 G100A、G200A 型喷码机的行为不构成犯罪；（3）起诉意见书中的第一起事实即 A 公司生产、销售 G100、G200 型喷码机，并没有达到侵犯商业秘密罪单位犯罪的追诉标准；（4）涉案人员与 B 公司法人张某同为 B 公司股东，张某还是王某乙的亲舅舅，王某丙是王某乙的亲叔叔，本案属于亲属之间发生争议，鉴于侵犯商业秘密犯罪的复杂性、新型性，也本着创建和谐社会的目标，通过民事途径解决争议更有利于矛盾的解决。

（四）法院裁判结果

（1）被告单位北京A科技有限公司犯侵犯商业秘密罪，判处罚金人民币10万元。

（2）被告人王某甲、王某乙、王某丙犯侵犯商业秘密罪，均判处有期徒刑1年，罚金人民币1万元。

被告单位及被告人均未在法定期限内提出上诉，一审判决生效。

（五）本案典型疑难问题法律适用解析

我国刑法上的商业秘密包括两类：技术信息和经营信息。本案涉及的商业秘密是喷码机软件程序——用计算机语言编写，以计算机源代码为形式固化在芯片当中，看不见也摸不着。双方针对是否侵犯商业秘密（即两家公司的软件是否具有同一性）各自聘请了国内权威的电子数据鉴定机构，鉴定方法不统一，得出的结论相矛盾，鉴定意见中使用的鉴定术语也不同。如何采信这些技术性鉴定，把科学语言转化成法律语言、证据语言，是认定本案的关键。鉴定意见主要涉及两个方面：一是对软件秘密性（非公知性）的鉴定，二是对软件同一性的鉴定。

对于秘密性的鉴定，在司法实践中往往需要相关领域的专家用反向排除的方法加以认定，即具有下列情形之一的，可以排除信息具有秘密性：（1）该信息为其所属技术领域的人的一般常识；（2）该信息仅涉及产品的尺寸、结构、材料、部件的简单组合等内容，进入市场后相关公众通过观察产品可以直接获得；（3）该信息已在公开出版物或其他媒体上公开披露；（4）该信息已通过公开的报告会、展览等方式公开；（5）该信息从其他公开渠道可以获得；（6）该信息无需付出一定的代价而容易获得。本案中加密后固化在芯片上的、用计算机语言编写的程序当然不属于常识，不能通过观察所得，不能通过反向工程获得，更不可能在公开渠道轻易获得，因此，属于非公知信息具有秘密性。

对于同一性鉴定，是认定侵权的关键。应该说，不同技术人员单独设计和编写的程序不会完全相同，就像两个作家独立创作题目相同的两篇小说情节不会相同一样。对比被侵权的和侵权的两个软件之间的一致性，需要计算机搭载特殊的软件程序进行运算完成。本案中，第一起事实，经过鉴定机构比对软件的最小单位——源代码，鉴定结论均支持两者之间90%以上的代码相似，这种高相似度的概率是零，足以认定同一性。

而本案第二起事实中，对于G100A型喷码机软件，存在相互矛盾的两份鉴定意见。这种矛盾是间接体现的，即公安机关鉴定G100软件与B公司的软件同一（即第一起事实的鉴定意见）。北京九州世初知识产权鉴定中心的鉴定结果为G100软件与G100A软件不构成实质性相似，但公安机关鉴定G100A软件与B公司的软件具有功能性相似。G100A软件是公安机关介入后，B公司在停止生产G100喷码机以后，让王某甲重新编写的，在前期已涉嫌侵权，并且已进入司法程序的情况下，再次抄袭属于"顶风作案"，本身不符合常理。实际上公安机关在对比中也发现，重新编写的G100A软件在源代码上已经面目全非，不可能与B公司的软件在源代码上具有很高的相似度，因此，他们采用了与之前鉴定G100软件时不同的方法，即把G100A软件划分成若干功能模块，对比每个模块的功能和调用情况，得出功能相似度为91.3%。九州世初的鉴定意见则认为，G100A与G100软件代码相似不足5%，程序中断和子程序名称、数量有较大差异，主程序及调用的子程序流程具有较大差异，故不构成实质性相似。

A公司对公安机关对于G100A软件的鉴定一直存有异议，要求重新鉴定，认为"功能相似度"不能认定抄袭的存在，且不是鉴定专业用语。对此公安机关补充说明，指出"功能相似度"就是本质的相似度，而本质的相似度是指编程的思路、实现的原理、参数、方法等方面的相似度。但软件编程的思路属于开发软件所用的思想，实现的原理属于开发软件的处理过程，这些是不受软件著作权保护的。笔者认为，在鉴定行业对计算机软件鉴定没有国家标准的情况下，比对源代码相似度是目前最为科学的方法，最直观、直接。所谓的"功能相似度""本质相似度"不宜作为认定同一性的依据，因为同为喷码机软件实现的功能必然具有相似度。进一步说，在 A 公司重现开发软件，并进行鉴定，在确认不构成实质性相似的前提下，又继续后期生产的事实难以认定具有侵犯商业秘密故意。有人认为这种行为也可能是规避法律的表现，但是前提是王某甲确实对软件进行了修改，源代码已不相似。况且鉴定机关的鉴定意见对于 A 公司来说也不是可以预知的，因此，认定 A 公司此举是规避法律没有依据。

三、任某某、王某等侵犯商业秘密案
——销售渠道、销售价格是否属于商业秘密

（一）被告人基本情况及诉讼过程

被告人任某某，男，因涉嫌侵犯商业秘密罪，于 2012 年 7 月 25 日，被北京市公安局海淀分局刑事拘留，2012 年 8 月 31 日经北京市海淀区人民检察院批准被逮捕。2013 年 4 月 18 日，该人被取保候审。

被告人王某，男，曾任 A 科技股份有限公司销售员，因涉嫌侵犯商业秘密罪，于 2012 年 12 月 2 日，被北京市公安局海淀分局刑事拘留，2013 年 1 月 7 日经北京市海淀区人民检察院批准被逮捕。2013 年 5 月 7 日，该人被取保候审。

被告人任某某、王某涉嫌侵犯商业秘密罪一案,由被害公司 A 科技股份有限公司(以下简称 A 公司)法务李某于 2012 年 3 月 29 日向海淀分局经侦大队报案,称任某某伙同王某、刘某等人非法转移其公司客户信息,造成其公司损失 1836624 元。经审查,海淀分局于 2012 年 4 月 4 日决定立案侦查,2012 年 7 月 25 日,海淀分局经侦大队在山东省某县某小区院内将任某某抓获,2012 年 12 月 2 日,王某主动到海淀分局投案。

(二)检察机关认定的犯罪事实与意见

2010 年 1 月,A 公司购买 B 商贸有限公司(以下简称 B 公司,实际控制人系刘某、法人系任某某)60%的股权。2010 年 5 月,A 公司又购买 B 公司另外 40%的股权,并明确该 40%股权包括干强剂、分散剂两项非专利技术(配方、生产工艺)、客户资源和销售、供应渠道等,刘某将所有客户转移到 A 公司名下,全部业务以 A 公司名义开展。以上交易均由 A 公司以 388 万股股权方式购买,实际支付方式为 A 公司大股东雷某某(公司法定代表人)、周某某分别向刘某转让 120 万股,其他 143 万股以增资的形式由刘某持有 41 万股、王某持有 72 万股、任某某持有 30 万股(王某和任某某由刘某指定),剩余 5 万股以现金的形式支付给刘某。在此过程中,雷某某、周某某分别与刘某签订《股权转让协议》,A 公司公司与刘某、王某、任某某签订《增资协议》。

2010 年 7 月 1 日,A 公司聘用刘某担任 A 公司造纸化学品事业部总经理,刘某的销售团队随其一同转到 A 公司,任某某担任 A 公司造纸化学品事业部销售经理,王某任该部门销售员,该三人均与 A 公司签订了保密协议。此后,A 公司对外以自己名义生产、销售分散剂等产品。

2010 年 10 月 31 日,山东某会计师事务所对 B 公司进行审计,该公司已没有分散剂技术等无形资产。2010年11月25日，A公司将B公司股权全部转让给刘某指定的谢某某名下。2010年12月16日，B公司变更登记为C公司，法定代表人由任某某改为谢某某。

2011年1月至7月，山东省寿光市D精细化工有限公司（以下简称D公司）一直从A公司购买PY-1122分散剂（该编号系A公司自编号码），售价为每吨8400元或7650元。2011年7月至2011年12月，被告人任某某伙同被告人王某，在明知分散剂客户资源和销售价格系公司商业秘密的情况下，违反公司保密协议，私自为C公司向D公司销售PY-1122分散剂共计4591560元，售价为每吨8400元或7900元，部分分散剂包装桶上仍使用A公司的标签。2011年12月，被告人王某与被害单位解除劳动合同。

2011年10月，被告人任某某又向A公司客户E公司谎称A公司公司供应的干强剂均系C公司生产，以此改由C公司向后者销售干强剂。

经司法会计鉴定，任某某、王某的行为共造成A公司在客户D公司方面遭受的相应损失是54.06万元；任某某的行为造成A公司在客户E公司方面的相应损失是32.41万元。

（三）法院裁判结果

（1）被告人任某某犯侵犯商业秘密罪，判处有期徒刑1年，缓刑1年，罚金人民币20万元。

（2）被告人王某犯侵犯商业秘密罪，判处有期徒刑6个月，缓刑1年，罚金人民币10万元。

（四）本案典型疑难问题法律适用解析

销售渠道、销售价格是否属于商业秘密？我国刑法上的商业秘密包括两类：技术信息和经营信息。本案涉及的渠道、销售价格即经营信息，判断其是否属于商业秘密，要从商业秘密的非公知性、实用性、价值性、保密性等方面分析。

在案的账目显示，2011年1月至7月，D公司一直从A公司购买PY-1122分散剂，"PY-1122"系A公司自编号码，售价为每吨8400元或7650元。为购买该客户，A公司已支付刘某对价，而维护客户同样需要投入大量的精力、物力和财力。该经营信息具有经济利益，具备价值性、实用性。任某某、王某于2010年7月入职，2011年12月离职，入职时已与A公司签订劳动合同、保密协议，明确约定未经许可，不得向他人透露、使用上述经营信息。任某某系销售经理，王某为具体销售员，在A公司任职期间一直与D公司联系，对上述经营信息及其保密要求均明知。参考最高人民法院《关于审理不正当竞争民事案件应用法律若干问题的解释》第11条之规定，签订保密协议，在正常情况下足以防止涉密信息泄露的，应当认定权利人采取了保密措施。在本案中，A公司向D公司销售PY-1122分散剂产品的经营信息同样具有保密性。另外，北京国科知识产权司法鉴定中心出具鉴定，认为A公司与D公司、E公司等10家客户相关联的信息，诸如客户名称、联系人、联系方式、特定交易品及其成交价格、成交量等信息，属于不为公众所知悉的经营信息。综上，我们认为本案的涉案销售渠道、销售价格属于《刑法》第219条规定的商业秘密。

第六章　与侵犯知识产权犯罪相关的罪名辨析

第六章 与侵犯知识产权犯罪相关的罪名辨析

第一节 非法经营罪

一、非法经营罪的定罪量刑标准

根据《刑法》第 225 条，违反国家规定，有下列非法经营行为之一，扰乱市场秩序，情节严重的，处 5 年以下有期徒刑或者拘役，并处或者单处违法所得 1 倍以上 5 倍以下罚金；情节特别严重的，处 5 年以上有期徒刑，并处违法所得 1 倍以上 5 倍以下罚金或者没收财产：（1）未经许可经营法律、行政法规规定的专营、专卖物品或者其他限制买卖的物品的；（2）买卖进出口许可证、进出口原产地证明以及其他法律、行政法规规定的经营许可证或者批准文件的；（3）未经国家有关主管部门批准非法经营证券、期货、保险业务的，或者非法从事资金支付结算业务的；（4）其他严重扰乱市场秩序的非法经营行为。

《刑法》第 231 条规定，单位犯本节第 221 条至第 230 条规定之罪的，对单位判处罚金，并对其直接负责的主管人员和其他直接责任人员，依照本节各该条的规定处罚。

（一）刑事立案追诉标准

《刑法》第 225 条第 1—3 项对违反国家规定、扰乱市场秩序的具体行为进行了规定；第 4 项属于空白罪状，需结合全国人大以及常委会制定的法律，国务院颁布的行政法规、决定、命令等关于对部分物品实施专营、专卖、对部分经营活动实施许可证制度、审批

制度的规定,来确定定具体的入罪标准。实践中常见的情形如下:

1. 根据 2010 年 5 月 7 日最高人民检察院、公安部《关于公安机关管辖的刑事案件立案追诉标准的规定(二)》第 79 条,违反国家规定,进行非法经营活动,扰乱市场秩序,涉嫌下列情形之一的,应予立案追诉:

非法经营罪表现形式统计表

非法经营活动种类	各类非法经营活动的表现形式
违反国家有关盐业管理规定,非法生产	1. 非法经营食盐数量在 20 吨以上的; 2. 曾因非法经营食盐行为受过 2 次以上行政处罚又非法经营食盐,数量在 10 吨以上的
非法经营烟草专卖品	1. 非法经营数额在 5 万元以上,或者违法所得额在 2 万元以上的; 2. 非法经营卷烟 20 万支以上的; 3. 曾因非法经营烟草专卖品 3 年内受过 2 次以上行政处罚,又非法经营烟草专卖品且数额在 3 万元以上的
非法经营证券、期货、保险业务,或者非法从事资金支付结算业务	1. 非法经营证券、期货、保险业务,数额在 30 万元以上的; 2. 非法从事资金支付结算业务,数额在 200 万元以上的; 3. 违反国家规定,使用销售点终端机具(POS 机)等方法,以虚构交易、虚开价格、现金退货等方式向信用卡持卡人直接支付现金,数额在 100 万元以上的,或者造成金融机构资金 20 万元以上逾期未还的,或者造成金融机构损失 10 万元以上的; 4. 违法所得数额在 5 万元以上的

第六章 与侵犯知识产权犯罪相关的罪名辨析

续表

非法经营活动种类	各类非法经营活动的表现形式
非法经营外汇	1. 在外汇指定银行和中国外汇交易中心及其分中心以外买卖外汇，数额在 20 万美元以上的，或者违法所得数额在 5 万元以上的； 2. 公司、企业或者其他单位违反有关外贸代理业务的规定，采用非法手段，或者明知是伪造、编造的凭证、商业单据，为他人向外汇指定银行骗购外汇，数额在 500 万美元以上或者违法所得数额在 50 万元以上的； 3. 居间介绍骗购外汇，数额在 100 万美元以上或者违法所得数额在 10 万元以上的
出版、印刷、复制、发行严重危害社会秩序和扰乱市场秩序的非法出版物	1. 个人非法经营数额在 5 万元以上的，单位非法经营数额在 15 万元以上的； 2. 个人违法所得数额在 2 万元以上的，单位违法所得数额在 5 万元以上的； 3. 个人非法经营报纸 5000 份或者期刊 5000 本或者图书 2000 册或者音像制品、电子出版物 500 张（盒）以上的，单位非法经营报纸 15000 份或者期刊 15000 本或者图书 5000 册或者音像制品、电子出版物 1500 张（盒）以上的； 4. 虽未达到上述数额标准，但具有下列情形之一的：（1）两年内因出版、印刷、复制、发行非法出版物受过行政处罚 2 次以上，又出版、印刷、复制、发行非法出版物的；（2）因出版、印刷、复制、发行非法出版物造成恶劣社会影响或者其他严重后果的

265

续表

非法经营活动种类	各类非法经营活动的表现形式
非法从事出版物的出版、印刷、复制、发行业务，严重扰乱市场秩序	1. 个人非法经营数额在 15 万元以上的，单位非法经营数额在 50 万元以上的； 2. 个人违法所得数额在 5 万元以上的，单位违法所得数额在 15 万元以上的； 3. 个人非法经营报纸 15000 份或者期刊 15000 本或者图书 5000 册或者音像制品、电子出版物 1500 张（盒）以上的，单位非法经营报纸 5 万份或者期刊 5 万本或者图书 15000 册或者音像制品、电子出版物 5000 张（盒）以上的； 4. 虽未达到上述数额标准，两年内因非法从事出版物的出版、印刷、复制、发行业务受过行政处罚 2 次以上，又非法从事出版物的出版、印刷、复制、发行业务的
采取租用国际专线、私设转接设备或者其他方法，擅自经营国际电信业务或者涉港澳台电信业务进行营利活动，扰乱电信市场管理秩序	1. 经营去话业务数额在 100 万元以上的； 2. 经营来话业务造成电信资费损失数额在 100 万元以上的； 3. 虽未达到上述数额标准，但具有下列情形之一的：（1）两年内因非法经营国际电信业务或者涉港澳台电信业务行为受过行政处罚 2 次以上，又非法经营国际电信业务或者涉港澳台电信业务的；（2）因非法经营国际电信业务或者涉港澳台电信业务行为造成其他严重后果的
从事其他非法经营活动	1. 个人非法经营数额在 5 万元以上，或者违法所得数额在 1 万元以上的； 2. 单位非法经营数额在 50 万元以上，或者非法所得数额在 10 万元以上的；

续表

非法经营活动种类	各类非法经营活动的表现形式
从事其他非法经营活动	3. 虽未达到上述数额标准，但两年内因同种非法经营行为受过2次以上行政处罚，又进行同种非法经营行为的； 4. 其他情节严重的情形

2. 根据2003年5月14日最高人民法院、最高人民检察院《关于办理妨害预防、控制突发传染病疫情等灾害的刑事案件具体应用法律若干问题的解释》第6条，违反国家在预防、控制突发传染病疫情等灾害期间有关市场经营、价格管理等规定，哄抬物价、牟取暴利，严重扰乱市场秩序，违法所得数额较大或者有其他严重情节的，依照《刑法》第225条第4项的规定，以非法经营罪定罪，依法从重处罚。

3. 根据2004年7月19日最高人民法院、最高人民检察院、公安部《关于依法开展打击淫秽色情网站专项行动有关工作的通知》，对于违反国家规定，擅自设立互联网上网服务营业场所，或者擅自从事互联网上网服务经营活动，情节严重，构成犯罪的，以非法经营罪追究刑事责任。

4. 根据2005年5月11日最高人民法院、最高人民检察院《关于办理赌博刑事案件具体应用法律若干问题的解释》第6条，未经国家批准擅自发行、销售彩票，构成犯罪的，依照《刑法》第225条第4项的规定，以非法经营罪定罪处罚。

5. 根据2010年12月13日最高人民法院《关于审理非法集资刑事案件具体应用法律若干问题的解释》第7条，违反国家规定，未经依法核准擅自发行基金份额募集基金，情节严重的，依照《刑法》第225条的规定，以非法经营罪定罪处罚。

6. 根据2013年5月2日最高人民法院、最高人民检察院《关于办理危害食品安全刑事案件适用法律若干问题的解释》第 11 条，以提供给他人生产、销售食品为目的，违反国家规定，生产、销售国家禁止用于食品生产、销售的非食品原料，情节严重的，依照《刑法》第 225 条的规定，以非法经营罪定罪处罚。违反国家规定，生产、销售国家禁止生产、销售、使用的农药、兽药、饲料、饲料添加剂，或者饲料原料、饲料添加剂原料，情节严重的，依照前述规定处罚。

7. 根据 2013 年 5 月 2 日最高人民法院、最高人民检察院《关于办理危害食品安全刑事案件适用法律若干问题的解释》第 12 条，违法国家规定违反国家规定，私设生猪屠宰厂（场），从事生猪屠宰、销售等经营活动，情节严重的，依照《刑法》第 225 条的规定，以非法经营罪定罪处罚。

8. 根据 2013 年 9 月 6 日最高人民法院、最高人民检察院《关于办理利用信息网络实施诽谤等刑事案件适用法律若干问题的解释》第 7 条，违反国家规定，以营利为目的，通过信息网络有偿提供发布信息等服务，扰乱市场秩序，具有下列情形之一的，属于非法经营行为"情节严重"，依照《刑法》第 225 条第 4 项的规定，以非法经营罪定罪处罚：个人非法经营数额在 5 万元以上，或者违法所得数额在 2 万元以上的；单位非法经营数额在 15 万元以上，或者违法所得数额在 5 万元以上的。

9. 根据 2014 年 3 月 14 日最高人民法院、最高人民检察院、公安部、国家安全部《关于依法办理非法生产销售使用"伪基站"设备案件的意见》，非法生产、销售"伪基站"设备，具有以下情形之一的，依照《刑法》第 225 条的规定，以非法经营罪追究刑事责任：个人非法生产、销售"伪基站"设备 3 套以上，或者非法经营数额 5 万元以上，或者违法所得数额 2 万元以上的；单位非法生产、销售"伪基站"设备 10 套以上，或者非法经营数额 15 万元以上，或者违法所得数额 5 万元以上的；虽未达到上述数额标准，但两年内曾因非法生产、销售"伪基站"设备受过 2 次以上行政处罚，又非法生产、销售"伪基站"设备的。

10. 根据 2014 年 3 月 26 日最高人民法院、最高人民检察院、公安部《关于办理利用赌博机开设赌场案件适用法律若干问题的意见》，以提供给他人开设赌场为目的，违反国家规定，非法生产、销售具有退币、退分、退钢珠等赌博功能的电子游戏设施设备或者其专用软件，情节严重的，依照《刑法》第 225 条的规定，以非法经营罪定罪处罚。

实施前述规定的行为，具有下列情形之一的，属于非法经营行为"情节严重"：个人非法经营数额在 5 万元以上，或者违法所得数额在 1 万元以上的；单位非法经营数额在 50 万元以上，或者违法所得数额在 10 万元以上的；虽未达到上述数额标准，但 2 年内因非法生产、销售赌博机行为受过 2 次以上行政处罚，又进行同种非法经营行为的；其他情节严重的情形。

11. 根据 2014 年 11 月 3 日最高人民法院、最高人民检察院《关于办理危害药品刑事案件适用法律若干问题的解释》第 7 条，违反国家药品管理法律法规，未取得或者使用伪造、变造的药品经营许可证，非法经营药品，情节严重的，依照《刑法》第 225 条的规定，以非法经营罪定罪处罚。

以供给他人生产、销售药品为目的，违反国家规定，生产、销售不符合药用要求的非药品原料、辅料，情节严重的，依照《刑法》第 225 条的规定，以非法经营罪定罪处罚。

实施前述两项行为，非法经营数额在 10 万元以上，或者违法所得数额在 5 万元以上的，应当认定为《刑法》第 225 条规定的"情节严重"。

12. 根据 2015 年 5 月 18 日最高人民法院《全国法院毒品犯罪

审判工作座谈会纪要》，行为人出于医疗目的，违反有关药品管理的国家规定，非法贩卖国家规定管制的能够使人形成瘾癖的麻醉药品或者精神药品，扰乱市场秩序，情节严重的，以非法经营罪定罪处罚。

（二）量刑标准

非法经营罪有两个量刑档：一个是"情节严重"的情形，同时也是该罪的入罪条件；另一个是"情节特别严重"的情形，也是该罪的上档条件。根据相关司法解释，"情节特别严重"主要包括以下情形：

1. 个人出版、印刷、复制、发行严重危害社会秩序和扰乱市场秩序的非法出版物，经营数额在15万元至30万元以上的；违法所得数额在5万元至10万元以上的；经营报纸15000份或者期刊15000本或者图书5000册或者音像制品、电子出版物1500张（盒）以上的。

单位出版、印刷、复制、发行严重危害社会秩序和扰乱市场秩序的非法出版物，经营数额在50万元至100万元以上的；违法所得数额在15万元至30万元以上的；经营报纸5万份或者期刊5万本或者图书15000册或者音像制品、电子出版物5000张（盒）以上的。

违反国家规定，出版、印刷、复制、发行严重危害社会秩序和扰乱市场秩序的非法出版物，经营数额、违法所得数额或者经营数量接近非法经营行为"情节严重""情节特别严重"的数额、数量起点标准，并具有下列情形之一的，可以认定为非法经营行为"情节严重""情节特别严重"：两年内因出版、印刷、复制、发行非法出版物受过行政处罚两次以上；因出版、印刷、复制、发行非法出版物造成恶劣社会影响或者其他严重后果的。①

2. 采取租用国际专线、私设转接设备或者其他方法，擅自经营国际电信业务或者涉港澳台电信业务进行营利活动，经营去话业务数额在 500 万元以上的；经营来话业务造成电信资费损失数额在 500 万元以上的。

经营数额或者造成电信资费损失数额接近非法经营行为"情节严重""情节特别严重"的数额起点标准，并具有下列情形之一的，可以分别认定为非法经营行为"情节严重""情节特别严重"：两年内因非法经营国际电信业务或者涉港澳台电信业务受过行政处罚两次以上的；因非法经营国际电信业务或者涉港澳台业务行为造成其他严重后果的。②

3. 违反国家规定，使用销售点终端机具（POS 机）等方法，以虚构交易、虚开价格、现金退货等方式向信用卡持卡人直接支付现金，数额在 500 万元以上的，或者造成金融机构资金 100 万元以上逾期未还的，或者造成金融机构经济损失 50 万元以上的，应当认定为《刑法》第 225 条规定的"情节特别严重"。③

4. 非法经营烟草专卖品，具有下列情形之一的，应当认定为《刑法》第 225 条规定的"情节特别严重"：非法经营数额在 25 万元以上，或者违法所得数额在 10 万元以上的；非法经营卷烟 100 万支以上的。④

---

① 参见 1998 年 12 月 17 日最高人民法院《关于审理非法出版物刑事案件具体应用法律若干问题的解释》。

② 参见 2000 年 5 月 12 日最高人民法院《关于审理扰乱电信市场管理秩序案件具体应用法律若干问题的解释》。

③ 参见 2009 年 12 月 3 日最高人民法院、最高人民检察院《关于办理妨害信用卡管理刑事案件具体应用法律若干问题的解释》第 7 条。

④ 参见 2010 年 3 月 2 日最高人民法院、最高人民检察院《关于办理非法生产、销售烟草专卖品等刑事案件具体应用法律若干问题的解释》。

5. 单位及个人通过信息网络有偿提供发布信息等服务，扰乱市场秩序，非法经营数额或者违法所得数额达到"情节严重"数额 5 倍以上的，应当认定为"情节特别严重"。①

6. 单位及个人非法生产、销售"伪基站"设备，数量、数额达到"情节严重" 5 倍以上的，应当认定为"情节特别严重"。②

7. 以提供给他人开设赌场为目的，非法生产、销售具有退币、退分、退钢珠等赌博功能的电子游戏设施设备或者其专用软件，个人非法经营数额在 25 万元以上，或者违法所得数额在 5 万元以上的；单位非法经营数额在 250 万元以上，或者违法所得数额在 50 万元以上的，属于非法经营行为"情节特别严重"。③

8. 未取得或者使用伪造、变造的药品经营许可证，非法经营药品，或者以供给他人生产、销售药品为目的，生产、销售不符合药用要求的非药品原料、辅料，非法经营数额在 50 万元以上，或者违法所得在 25 万元以上的，应当认定为"情节特别严重"。④

二、 侵犯知识产权犯罪与非法经营罪辨析

（一）侵犯知识产权犯罪与非法经营罪的共同点

1. 都侵犯了正常的社会主义市场经济秩序。
2. 通常都以营利为目的。虽然非法经营罪条文中并未写明"以

---

① 参见 2013 年 9 月 6 日最高人民法院、最高人民检察院《关于办理利用信息网络实施诽谤等刑事案件适用法律若干问题的解释》第 7 条。
② 参见 2014 年 3 月 14 日最高人民法院、最高人民检察院、公安部、国家安全部《关于依法办理非法生产销售使用"伪基站"设备案件的意见》。
③ 参见 2014 年 3 月 26 日最高人民法院、最高人民检察院、公安部《关于办理利用赌博机开设赌场案件适用法律若干问题的意见》。
④ 参见 2014 年 11 月 3 日最高人民法院、最高人民检察院《关于办理危害药品安全刑事案件适用法律若干问题的解释》第 7 条。

非法营利为目的",但非法经营行为本身也是经营行为,营利目的是不言而喻的。侵犯知识产权犯罪的相关条文中,部分明确规定了"以营利为目的",如侵犯著作权罪、销售侵权复制品罪;部分虽未写明"以营利为目的",但定罪、追诉通常以非法经营数额或者违法所得数额为准,如假冒注册商标罪等,且侵犯知识产权的行为通常都发生在经营活动中。

3. 单位犯罪较为常见。尽管侵犯知识产权犯罪和非法经营罪的犯罪主体均属于一般主体,但因为这两类犯罪行为均涉及生产经营活动,单位主体具备较高的技术条件和资金条件,故单位犯罪的比例更高。

(二)侵犯知识产权犯罪与非法经营罪的区别

1. 罪状的构成方式不同

我国刑法关于侵犯知识产权犯罪的相关条文均对犯罪的具体构成进行了详细的描述,属于叙明罪状;而《刑法》第 225 条非法经营罪第 4 项则属于空白罪状,具体的构成要件根据其他法律规范具体规定。

2. 侵犯的客体不同

对于非法经营犯罪行为所侵犯的客体,学界中有不同观点,有观点认为非法经营犯罪行为侵犯的是复杂客体,即社会主义市场经济秩序和国家对特定经营活动的管理制度,这也是通说的观点;也有观点认为"违反国家规定"是构成该罪的前提而非被侵犯的客体,非法经营犯罪行为侵犯的客体应当是市场经济秩序。但侵犯知识产权犯罪行为不仅侵犯了国家对知识产权的管理制度、扰乱了正常的社会主义市场经济秩序,同时也侵犯了知识产权权利人对其所有的知识产权的合法权益。

3. 具体罪名的区分

需要注意的是,非法经营罪与侵犯知识产权犯罪之间往往存在竞合或者牵连关系。实施同一行为,可能同时触犯非法经营罪和知识产权犯罪的不同罪名。根据所触犯罪名相关法条之间是否具有包容、交叉关系的不同,行为人可能会构成想象竞合犯或者法条竞合犯。而在行为人实施犯罪行为的过程中,可能实施了多个相牵连的行为,分别构成不同罪名。由于不同犯罪实践中不同案件的具体情况不同,应结合具体案件及相关法律、司法解释等具体进行认定。

(1)非法经营罪"出版、印刷、复制、发行非法出版物"的情形,与销售侵权复制品罪及侵犯著作权罪在犯罪构成要件和法条规定方面有所重合。没有出版物经营许可证而进行出版物的经营,违反了《出版物管理条例》《出版物市场管理规定》等相关国家规定,该行为必然符合非法经营罪的构成;但若经营的是盗版出版物,则可能构成销售侵权复制品罪;若经营的是他人享有独占出版权的图书,则可能构成侵犯著作权罪。

[李某销售侵权复制品案]① 经一审法院石家庄市桥西区人民法院审理认定,2014年2月至2014年4月期间,被告人李某从他处购得80123册图书并将存放仓库中准备进行销售。经河北省印刷产品质量监督检验站对该批图书进行鉴定,其中有高等教育出版社、清华大学出版社等多家出版社单位的侵权盗版图书37126册图书为侵权复制品,码洋1631554.4元。2015年11月13日,一审判决认定李某构成销售侵权复制品罪。后石家庄市桥西区人民检察院抗诉,认为被告人李某应构成非法经营罪和销售侵权复制品罪,应当对其数罪并罚。二审判决认为,原判认定事实清楚,证据确实、充分,但适用法律错误,量刑不当。李某非法经营3.7万余册非法出

---

① (2016)冀01刑终135号。

版物（侵权复制品）的行为，同时构成销售侵权复制品罪和非法经营罪，属于想象竞合，应择一重罪处理，最终改判认定李某构成非法经营罪一罪。

李某非法经营侵权盗版图书的行为分别符合非法经营罪和销售侵权复制品罪的犯罪构成，但上述两个罪名之间是具有交叉包含关系的，此时应当以特殊法条即销售侵权复制品罪认定，而不是以想象竞合从一重罪的原则认定。但鉴于学理上对此类情况尚有争议，且在该案中罪名及罪数并不影响量刑，故二审判决也具有一定的合理性。在王某销售侵权复制品案［（2016）豫17刑终165号］中，王某在经营书店期间从他人处低价购进大量盗版图书，经鉴定，其中部分为侵犯他人著作权出版物，部分为假冒出版单位类非法出版物。检察院以王某涉嫌犯销售侵权复制品罪提起公诉，一审法院在事实、证据同一的情况下依法变更罪名，判决认定王某构成非法经营罪及销售侵权复制品罪。后王某提出上诉，二审法院对部分事实及法律适用依法进行了改判，但未变更罪名，依然认定王某构成非法经营罪及销售侵权复制品罪二罪。可见，实践中对这种犯罪竞合的情形认识也有所不同，且不同个案之间的具体事实和证据情况也有所区别，不能一概而论。

（2）非法经营罪和假冒注册商标相关犯罪的区分。假冒注册商标相关的犯罪包括假冒注册商标罪、销售假冒注册商标的商品罪及非法制造、销售非法制造的注册商标标识罪，在实施上述犯罪行为的过程中，行为人可能同时违反了国家特许经营方面的禁止性规定。

[张某等11人假冒注册商标案] ① 自2013年9月起，被告人张某等人购进制假烟的过滤嘴、包装盒、包装箱等材料及"牡丹""天下秀"等低档香烟作为制假原材料，未经商标权人的许可，非

---

① （2014）穗增法知刑初字第7号。

法生产加工假冒"双喜""黄鹤楼""玉溪""红某甲王""小熊猫"等注册商标的香烟。张某等人分别负责生产假冒香烟机器的操作、拆解廉价烟盒、包装及搬运假冒成品香烟烟支、生产假冒香烟的原材料及生产假烟过程产生的废弃烟盒等垃圾、包装并销售假冒成品烟支等工作。犯罪数额累计达34万余元。广东省增城市人民检察院以张某等人犯假冒注册商标罪提起公诉,一审法院以犯非法经营罪对张某等11人作出判决。

本案中,被告人既有生产伪劣卷烟的行为,又有在卷烟上使用与他人注册商标相同商标的行为,还有违反国家烟草专卖管理法律法规、无烟草专卖生产企业许可证非法经营烟草专卖品的行为,同时构成了非法经营罪,生产、销售假冒伪劣商品罪及生产、销售假冒注册商标的商品罪,根据最高人民法院、最高人民检察院《关于办理非法生产、销售烟草专卖品等刑事案件具体应用法律若干问题的解释》第5条的规定,应当依照处罚较重的非法经营罪定罪处罚,因此,本案中一审法院变更了公诉机关提起公诉时的罪名。从学理上来讲,上述三个罪名的法条之间没有交叉包含的关系,属于想象竞合,一审法院的定性是准确的。

第二节　生产、销售伪劣商品罪

一、常见罪名的定罪量刑标准

（一）生产、销售伪劣产品罪

根据《刑法》第 140 条，生产者、销售者在商品中掺杂、掺假，以假充真，以次充好或者以不合格产品冒充合格产品，销售金额 5 万元以上不满 20 万元的，处 2 年以下有期徒刑或者拘役，并处或者单处销售金额 50% 以上 2 倍以下罚金；销售金额 20 万元以上不满 50 万元的，处 2 年以上 7 年以下有期徒刑，并处销售金额 50% 以上 2 倍以下罚金；销售金额 50 万元以上不满 200 万元的，处 7 年以上有期徒刑，并处销售金额 50% 以上 2 倍以下罚金；销售金额 200 万元以上的，处 15 年有期徒刑或者无期徒刑，并处销售金额 50% 以上 2 倍以下罚金或者没收财产。

1. 刑事立案追诉标准

本罪法条中已经对入罪犯罪数额进行了明确规定，同时，相关司法解释对犯本罪未遂应追诉的情况和本罪其他具体行为的认定作了规定。

（1）根据 2008 年 6 月 25 日最高人民检察院、公安部《关于公安机关管辖的刑事案件立案追诉标准的规定（一）》第 16 条的规定，生产、销售伪劣产品，涉嫌下列情形之一的，应予立案追诉：

伪劣产品销售金额 5 万元以上的；伪劣产品尚未销售，货值金额 15 万元以上的；伪劣产品销售金额不满 5 万元，但将已销售金额乘以 3 倍后，与尚未销售的伪劣产品货值金额合计 15 万元以上的。

（2）根据 2010 年 3 月 2 日最高人民法院、最高人民检察院《关于办理非法生产、销售烟草专卖品等刑事案件具体应用法律若干问题的解释》第 2 条，生产伪劣烟草制品尚未销售，货值金额达到《刑法》第 140 条规定的销售金额定罪起点数额标准的 3 倍以上的，或者销售金额未达到 5 万元，但与未销售的伪劣烟草制品的货值金额合计达到 15 万元以上的，以生产、销售伪劣产品罪（未遂）定罪处罚。查获的尚未销售的伪劣卷烟、雪茄烟，能够查清销售价格的，按照实际销售价格计算。无法查清实际销售价格，有品牌的，按照该品牌卷烟、雪茄烟的查获地省级烟草专卖行政主管部门出具的零售价格计算；无品牌的，按照查获地省级烟草专卖行政主管部门出具的上年度卷烟平均零售价格计算。

（3）根据 2010 年 3 月 2 日最高人民法院、最高人民检察院《关于办理非法生产、销售烟草专卖品等刑事案件具体应用法律若干问题的解释》第 4 条，非法生产、拼装、销售烟草专用机械的行为，依照《刑法》第 140 条的规定，以生产、销售伪劣产品罪追究刑事责任。非法生产、销售、购买烟草专用机械的价格按照国务院烟草专卖行政主管部门下发的全国烟草专用机械产品指导价格目录进行计算；目录中没有该烟草专用机械的，按照省级以上烟草专卖行政主管部门出具的目录中同类烟草专用机械的平均价格计算。

2. 量刑标准

本罪分为四个量刑档，并在法条中对各量刑档的犯罪金额进行了明确规定。具体而言，在伪劣产品已经销售的情况下，根据销售金额，直接依照《刑法》第 140 条规定的各量刑档定罪处罚。销售金额，是指生产者、销售者出售伪劣产品后所得和应得的全部违法收入。伪劣产品尚未销售，货值金额达到《刑法》第140条规定的销售金额3倍以上的，以生产、销售伪劣产品罪（未遂）定罪处罚。货值金额以违法生产、销售的伪劣产品的标价计算；没有标价的，按照同类合格产品的市场中间价格计算。货值金额难以确定的，按照国家计划委员会、最高人民法院、最高人民检察院、公安部1997年4月22日联合发布的《扣押、追缴、没收物品估价管理办法》的规定，委托指定的估价机构确定。

多次实施生产、销售伪劣产品行为，未经处理的，伪劣产品的销售金额或者货值金额累计计算。①

另外，伪劣烟草制品尚未销售，货值金额分别达到15万元以上不满20万元、20万元以上不满50万元、50万元以上不满200万元、200万元以上的，分别依照《刑法》第140条规定的各量刑档次定罪处罚。②

（二）生产、销售假药罪

根据《刑法》第141条，生产、销售假药的，处3年以下有期徒刑或者拘役，并处罚金；对人体健康造成严重危害或者有其他严重情节的，处3年以上10年以下有期徒刑，并处罚金；致人死亡或者有其他特别严重情节的，处10年以上有期徒刑、无期徒刑或者死刑，并处罚金或者没收财产。

本条所称假药，是指依照药品管理法的规定属于假药和按假药

---

① 参见2001年4月9日最高人民法院、最高人民检察院《关于办理生产、销售伪劣商品刑事案件具体应用法律若干问题的解释》。对于伪劣产品尚未销售的情况如何区分量刑档，笔者认为也应当参照各量刑档数额3倍的标准进行确定。

② 参见2013年12月23日最高人民法院、最高人民检察院、公安部、国家烟草专卖局《关于办理假冒伪劣烟草制品等刑事案件适用法律问题座谈会纪要》，但其中部分内容，已被《关于办理非法生产、销售烟草专卖品等刑事案件具体应用法律若干问题的解释》废止。

处理的药品、非药品。

1. 刑事立案追诉标准

根据 2008 年 6 月 25 日最高人民检察院、公安部《关于公安机关管辖的刑事案件立案追诉标准的规定（一）》第 17 条，生产（包括配置）、销售假药，涉嫌下列情形之一的，应予立案追诉：含有超标准的有毒有害物质的；不含所标明的有效成分，可能贻误诊治的；所标明的适应症或者功能主治超出规定范围，可能造成贻误诊治的；缺乏所标明的急救必需的有效成分的；其他足以严重危害人体健康或者对人体健康造成严重危害的情形①。

2. 量刑标准

根据《刑法》第 141 条的规定，本罪分为三个法定的量刑档，同时相关司法解释对各量刑档的具体标准和应当酌情从重处罚的情形作了规定，具体如下：

（1）从立案追诉标准来看，第一个量刑档，也就是入罪门槛并未对涉及假药的数量、金额提出具体要求。

（2）第二个量刑档，也就是"对人体健康造成严重危害或者有其他严重情节"。

其中，"对人体健康造成严重危害"的情形包括：造成轻伤或者重伤的；造成轻度残疾或者中度残疾的；造成器官组织损伤导致一般功能障碍或者严重功能障碍的；其他对人体健康造成严重危害的情形。②

"其他严重情节"包括：造成较大突发公共卫生事件的；生产、销售金额 20 万元以上不满 50 万元的；生产、销售金额 10 万元不满

---

① 2011 年 2 月 25 日全国人大常委会《刑法修正案（八）》第 23 条删除了生产、销售假药罪必须"足以严重危害人体健康"的要求。

② 参见 2014 年 11 月 3 日最高人民法院、最高人民检察院《关于办理危害药品安全刑事案件适用法律若干问题的解释》第 2 条。

20万元，并具有应当酌情从重处罚的情形之一的；根据生产、销售的事件、数量、假药种类等，应当认定为情节严重的。①

（3）第三个量刑档，即"其他特别严重情节"的情形包括：致人重度残疾的；造成3人以上重伤、中度残疾或者器官组织损伤导致严重功能障碍的；造成5人以上轻度残疾或者器官组织损伤导致一般功能障碍的；造成10人以上轻伤的；造成重大、特别重大突发公共卫生事件的；生产、销售金额50万元以上的；生产、销售金额20万元以上不满50万元，并具有应当酌情从重处罚的情形之一的；根据生产、销售的时间、数量、假药种类等，应当认定为情节特别严重的。②

（4）根据2014年11月3日最高人民法院、最高人民检察院《关于办理危害药品安全刑事案件适用法律若干问题的解释》第1条，生产、销售假药，应当酌情从重处罚的情形包括：生产、销售的假药以孕产妇、婴幼儿、儿童或者危重病人为主要使用对象的；生产、销售的假药属于麻醉药品、精神药品、医疗用毒性药品、放射性药品、避孕药品、血液制品、疫苗的；生产、销售的假药属于注射剂药品、急救药品的；医疗机构、医疗机构工作人员生产、销售假药的；在自然灾害、事故灾难、公共卫生事件、社会安全事件等突发事件期间，生产、销售用于应对突发事件的假药的；2年内曾因危害药品安全违法犯罪活动受过行政处罚或者刑事处罚的；其他应当酌情从重处罚的情形。

---

① 参见2014年11月3日最高人民法院、最高人民检察院《关于办理危害药品安全刑事案件适用法律若干问题的解释》第3条。

② 参见2014年11月3日最高人民法院、最高人民检察院《关于办理危害药品安全刑事案件适用法律若干问题的解释》第4条。

(三) 生产、销售劣药罪

《刑法》第 142 条规定，生产、销售劣药，对人体健康造成严重危害的，处 3 年以上 10 年以下有期徒刑，并处销售金额 50% 以上 2 倍以下罚金；后果特别严重的，处 10 年以上有期徒刑或者无期徒刑，并处销售金额 50% 以上 2 倍以下罚金或者没收财产。

本条所称劣药，是指依照药品管理法的规定属于劣药的药品。

1. 刑事立案追诉标准

根据 2008 年 6 月 25 日最高人民检察院、公安部《关于公安机关管辖的刑事案件立案追诉标准的规定（一）》第 18 条，生产（包括配制）、销售劣药，涉嫌下列情形之一的，应予立案追诉：造成人员轻伤、重伤或者死亡的；其他对人体健康造成严重危害的情形。

2. 量刑标准

本罪分为两个量刑档，第一个量刑档即入罪标准为"对人体健康造成严重危害"，第二个量刑档为"后果特别严重"，具体如下：

（1）"对人体健康造成严重危害"的情形与生产、销售假药对人体健康造成严重危害的情形相同。[①]

（2）"后果特别严重"的情形。致人死亡，或者具有以下情形之一：致人重度残疾的；造成 3 人以上重伤、中度残疾或者器官组织损伤导致严重功能障碍的；造成 5 人以上轻度残疾或者器官组织损伤导致一般功能障碍的；造成 10 人以上轻伤的；造成重大、特别重大突发公共卫生事件的，应当认定为《刑法》第 142 条规定的"后果特别严重"。[②]

[①] 参见 2014 年 11 月 3 日最高人民法院、最高人民检察院《关于办理危害药品安全刑事案件适用法律若干问题的解释》第 5 条。

[②] 参见 2014 年 11 月 3 日最高人民法院、最高人民检察院《关于办理危害药品安全刑事案件适用法律若干问题的解释》第 5 条。

(3) 根据 2014 年 11 月 3 日最高人民法院、最高人民检察院《关于办理危害药品安全刑事案件适用法律若干问题的解释》，生产、销售劣药，"应当酌情从重处罚"的情形与生产、销售假药应当酌情从重处罚的情形相同。①

（四）生产、销售不符合安全标准的食品罪

根据《刑法》第 143 条，生产、销售不符合食品安全标准的食品，足以造成严重食物中毒事故或者其他严重食源性疾病的，处 3 年以下有期徒刑或者拘役，并处罚金；对人体健康造成严重危害或者有其他严重情节的，处 3 年以上 7 年以下有期徒刑，并处罚金；后果特别严重的，处 7 年以上有期徒刑或者无期徒刑，并处罚金或者没收财产。

1. 刑事立案追诉标准

本罪是危险犯，入罪标准是"足以造成严重食物中毒事故或者其他严重食源性疾病"。相关司法解释具体规定如下：

（1）根据 2013 年 5 月 2 日最高人民法院、最高人民检察院《关于办理危害食品安全刑事案件使用法律若干问题的解释》第 1 条，具有下列情形之一的，应当认定为《刑法》第 143 条规定的"足以造成严重食物中毒事故或者其他严重食源性疾病"：含有严重超出标准限量的致病性微生物、农药残留、兽药残留、重金属、污染物质以及其他危害人体健康的物质的；属于病死、死因不明或者检验检疫不合格的畜、禽、兽、水产动物及其肉类、肉类制品的；属于国家为防控疾病等特殊需要明令禁止生产、销售的；婴幼儿食品中生长发育所需营养成分严重不符合食品安全标准的；其他足以

---

① 参见 2014 年 11 月 3 日最高人民法院、最高人民检察院《关于办理危害药品安全刑事案件适用法律若干问题的解释》第 1 条、第 5 条。

造成严重食物中毒事故或者严重食源性疾病的情形。

(2) 根据2013年5月2日最高人民法院、最高人民检察院《关于办理危害食品安全刑事案件适用法律若干问题的解释》第8条，在食品加工、销售、运输、贮存等过程中，违反食品安全标准，超限量或者超范围滥用食品添加剂，足以造成严重食物中毒或者其他食源性疾病的，依照《刑法》第143条的规定以生产、销售不符合安全标准的食品罪定罪处罚。

在食用农产品种植、养殖、销售、运输、贮存等过程中，违反食品安全标准，超限量或者超范围滥用添加剂、农药、兽药等，足以造成严重食物中毒或者其他严重食源性疾病的，适用前述规定定罪处罚。

2. 量刑标准

本罪分为三个法定量刑档，第一个量刑档即入罪标准，同时相关司法解释对第二个、第三个量刑档适用的情形分别进行了具体规定。

(1) 第二个量刑档"对人体健康造成严重危害"的情形包括：造成轻伤以上伤害的；造成轻度残疾或者中度残疾的；造成器官组织损伤导致一般功能障碍或者严重功能障碍的；造成10人以上严重食物中毒或者其他严重食源性疾病的；其他对人体健康造成严重危害的情形。[1]

"其他严重情节"包括：生产、销售金额20万元以上的；生产、销售金额10万元以上不满20万元，不符合食品安全标准的食品数量较大或者生产、销售持续时间较长的；生产、销售金额10万元以上不满20万元，属于婴幼儿食品的；生产、销售金额10万元

---

[1] 参见最高人民法院、最高人民检察院《关于办理危害食品安全刑事案件适用法律若干问题的解释》第2条。

以上不满 20 万元，1 年内曾因危害食品安全违法犯罪活动受过行政处罚或者刑事处罚的；其他情节严重的情形。①

（2）第三个量刑档，即"后果特别严重"的情形：致人死亡或者重度残疾的；造成 3 人以上重伤、重度残疾或者器官组织损伤导致严重功能障碍的；造成 10 人以上轻伤、5 人以上轻度残疾或者器官组织损伤导致一般功能障碍的；造成 30 人以上严重食物中毒或者其他严重食源性疾病的；其他特别严重的后果。②

（五）生产、销售有毒、有害食品罪

根据《刑法》第 144 条，在生产、销售的食品中掺入有毒、有害的非食品原料的，或者销售明知掺有有毒、有害的非食品原料的食品的，处 5 年以下有期徒刑，并处罚金；对人体健康造成严重危害或者有其他严重情节的，处 5 年以上 10 年以下有期徒刑，并处罚金；致人死亡或者有其他特别严重情节的，依照本法第 141 条的规定处罚。

1. 刑事立案追诉标准

本罪是行为犯，只要实施了向生产、销售的食品中掺入有毒、有害的非食品原料行为或销售明知掺有上述原料食品的行为即可构成本罪。相关司法解释对具体行为进行了规定：

（1）根据 2008 年 6 月 25 日最高人民检察院、公安部《关于公安机关管辖的刑事案件立案追诉标准的规定（一）》第 20 条，在生产、销售的食品中掺入有毒、有害的非食品原料的，或者销售明知掺有有毒、有害的非食品原料的食品的，应予立案追诉。

---

① 参见最高人民法院、最高人民检察院《关于办理危害食品安全刑事案件适用法律若干问题的解释》第 3 条。

② 参见最高人民法院、最高人民检察院《关于办理危害食品安全刑事案件适用法律若干问题的解释》第 4 条。

使用盐酸克仑特罗（俗称"瘦肉精"）等禁止在饲料和动物饮用水中使用的药品或者含有该类药品的饲料养殖供人食用的动物，或者销售明知是使用该类药品或者含有该类药品的饲料养殖的供人食用的动物的，应予立案追诉。

明知是使用盐酸克仑特罗等禁止在饲料和动物饮用水中使用的药品或者含有该类药品的饲料养殖的供人食用的动物，而提供屠宰等加工服务，或者销售其制品的，应予立案追诉。

（2）根据2012年1月9日最高人民法院、最高人民检察院、公安部《关于依法严惩"地沟油"犯罪活动的通知》，对于利用"地沟油"生产"食用油"的，依照《刑法》第144条生产有毒、有害食品罪的规定追究刑事责任。

明知是利用"地沟油"生产的"食用油"而予以销售的，依照《刑法》第144条销售有毒、有害食品罪的规定追究刑事责任。

对于利用"地沟油"生产的"食用油"，已经销售出去没有实物，但是有证据证明系已被查实生产、销售有毒、有害食品犯罪的上线提供的，依照《刑法》第144条销售有毒、有害食品罪的规定追究刑事责任。

（3）2013年5月2日最高人民法院、最高人民检察院《关于办理危害食品安全刑事案件适用法律若干问题的解释》对"有毒、有害的非食品原料"规定如下：法律、法规禁止在食品生产经营活动中添加、使用的物质；国务院公布的《食品中可能违法添加的非使用物质名单》《保健食品中可能非法添加的物质名单》上的物质；国务院有关部门公告禁止使用的农药、兽药以及其他有毒、有害物质；其他危害人体健康的物质。

2. 量刑标准

本罪条文中明确规定了三个法定量刑档。第一个量刑档即入罪标准；第二个量刑档为"对人体健康造成严重危害或者有其他严重

情节的";第三个量刑档为"致人死亡或者有其他特别严重情节的"。具体如下:

(1)第二个量刑档规定的"对人体健康造成严重危害"的情形,与生产、销售不符合食品安全标准的食品对人体健康造成严重危害的情形相同。①

"其他严重情节"的情形包括:生产、销售金额20万元以上不满50万元的;生产、销售金额10万元以上不满20万元,有毒、有害食品的数量较大或者生产、销售持续时间较长的;生产、销售金额10万元以上不满20万元,属于婴幼儿食品的;生产、销售金额10万元以上不满20万元,1年内曾因危害食品安全违法犯罪活动受过行政处罚或者刑事处罚的;有毒、有害的非食品原料毒害性强或者含量高的;其他情节严重的情形。②

(2)第三个量刑档规定的"致人死亡或者有其他特别严重情节"的情形包括:致人死亡或者重度残疾的;造成3人以上重伤、重度残疾或者器官组织损伤导致严重功能障碍的;造成10人以上轻伤、5人以上轻度残疾或者器官组织损伤导致一般功能障碍的;造成30人以上严重食物中毒或者其他严重食源性疾病的;其他特别严重的后果。

根据《刑法》第144条的规定,生产、销售有毒、有害食品,致人死亡或者有其他特别严重情节的,依照本法第141条(生产、销售假药罪)的规定处罚,即10年以上有期徒刑、无期徒刑或者死刑,并处罚金或者没收财产。

---

① 参见最高人民法院、最高人民检察院《关于办理危害食品安全刑事案件适用法律若干问题的解释》第2条。

② 参见最高人民法院、最高人民检察院《关于办理危害食品安全刑事案件适用法律若干问题的解释》第6条。

(六) 生产、销售不符合标准的医用器材罪

根据《刑法》第 145 条，生产不符合保障人体健康的国家标准、行业标准的医疗器械、医用卫生材料，或者销售明知是不符合保障人体健康的国家标准、行业标准的医疗器械、医用卫生材料，足以严重危害人体健康的，处 3 年以下有期徒刑或者拘役，并处销售金额 50% 以上 2 倍以下罚金；对人体健康造成严重危害的，处 3 年以上 10 年以下有期徒刑，并处销售金额 50% 以上 2 倍以下罚金；后果特别严重的，处 10 年以上有期徒刑或者无期徒刑，并处销售金额 50% 以上 2 倍以下罚金或者没收财产。

1. 刑事立案追诉标准

本案是危险犯，实施上述行为具有"足以严重危害人体健康"危险的，即构成本罪。根据 2008 年 6 月 25 日最高人民检察院、公安部《关于公安机关管辖的刑事案件立案追诉标准的规定（一）》第 21 条，生产不符合保障人体健康的国家标准、行业标准的医疗器械、医用卫生材料，或者销售明知是不符合保障人体健康的国家标准、行业标准的医疗器械、医用卫生材料，涉嫌下列情形之一的，应予立案追诉：进入人体的医疗器械的材料中含有超过标准的有毒有害物质的；进入人体的医疗器械的有效性指标不符合标准要求，导致治疗、替代、调解、补偿功能部分或者全部丧失，可能造成贻误诊治或者人体严重损伤的；用于诊断、监护、治疗的有源医疗器械的安全指标不符合强制性标准要求，可能对人体构成伤害或者潜在危害的；用于诊断、监护、治疗的有源医疗器械的主要性能指标不合格，可能造成贻误诊治或者人体严重损伤的；未经批准，擅自增加功能或者适用范围，可能造成贻误诊治或者人体严重损伤的；其他足以严重危害人体健康或者对人体健康造成严重危害的情形。

医疗机构或者个人知道或者应当知道是不符合保障人体健康的

国家标准、行业标准的医疗器械、医用卫生材料而购买并有偿使用的，视为"销售"。

2. 量刑标准

本罪有三个法定量刑档。第一档"足以严重危害人体健康的"即入罪标准；第二档为"对人体健康造成严重危害的"，属于实害犯；第三档为"后果特别严重的"。相关司法解释对构成各档的情形作出了具体规定，并规定了依法应予从重处罚的情形：

（1）"对人体健康造成严重危害"的情形，指致人轻伤或者其他严重后果。

（2）"后果特别严重"的情形，指造成感染病毒性肝炎等难以治愈的疾病、1人以上重伤、3人以上轻伤或者其他严重后果。①

（3）依法应当从重处罚的情形包括：在预防、控制突发传染病疫情等灾害期间，生产用于防治传染病的不符合保障人体健康的国家标准、行业标准的医疗器械、医用卫生材料，或者销售明知是用于防治传染病的不符合保障人体健康的国家标准、行业标准的医疗器械、医用卫生材料，不具有防护、救治功能的。

医疗机构或者个人，知道或者应当知道系前述规定的不符合保障人体健康的国家标准、行业标准的医疗器械、医用卫生材料而购买并有偿使用的，以销售不符合标准的医用器材罪定罪，依法从重处罚。②

---

① 第（1）（2）项均依据2001年4月9日最高人民法院、最高人民检察院《关于办理生产、销售伪劣商品刑事案件具体应用法律若干问题的解释》第6条，该条中还有关于"情节特别恶劣"的规定，但该规定与《刑法修正案（四）》第1条规定不符。同时《刑法修正案（四）》第1条将生产、销售不符合标准的医用器材罪修改为危险犯。

② 参见2003年最高人民法院、最高人民检察院《关于办理妨害预防、控制突发传染病疫情等灾害的刑事案件具体应用法律若干问题的解释》第3条。

（七）生产、销售不符合安全标准的产品罪

根据《刑法》第 146 条，生产不符合保障人身、财产安全的国家标准、行业标准的电器、压力容器、易燃易爆产品或者其他不符合保障人身、财产安全的国家标准、行业标准的产品，或者销售明知是以上不符合保障人身、财产安全的国家标准、行业标准的产品，造成严重后果的，处 5 年以下有期徒刑，并处销售金额 50% 以上 2 倍以下罚金；后果特别严重的，处 5 年以上有期徒刑，并处销售金额 50% 以上 2 倍以下罚金。

1. 刑事立案追诉标准

本罪的入罪条件是"造成严重后果"。根据 2008 年 6 月 25 日最高人民检察院、公安部《关于公安机关管辖的刑事案件立案追诉标准的规定（一）》第 22 条，生产不符合保障人身、财产安全的国家标准、行业标准的电器、压力容器、易燃易爆或者其他不符合保障人身、财产安全的国家标准、行业标准的产品，或者销售明知是以上不符合保障人身、财产安全的国家标准、行业标准的产品，涉嫌下列情形之一的，应予立案追诉：造成人员重伤或者死亡的；造成直接经济损失 10 万元以上的；其他造成严重后果的情形。

2. 量刑标准

本罪分为两个法定量刑档，分别为"造成严重后果的"情形，即本罪的入罪门槛，以及"后果特别严重的"情形。《关于办理生产、销售伪劣商品刑事案件具体应用法律若干问题的解释》第 6 条对于生产、销售不符合标准的医用器材罪的"后果特别严重"的情形作出了具体规定，笔者认为，本罪的"后果特别严重"应当参照适用这一规定。

（八）生产、销售伪劣农药、兽药、化肥、种子罪

根据《刑法》第 147 条，生产假农药、假兽药、假化肥，销售明知是假的或者失去使用效能的农药、兽药、化肥、种子，或者生产者、销售者以不合格的农药、兽药、化肥、种子冒充合格的农药、兽药、化肥、种子，使生产遭受较大损失的，处 3 年以下有期徒刑或者拘役，并处或者单处销售金额 50% 以上 2 倍以下罚金；使生产遭受重大损失的，处 3 年以上 7 年以下有期徒刑，并处销售金额 50% 以上 2 倍以下罚金；使生产遭受特别重大损失的，处 7 年以上有期徒刑或者无期徒刑，并处销售金额 50% 以上 2 倍以下罚金或者没收财产。

1. 刑事立案追诉标准

本罪是实害犯，入罪条件是"使生产遭受较大损失"。根据 2008 年 6 月 25 日最高人民检察院、公安部《关于公安机关管辖的刑事案件立案追诉标准的规定（一）》第 23 条，应予立案追诉的情形包括：使生产遭受损失 2 万元以上的；其他使生产遭受较大损失的情形。

2. 量刑标准

本罪分为三个法定量刑档，分别为"使生产遭受较大损失""使生产遭受重大损失""使生产遭受特别重大损失"，其中，"使生产遭受较大损失"是本罪的入罪标准。根据 2001 年 4 月 9 日最高人民法院、最高人民检察院《关于办理生产、销售伪劣商品刑事犯罪具体应用法律若干问题的解释》第 7 条，生产、销售伪劣农药、兽药、化肥、种子罪中，"重大损失"一般以 10 万元为起点，"特别重大损失"一般以 50 万元为起点。

（九）生产、销售不符合卫生标准的化妆品罪

根据《刑法》第148条，生产不符合卫生标准的化妆品，或者销售明知是不符合卫生标准的化妆品，造成严重后果的，处3年以下有期徒刑或者拘役，并处或者单处销售金额50%以上2倍以下的罚金。

1. 刑事立案追诉标准

本罪是实害犯，入罪条件是"造成严重后果"。根据2008年6月25日最高人民检察院、公安部《关于公安机关管辖的刑事案件立案追诉标准的规定（一）》第24条，应予立案追诉的情形包括：造成他人容貌毁损或者皮肤严重损伤的；造成他人器官组织损伤导致严重功能障碍的；致使他人精神失常或者自杀、自残造成重伤、死亡的；其他造成严重后果的情形。

2. 量刑标准

本罪只有一个量刑档，即造成严重后果的，处3年以下有期徒刑或者拘役，并处或者单处销售金额50%以上2倍以下的罚金。

二、侵犯知识产权犯罪与生产、销售伪劣商品罪辨析

（一）侵犯知识产权犯罪与生产、销售伪劣商品罪的共同点

1. 均破坏了社会主义市场经济秩序

侵犯知识产权犯罪及生产、销售伪劣商品罪均规定于在刑法第三章的破坏社会主义市场经济秩序罪中，这两类犯罪最大的共同之处，就是所侵犯的犯罪客体都包括正常的社会主义市场经济秩序。

2. 通常发生在生产、经营过程中

生产、销售伪劣商品罪及侵犯知识产权犯罪中的多个罪名，其犯罪行为主要表现为生产、销售、假造等；侵犯著作权罪、侵犯商业秘密罪等罪名，虽然并不必然表现为生产、经营行为，但绝大多

数情况下也是生产、经营行为的某个环节,或基于有利于自己生产、经营行为的目的。

3. 通常以营利为目的

这是由这两类犯罪行为所具有的生产、经营性质所决定的,但需要注意的是,以营利为目的并不是构成这两类犯罪的必备要件。

4. 单位犯罪较为常见

尽管这两类犯罪行为的主体既可以是个人,也可以是单位,但实践中,单位主体更容易获取实施犯罪行为所需要的资金、技术、设备、人员等条件,因此,这两类犯罪中,单位犯罪比较多见。

5. 常有犯罪竞合的现象

例如,销售假冒注册商标的商品罪中,所销售的商品也可能是伪劣商品,此时行为人只实施了一个行为,却构成了两罪的竞合犯。

(二)侵犯知识产权犯罪与生产、销售伪劣商品罪的区别

1. 侵犯的客体有所区别

侵犯知识产权犯罪与生产、销售伪劣商品罪所侵犯的都是复杂客体,除侵犯了社会主义市场经济秩序外,侵犯知识产权罪还侵犯了国家对知识产权的管理制度、知识产权权利人对其所有的知识产权的合法权益;生产、销售伪劣商品罪还侵犯了国家对食品、药品、特殊商品等相关的管理制度。

2. 受到犯罪行为侵害的对象不同

侵犯知识产权犯罪,往往伴随着相关的知识产权权利人的损失,但通常仅表现为经济上的损失;生产、销售伪劣商品犯罪中,消费者除遭受经济损失外,还可能受到人身权、健康权方面的侵害,此外,正规商品的生产厂商、经营者也可能会受到犯罪影响,产生经济上的损失,但这种影响一般是间接的,也并不常见。

第三节　诈骗罪

一、诈骗罪的定罪量刑标准

根据《刑法》第266条的规定，诈骗公私财物，数额较大的，处3年以下有期徒刑、拘役或者管制，并处或者单处罚金；数额巨大或者有其他严重情节的，处3年以上10年以下有期徒刑，并处罚金；数额特别巨大或者有其他特别严重情节的，处10年以上有期徒刑或者无期徒刑，并处罚金或者没收财产。本法另有规定的，依照规定。

（一）刑事立案追诉标准

诈骗罪以"数额较大"为入罪起点，根据相关法律解释，各省、自治区、直辖市可结合本地区经济社会发展状况，共同研究确定本地区执行的"数额较大""数额巨大""数额特别巨大"的具体数额标准。另外，相关司法解释还对部分构成诈骗罪的具体行为进行了规定。

1. 诈骗公私财物达到"数额较大"起点的，应予立案追诉。北京市"数额较大"为人民币5000元。

2. 以欺诈、伪造证明材料或者其他手段骗取养老、医疗、工伤、失业、生育等社会保障金或者其他社会保障待遇的，属于《刑法》第266条规定的诈骗公私财物的行为。

3. 诈骗未遂，以数额巨大的财物为诈骗目标的，或者具有其他严重情节的，应当定罪处罚。

利用发送短信、拨打电话、互联网等电信技术手段对不特定多数人实施诈骗，诈骗数额难以查证，但具有下列情形之一的，应当认定为《刑法》第266条规定的"其他严重情节"，以诈骗罪（未遂）定罪处罚：发送诈骗信息5000条以上的；拨打诈骗电话500人次以上的；诈骗手段恶劣，危害严重的。①

4. 根据2010年10月20日最高人民法院《关于审理伪造货币等案件具体应用法律若干问题的解释（二）》第5条，以使用为目的，伪造停止流通的货币，或者使用伪造的停止流通的货币的，依照《刑法》第266条的规定，以诈骗罪定罪处罚。

5. 根据2000年5月12日最高人民法院研究室《关于审理扰乱电信市场管理秩序案件具体应用法律若干问题的解释》第9条，以虚假、冒用的身份证件办理入网手续并使用移动电话，造成电信资费损失数额较大的，依照《刑法》第266条的规定，以诈骗罪定罪处罚。

（二）量刑标准

诈骗罪的刑法条文中规定了三个不同的量刑档，分别是"数额较大""数额巨大""数额特别巨大"，相关司法解释中对上述三个数额标准及各地如何实际应用分别进行了规定，同时对诈骗罪可酌情从严惩处的情形、"严重情节"、"特别严重情节"、同时存在既遂和未遂情况如何认定进行了规定，具体如下：

1. 根据2011年3月1日最高人民法院、最高人民检察院《关

---

① 参见2011年3月1日最高人民法院、最高人民检察院《关于办理诈骗刑事案件具体应用法律若干问题的解释》第5条。

于办理诈骗刑事案件具体应用法律若干问题的解释》第 1 条，诈骗公私财物价值 3000 元至 1 万元以上、3 万元至 10 万元以上、50 万元以上的，应当分别认定为《刑法》第 266 条规定的"数额较大""数额巨大""数额特别巨大"。北京市对应的上述标准分别为人民币 5000 元、10 万元、50 万元。

2. 根据 2011 年 3 月 1 日最高人民法院、最高人民检察院《关于办理诈骗刑事案件具体应用法律若干问题的解释》第 2 条，诈骗公私财物可以酌情从严惩处的情形包括：通过发送短信、拨打电话或者利用互联网、广播电视、报刊杂志等发布虚假信息，对不特定多数人实施诈骗的；诈骗救灾、抢险、防汛、优抚、扶贫、移民、救济、医疗款物的；以赈灾募捐名义实施诈骗的；诈骗残疾人、老年人或者丧失劳动能力人的财物的；造成被害人自杀、精神失常或者其他严重后果的。

诈骗数额接近"数额巨大""数额特别巨大"的标准，并具有前述规定的情形之一或者属于诈骗集团首要分子的，应当分别认定为《刑法》第 266 条规定的"其他严重情节""其他特别严重情节"。

3. 根据 2011 年 3 月 1 日最高人民法院、最高人民检察院《关于办理诈骗刑事案件具体应用法律若干问题的解释》第 5 条，利用发短信、拨打电话、互联网等电信技术手段对不特定多数人事实诈骗，诈骗数额难以查证，但实施了发送诈骗信息 50000 条以上、拨打诈骗电话 5000 人次以上的行为，或者诈骗手段特别恶劣，危害特别严重的，应当认定为《刑法》第 266 条规定的"其他特别严重情节"，以诈骗罪（未遂）定罪处罚。

4. 根据 2003 年 5 月 14 日最高人民法院、最高人民检察院《关于办理妨害预防、控制突发传染病疫情等灾害的刑事案件具体应用法律若干问题的解释》第 7 条，在预防、控制突发传染病疫情等灾害期间,假借研制、生产或者销售用于预防、控制突发传染病疫情等灾害用品的名义,诈骗公私财物数额较大的,依照刑法有关诈骗罪的规定定罪,依法从重处罚。

5. 根据2011年3月1日最高人民法院、最高人民检察院《关于办理诈骗刑事案件具体应用法律若干问题的解释》第6条,诈骗既有既遂,又有未遂,分别达到不同量刑幅度的,依照处罚较重的规定处罚;达到同一量刑幅度的,以诈骗罪既遂处罚。

二、侵犯知识产权犯罪与诈骗罪辨析

(一) 侵犯知识产权犯罪与诈骗罪的共同点

1. 侵犯知识产权犯罪与诈骗罪在犯罪实施过程中均可能伴随欺骗、欺诈、伪造等行为。尽管诈骗罪以"虚构事实、隐瞒真相"为最常见的行为方式,但在此过程中也经常可能出现伪造文件、权利证书等情况,这与侵犯知识产权犯罪中的假冒注册商标、非法制造注册商标标识等手段非常相似。

2. 通常都以非法获取利益为目的。诈骗罪的构成要件之一是对公私财物的非法占有目的,实质上也就是使用非法手段获取本不应属于自己的利益;实施侵犯知识产权犯罪行为,其目的通常也是非法获取利益、非法经营、获取违法所得,这是由侵犯知识产权犯罪破坏社会主义市场经济秩序的本质所决定的。

3. 被害人(权利人)均可能受到财产损失或经济利益上的损失。诈骗罪在犯罪既遂的情况下,必然对被害人造成财产损失,在犯罪未遂的情况下则有导致财产损失的紧迫危险;侵犯知识产权犯罪虽然不一定对权利人直接造成财产损失,但侵犯权利人相关权利的商品、作品大量流入市场或公开发行,客观上必然会对权利人原本应得的经济利益产生损害。

4. 实践中两罪可能存在竞合关系。例如，将假冒注册商标的商品谎称为真实的注册商标商品，而实际上两者价值差额巨大，给购买方造成经济损失的，就可能同时构成诈骗罪和销售假冒注册商标的商品罪。

(二) 侵犯知识产权犯罪与诈骗罪的区别

1. 侵犯的客体不同。诈骗罪所侵犯的是单一客体，即公私财产权利；但侵犯知识产权罪侵犯的是复杂客体，不仅侵犯了国家对知识产权的管理制度、扰乱了正常的社会主义市场经济秩序，同时侵犯了知识产权权利人对其所有的知识产权的合法权益。

2. 被害人对整个犯罪过程的知情程度和参与程度不同。诈骗罪中，犯罪行为的实施者通常与被害人直接接触，被害人在犯罪行为开始时一般就已知情，并参与了犯罪过程；侵犯知识产权罪中，被犯罪行为侵害的权利人在犯罪行为实施的过程中一般并不知情，更不可能参与犯罪过程，通常是在具体犯罪行为已经完成一段时间后才了解到自己的权利受侵害的情况，比如，假冒注册商标的商品上市销售、侵权作品被公开发行或播放等。例外的情况是在侵犯商业秘密罪中，行为人使用利诱、胁迫等不正当手段获取权利人商业秘密的，权利人在犯罪行为实施时就可能了解到自己的权利受到了侵害。

3. 侵犯知识产权犯罪以对权利人造成的经济损失、行为人非法经营数额或违法所得数额达到一定标准，或者复制、发行侵权作品达到一定规模为入罪条件，从这个标准来看，侵犯知识产权犯罪不存在未遂情形的犯罪追究刑事责任的情况；但诈骗罪则可能对未遂犯罪定罪处罚，相关司法解释也对这种情况作出了明确规定。

4. 实施侵犯知识产权犯罪的具体手段、方法在刑法条文中有明确规定，且范围较小；诈骗罪的手段、方法在刑法条文中仅表述为

"诈骗公私财物",这是因为诈骗罪的具体行为表现多种多样,且变化层出不穷,很难用具体的法律条文予以描述,且用叙明罪状来概括诈骗罪的行为也不利于追诉犯罪。

5. 侵犯知识产权犯罪往往表现为市场中的经营、生产行为,诈骗罪的实施行为可能包括虚构与生产、经营相关的事实,但并非必然出现上述情况,实践中诈骗罪的行为通常并不涉及与市场经济相关的行为。

图书在版编目（CIP）数据

知识产权犯罪案件办理指南／北京市海淀区人民检察院编著. —北京：中国检察出版社，2018.5
ISBN 978-7-5102-2105-7

Ⅰ.①知… Ⅱ.①北… Ⅲ.①侵犯知识产权罪－案件－处理－中国－指南 Ⅳ.①D924.335-62

中国版本图书馆 CIP 数据核字（2018）第 092253 号

知识产权犯罪案件办理指南
北京市海淀区人民检察院　编著

出版发行：	中国检察出版社
社　　址：	北京市石景山区香山南路 109 号（100144）
网　　址：	中国检察出版社（www.zgjccbs.com）
编辑电话：	（010）86423751
发行电话：	（010）86423726　86423727　86423728
	（010）86423730　68650016
经　　销：	新华书店
印　　刷：	保定市中画美凯印刷有限公司
开　　本：	710 mm×1000 mm　16 开
印　　张：	19.75　插页 4
字　　数：	246 千字
版　　次：	2018 年 5 月第一版　2018 年 5 月第一次印刷
书　　号：	ISBN 978-7-5102-2105-7
定　　价：	68.00 元

检察版图书，版权所有，侵权必究
如遇图书印装质量问题本社负责调换